Das MSP430 Mikrocontroller Buch

Marian Walter und Stefan Tappertzhofen

Elektor Verlag, Aachen

1. Auflage 2011

Bei der Zusammenstellung von Texten und Abbildungen wurde mit größter Sorgfalt vorgegangen. Trotzdem können Fehler nicht vollständig ausgeschlossen werden. Verlag, Herausgeber und Autoren können für fehlerhafte Angaben und deren Folgen weder eine juristische Verantwortung noch irgendeine Haftung übernehmen. Für die Mitteilung eventueller Fehler sind Verlag und Autor dankbar.

Umschlaggestaltung: Etcetera, Aachen
Satz und Aufmachung: Marian Walter
Druck: WILCO, Amersfoort (NL)
Printed in the Netherlands

ISBN 978-3-89576-236-9
Elektor-Verlag GmbH, Aachen

109015-1/D

… es gibt kein Projekt, das nicht doch noch mehr
Features gebrauchen könnte

Vorwort

Am Lehrstuhl für Medizinische Informationstechnik der RWTH-Aachen werden im Rahmen von vielen studentischen Projektarbeiten Mikrocontroller der MSP430-Familie der Firma Texas Instruments verwendet. Dieses Buch stellt eine kleine Einführung in die Bedienung und einfache Beschaltung des Mikrocontrollers dar. Ziel ist es dem Leser möglichst schnell einen Überblick über die Funktionsweise und Handhabe dieses Ein-Chip-Computers zu geben.
Didaktisch ist dieses Buch an den Komponenten des MSP430 ausgerichtet. Gleichzeitig werden aber auch in jedem Kapitel problemorientierte Beispiele mit konkreten Realisierungsvorschlägen erörtert. Dies schließt auch die notwendige elektrische Beschaltung von Peripheriekomponenten mit ein. Diese Beispiele können dann modular als Baukasten zur Realisierung zukünftiger Projekte weiterverwendet werden.

Die wichtigste Begleitlektüre zu diesem Buch ist der von Texas Instruments zu jedem Prozessor herausgegebene User Guide (z. B. MSP430x1xx User Guide [Tex06c]). Beim Durcharbeiten der einzelnen Beispiele ist dringend anzuraten, die entsprechenden Seiten parallel zu konsultieren. Einige Grundlagen zum Verständnis dieses Buches sind jedoch notwendig. So wird die Grundkenntnis der Programmiersprache C vorausgesetzt. Als Referenz sei auf das Grundlagenwerk von Kernighan/Richie [KR88] verwiesen. Zur Einführung in die grundlegende Architektur von Mikrocontrollern sei das Buch von Wüst [Wüs06] empfohlen. Für das Verständnis der elektronischen Schaltungen werden Grundkenntnisse der Elektrotechnik vorausgesetzt, die z. B. in Tietze-Schenk [TSG02] nachgelesen werden können. Im Anhang A.1 ist eine kommentierte Liste mit empfohlener Literatur zum Ein- und Weiterlesen angefügt.
Als Ergänzung zu diesem Buch haben wir eine Webseite unter `http://www.medit.hia.rwth-aachen.de/msp430` eingerichtet, wo alle im Buch vorkommenden Listings als getestete und lauffähige Programme abgelegt sind. Zudem werden wir dort Fehlerkorrekturen und Ergänzungen veröffentlichen und es stehen die Layouts und Ätzvorlagen als PDF bereit.

Dieses Buch ist für die vielen Studenten entstanden, die sich zu Recht beschwert haben, dass es für den MSP430-Mikrocontroller eigentlich kein, über das Datenblatt hinausgehendes, didaktisch orientiertes Lernbuch gibt. Wir danken allen, die durch Ihre Kommentare und Anmerkungen dieses Buch kontinuierlich verbessert haben.

Alle verbliebenen Fehler und Ungenauigkeiten gehen allein zulasten der Autoren.

Aachen den 7. Dezember 2010

Marian Walter und Stefan Tappertzhofen

Inhaltsverzeichnis

1 Einführung

Mikrocontroller (kurz „μC“ oder „uC“) sind ein Gattungsbegriff für ein-Chip-Prozessrechner-Architekturen, die neben der eigentlichen Recheneinheit auch noch eine Vielzahl verschiedener spezialisierter Peripheriemodule integrieren. Hierdurch grenzen sie sich von den Mikroprozessoren ab, wobei der Übergang durchaus fließend interpretiert werden kann. Beispiele solcher Peripheriemodule sind Zeitgeber und Zähler sowie Schnittstellen zur digitalen oder zur analogen Welt.
Typische Einsatzgebiete für Mikrocontroller sind sowohl im Bereich hardwarenaher Stand-Alone-Systeme als auch als Subprozessoren in komplexen Multiprozessorsystemen zu finden. Der extrem energiesparende Prozessorkern der MSP430-Familie von Texas Instruments hat dabei besondere Vorteile bei batteriebetriebenen Geräten. Die zur Verfügung stehende Rechenleistung darf man auch nicht unterschätzen. Ein moderner MSP430-Mikrocontroller besitzt mit bis zu 16 MIPS (Million Instructions per Second) in etwa die gleiche Rechenkapazität wie ein 80286-PC-System vor 15 Jahren. Eine Vielzahl von diskreten und komplexen Schaltungen, die früher mit einer großen Anzahl von Bauteilen realisiert wurden, lassen sich heute durch wenige Zeilen Software-Code mit einem Mikrocontroller ersetzen. Die Entwicklung von einfachen bis komplexen Schaltungen wird damit schneller und kostengünstiger. Ein weiterer Vorteil ist, dass man Softwarefehler in der Regel einfacher auch noch nach Auslieferung des Produkts beheben kann als Fehler in der Hardware.
Nichtsdestotrotz kommt man auch bei Mikrocontrollern nicht ohne eine äußere Beschaltung aus. Daher enthält diese Dokumentation neben der funktionellen Beschreibung immer auch eine Beschreibung der notwendigen Peripheriebeschaltung.

1.1 Mikrocontroller-Grundlagen

Bevor wir uns detailliert mit dem MSP430 beschäftigen, befassen wir uns kurz mit allgemeinen Mikrocontroller-Grundlagen. Ein Mikrocontroller wie der MSP430 kann als ein vollwertiger Ein-Chip-Computer angesehen werden, der in Bezug auf

Größe, Leistungsfähigkeit, Energieverbrauch und implementierte Peripherie für den Einsatz in einfachen Schaltungen optimiert wurde. Allgemeine Grundlagen zur Architektur, Technologie und Aufbau von Mikrocontrollern sind beispielsweise in [Bie04, Stu06, Wüs06] zu finden. Da wir uns in diesem Buch jedoch auf die anwendungsspezifischen Aspekte des Einsatzes von Mikrocontrollern konzentrieren wollen, fällt die allgemeine Darstellung entsprechend kurz aus.
Zentrale Komponenten des eigentlichen Prozessorkerns sind die CPU mit ihren internen Registern, dem Speicher für Programm (ROM) und Daten (RAM) sowie das Clock-System zur Erzeugung des Arbeitstaktes. Dies wird ergänzt durch optionale interne Komponenten wie einen Watchdog-Timer oder eine Arithmetik-Einheit. Integrierte Peripheriekomponenten stellen den Kontakt zur Außenwelt her. Neben digitalen I/O-Ports können auch komplexere Schnittstellen wie RS232, SPI, USB, Ethernet oder CAN bereits integriert sein. Der Übergang zur analo-

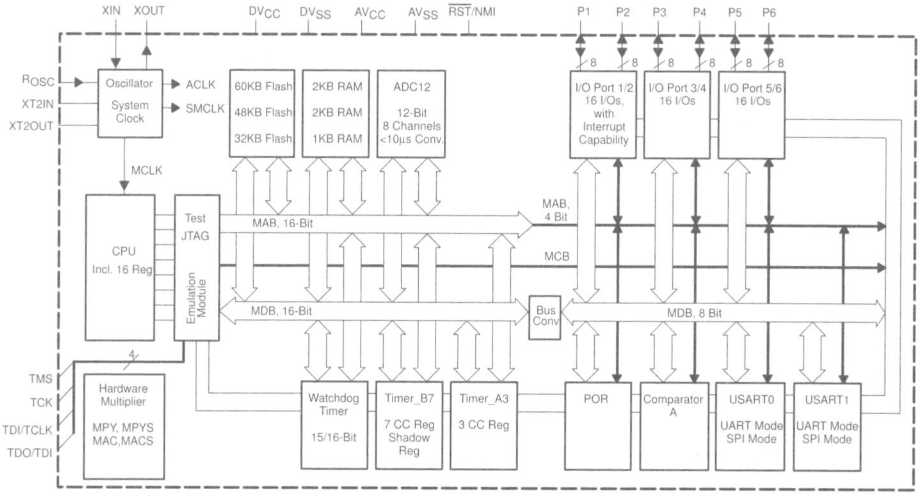

Bild 1.1: Blockschaltbild des MSP430F149 [Tex04]

gen Welt wird z.B. mit integrierten A/D- und D/A-Wandlern sowie Komparatoren unterstützt. Für zeitlich bezogene Aktionen stehen verschiedene Timer zur Verfügung. Bild 1.1 zeigt exemplarisch den funktionellen Aufbau eines Prozessors aus der MSP430-Familie. Die hier aufgelisteten Komponenten sind typisch für so genannte "General-Purpose-" Mikrocontroller. In Erweiterung dazu gibt es spezialisierte Mikrocontroller, die eine Vielzahl spezifisch auf eine Aufgabe zugeschnittene Zusatzausstattung gleich mitbringen.

Bild 1.2: Übergang der Kategorien zwischen Mikroprozessor, Mikrocontroller und ASIC

Beispiele für diese spezialisierten Mikrocontroller sind hochintegrierte Funksysteme, die Sender und Empfänger voll integrieren, Schrittmotorsteuerungen mit integrierter Leistungsendstufe, Kryptografiechips, MP3-Chips, die nur noch einen externen Speicher benötigen und vieles andere mehr. An diesem Ende der Skala erfolgt der gleitende Übergang in die Welt der ASICs (application specific integrated circuit) mit integriertem Prozessorkern, Bild 1.2.

Zentrale Komponente des Mikrochips ist die so genannte Mikroprozessoreinheit (kurz „MPU"). Sie beinhaltet wie bei einem normalen Computer eine Steuer- und Recheneinheit. Der Speicher und auch die übrige Peripherie ist über einen internen Adress- und einen internen Datenbus an diese angeschlossen. Die MSP430-Familie besitzt eine so genannte "von-Neumann-Architektur". Das heißt, dass sowohl für den Programmcode als auch für den Datenspeicher der gleiche Daten- und Adressbus verwendet wird. Der Rechenkern selbst ist ein so genannter RISC- (*Reduced Instruction Set Computer*) Prozessor. Das heißt, dass der gesamte Befehlssatz des Prozessors auf ein Minimum, hier auf nur 27 Befehle mit jeweils sieben Adressierungsarten, reduziert ist [Tex06c]. Jeder dieser 27 Befehle wird optimal durch die Prozessorhardware unterstützt, so dass die Kernfunktion aller Befehle innerhalb eines Prozessortaktes abgearbeitet werden kann. Dazu kommen je nach Adressierungsart noch Taktzyklen zur Bereitstellung der Operanden. So dauert eine einfache Zuweisung mit CPU-Registern (zum Beispiel mov Rn,Rm) insgesamt nur einen Prozessortakt, Befehle mit komplexer relativer Adressierung (beispielsweise add X(Rn),X(Rm)) benötigen 6 Prozessorzyklen. Da der Prozessor zudem eine 16-Bit-Architektur besitzt, ist die resultierende Verarbeitungsgeschwindigkeit durchaus beachtlich.

Tabelle 1.1: intern orientierte Peripheriemodule

Peripheriemodul	Erklärung
Basic-Clock-Modul	Taktsystem, das die verschiedenen Taktquellen im Prozessor zur Verfügung stellt
Flash-Memory-Controller	Zugriff auf den internen Flash-Programmspeicher
Supply-Voltage-Supervisor	Überwachung der Versorgungsspannung
Hardware-Multiplier	CPU-Modul, mit dem Multiplikationen sehr schnell berechnet werden können
DMA-Controller	Modul für den direkten Speicherzugriff von Peripheriekomponenten, damit der Prozessorkern dadurch nicht belastet wird
Watchdog-Timer	Interner Timer, der als "Totmannschalter" den Prozessor neu startet, wenn er nicht bedient wird
JTAG-Interface	Schnittstelle, die für das In-Circuit-Debugging während der Entwicklung verwendet wird
Bootstrap-Loader	Mit diesem kann mittels eines einfachen seriellen Protokolls neue Software in den Prozessor geladen werden

Der MSP430 verfügt je nach Typ über eine Vielzahl von integrierten intern und extern orientierten Peripheriekomponenten. Den meisten dieser Komponenten ist in den folgenden Kapiteln des Buches ein ganzer Abschnitt gewidmet, der die entsprechende Funktion ausführlich erklärt und die Anwendung mit Codebeispielen erläutert.

Die in Tabelle 1.1 und Tabelle 1.2 zusammengefasste Aufzählung gibt eine einleitende Übersicht und eine kurze Erklärung der verschiedenen in der gesamten MSP430-Familie vorkommenden Peripheriemodule. Die Bezeichnung der Module ist den entsprechenden MSP430-User-Manuals [Tex06c, Tex07e] entnommen und absichtlich nicht eingedeutscht, damit die zugehörige Referenz einfach wiedergefunden werden kann.

Die in Tabelle 1.1 beschriebenen "intern" orientierten Module nehmen im Wesentlichen prozessorinterne Funktionen war und unterstützen das Rechenwerk bei

Tabelle 1.2: extern orientierte Peripheriemodule

Peripheriemodul	Erklärung
Digital I/O	allgemeine digitale Ports, die einzeln entweder als Eingang oder als Ausgang konfiguriert werden können
Timer	Zähler, die abgeleitet vom Prozessortakt oder externen Quellen zählen
USART	Kommunikationsschnittstelle, die je nach Ausführung mehrere Protokolle (RS232, SPI, I^2C) beherrscht
Comparator	Analoger Komparatorbaustein
ADC10, ADC12, SD16	Analog-Digital-Wandler mit 10 bzw. 12 Bit, oder Sigma-Delta-Wandler mit 16 Bit Auflösung
DAC12	12 Bit Digital-Analog-Wandler
OA	Analoger Operationsverstärker (operational amplifier)
LCD Controller	Interface zum direkten Betrieb eines LCD-Panels
ScanIF	Sensor-Interface für resistive, induktive und kapazitive Sensoren, die periodische Signale abgeben (z.B. Tachogeber)

der Abarbeitung des Programms. Ein weiterer Aspekt sind Taktgenerierung und Überwachungsfunktionen sowie Funktionen zur Unterstützung des Entwicklungsprozesses. Demgegenüber stehen die "extern" orientierten Module, (Tabelle 1.2), die der Verbindung des Mikrocontrollers mit der Außenwelt dienen (analoge oder digitale Schnittstellen) oder andere spezialisierte Funktionen wahrnehmen. Dadurch reduziert sich die benötigte Anzahl an externen Komponenten im Vergleich zu Mikroprozessoren drastisch und ein hochintegrierter Schaltungsentwurf wird erst möglich.

1.2 Die MSP430-Familie

Die Mikrocontroller der MSP430-Familie sind 16-Bit-MCUs, die in verschiedenen Ausführungen erhältlich sind. Es gibt derzeit (Stand 2010) etwa 279 verschiedene Typen, die von Texas Instruments vertrieben werden. Viele weitere sind in Planung oder bereits angekündigt. Einen ersten Überblick kann man in der Übersichtsbroschüre von Texas Instruments [Tex07c] gewinnen. Alternativ bietet die Webseite von TI [Tex07g] eine Familienübersicht, in der eine parametrische Eingrenzung auf gewünschte Modelle vorgenommen werden kann.
Aus Gründen der Übersichtlichkeit teilt Texas Instruments die Familie der MSP430-Prozessoren in sechs Gruppen auf (die x sind hierbei Platzhalter):

MSP430x1xx (Non-LCD) Die Controller mit der Kennung MSP430x1xx sind Flash/Rom basiert mit einem Speicher von $10\,\mathrm{k}B$ bis $60\,\mathrm{k}B$. Sie arbeiten mit einer Versorgungsspannung von $1.8\,\mathrm{V}$ bis $3.6\,\mathrm{V}$ bei $8\,\mathrm{MHz}$. Die Größe des RAMs beträgt je nach Typ zwischen 128 Byte und $10\,\mathrm{k}B$. Die Gruppe selbst kann in kleinere (und preisgünstigere) Typen mit 20/28 Pins und in Typen mit 64 Pins unterteilt werden. Prozessoren mit gleicher Pin-Zahl sind Layout-kompatibel und unterscheiden sich nur durch die interne Ausstattung an Speicher und Peripheriemodulen. Diese Gruppe ist eine der derzeitigen Haupt-Produktlinien, und alle Typen sind aktiv in Produktion.

MSP430x2xx (Non-LCD) Die MSP430x2xx-Controller arbeiten mit 16 MIPS bei einer Versorgungsspannung von $1.8\,\mathrm{V}$ bis $3.6\,\mathrm{V}$. Die Größe des Speichers beträgt zwischen $1\,\mathrm{k}B$ und $120\,\mathrm{k}B$ bei einem RAM von 128 Byte bis $8\,\mathrm{k}B$. Die Subgruppe mit "G" im Namen MSP430G2xx adressiert das unterste Preis- und Funktionssegment, während die Prozessoren der MSP430F2xx-Familie angefangen bei relativ einfach ausgestatteten Prozessoren (z.B. der MSP430F2013 aus dem Starter-Kit) in letzter Zeit immer mehr auch Prozessoren größeren Funktionsumfangs integrieren.

MSP430x3xx (LCD) Dies war die erste Modellreihe der MSP430-Prozessoren. Bei den MSP430x3xx handelt es sich um ein ROM/OTP-Speicher basiertes Controllermodell mit einer Versorgungsspannung von $2.5\,\mathrm{V}$ bis $5.5\,\mathrm{V}$. Er arbeitet mit 4 MIPS deutlich langsamer als die anderen MCUs (bei einer Taktung von $8\,\mathrm{MHz}$). Diese Typen sollten für neuere Designs nicht mehr verwendet werden.

MSP430x4xx (LCD) Der MSP430x4xx wird als $8\,\mathrm{MHz}$- oder $16\,\mathrm{MHz}$-Ausführung hergestellt. Sein Flash-Speicher umfasst $4\,\mathrm{k}B$ bis $8\,\mathrm{k}B$. Der ROM-Speicher beträgt ebenfalls $4\,\mathrm{k}B$ bis $120\,\mathrm{k}B$. Der Arbeitsspeicher umfasst 256 Byte bis $8\,\mathrm{k}B$. Er verfügt über einen integrierten LCD-Controller und leistet 8-16 MIPS bei einer Versorgungsspannung von $1.8\,\mathrm{V}$ bis $3.6\,\mathrm{V}$. Besonderes Funktionsmerkmal dieser Modellreihe ist der bereits integrierte LCD-Controller zur direkten Ansteuerung eines LCD-Displays.

MSP430x5xx/6xx (Non-LCD) Die neueste Gruppe der MSP-Familie ist als High-End-Erweiterung der MSP430-Familie zu sehen. Mit mehr Rechenleistung (bis zu $25\,MHz$-Taktfrequenz), erweiterten Peripheriemodulen (z.B. USB), größerem Speicher und mehr I/O- Leitungen sind diese für komplexe Designs prädestiniert.

CC430xx Diese Gruppe integriert zusätzlich zum MSP430-Prozessorkern auch ein komplettes RF-Funkmodul, so dass sich hiermit extrem energieeffiziente Funklösungen zur Datenübertragung realisieren lassen. Die Funkmodule sind für den Frequenzbereich unter $1\,GHz$ entworfen. Dort liegen beispielsweise die frei nutzbaren ISM-Bänder $433\,\mathrm{MHz}$, $868\,\mathrm{MHz}$ oder $915\,\mathrm{MHz}$.

Betrachtet man die gesamte Auswahl des Herstellers an zur Verfügung stehenden Typen, so verliert man leicht die Übersicht, welcher konkrete Prozessor denn nun für das eigene Projekt geeignet ist. Bei den meisten Projekten definiert die funktionelle Anforderung in Bezug auf die integrierten Funktionskomponenten die Auswahl. Exemplarisch sind in Tabelle 1.3 die Eigenschaften einiger Typen aus der MSP430-Familie dargestellt. In dem später noch vorgestellten Experimentierboard können beispielsweise alle zu MSP430F1612 oder MSP430F149 pinkompatiblen Typen der MSP430x1xx-Familie eingesetzt werden. Ein einfach zu lötendes Gehäuse prädestiniert den MSP430F1232 für Hobby-Prototypen, da nicht gleich eine SMD-Lötausrüstung angeschafft werden muss. Der MSP430F2013-Controller findet sich z.B. im Texas Instruments Starter-Kit eZ430-F2013. Obwohl dort als SMD-Baustein integriert, gibt es diesen sogar im 14-poligen DIP-Gehäuse für diejenigen, die jetzt partout mit SMD auf Kriegsfuß stehen. Vergleicht man die Eigenschaften der genannten Mikrocontroller fällt auf, dass der MSP430F1232 und der MSP430F2013 über deutlich weniger Speicher und Peripheriemodule verfügen. Dies spiegelt sich aber auch in einem entsprechend geringeren Preis im Vergleich zum MSP430F1612 wider. Der MSP430F2013 gehört also eher zu den kleinen

Tabelle 1.3: Vergleich verschiedener MSP430-Typen

Bezeichnung	Flash/RAM	GPIO	ADC	Andere Peripherie
MSP430F2013	2 KB/128 B	22	16-Bit Sigma-Delta	16-Bit Timer, Watchdog, USI
MSP430F1232	8 KB/256 B	22	10-Bit SAR	16-Bit Timer, Watchdog, USART
MSP430F149	60 KB/2 KB	48	12-Bit SAR	Analog-Comparator, Hardware-Multiplier, 2x 16-Bit Timer, Watchdog, 2 USART (SPI or UART)
MSP430F1612	55 KB/5 KB	48	12-Bit SAR	2 DAC 12, Analog-Comparator, DMA, Hardware-Multiplier, SVS, 2x 16-Bit Timer, Watchdog, 2x USART (SPI or UART or I²C)

Modellen, verfügt aber immerhin über einen 16-Bit-Sigma-Delta-Analog/Digital-Wandler. Zudem hat er nur wenige außen zugängliche I/O-Pins. Die Auswahlentscheidung zu Gunsten eines bestimmten Typs ist zwar im Wesentlichen durch die Anwendung bestimmt, aber durchaus auch durch wirtschaftliche Erwägungen geprägt. Spätestens wenn man die Ebene des Hobbyprojektes verlässt, werden Fragen nach Preis, aber auch nach Verfügbarkeit und Fertigungskosten bestimmend für den Auswahlprozess. Der Vorteil einer Prozessorfamilie wie der des MSP430 ist, dass bei Wechsel der Anforderungen der Prozessor relativ leicht zu wechseln ist und die Software nur an wenigen Stellen angepasst werden muss.

1.2.1 Registerübersicht

Der MSP430 verfügt über einen Registerblock, der sich in drei funktionale Bereiche gliedern lässt: 8-Bit-Peripherie-Register, 16-Bit-Peripherie-Register und Spezial-Register. Zu diesen Spezial-Registern gehören die 16 je 16-Bit breiten CPU-internen Steuer- und Rechenregister. Sie werden von R0 bis R15 durchnummeriert. Eine Übersicht über die Registeraufteilung des MSP430 ist in Abbildung 1.3 dargstellt. Manche dieser Register (R0 bis R3) haben eine spezielle Bedeutung. Die übrigen Register sind *General-Purpose-Register* (Allzweckregister), die

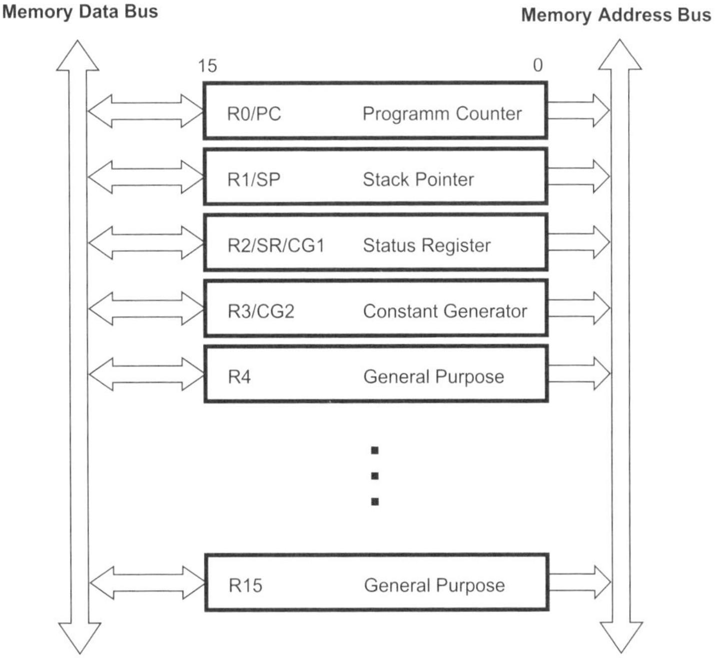

Bild 1.3: Register-Aufteilung des MSP430 [Tex06c]

für Rechenoperationen verwendet werden können. Die Vielzahl der vorhandenen Allzweckregister ist typisch für RISC-Rechner. Mit diesen Allzweckregistern lassen sich Rechenoperationen besonders schnell und effizient ohne Speicherzugriffe durchführen.

R0 Programm-Counter Das Programm-Counter-Register ist der Befehlszähler der CPU des MSP430. Das Register R0 zeigt immer auf den nächsten abzuarbeitenden Befehl. Dabei ist das Bit 0 (LSB) stets 0, da der MSP nur Befehle mit einer Länge von 2 Byte bis 6 Byte verwaltet und alle Adressen gradzahlig sind.

R1 Stack-Pointer Der Stack ist ein LIFO- (last in first out) organisierter Bereich im Arbeitsspeicher. In diesem werden beispielsweise beim Aufruf von Unterprogrammen die Rücksprungadressen sowie der Inhalt veränderter Register kurzzeitig gespeichert. Das Stack-Pointer- Register verwaltet diesen Arbeitsbereich. Um mit dem Stack arbeiten zu können, muss dieser zunächst mit dem Stack-Pointer-Register initialisiert werden. Dabei zeigt der Stack-Pointer stets auf die oberste Adresse des aktuellen Stacks. Zusätzlich sollte man beachten, dass der Stack ausgehend von der Initialisierungsadresse von hohen nach niedrigen Adressen wächst. Ähnlich wie beim Programm-Counter ist auch beim Stack-Pointer das Bit 0 stets nicht gesetzt.

Im Stack lassen sich sowohl 1 Byte breite als auch 2 Byte (1 Word) breite Zahlen ablegen. Da der Stack jedoch intern nur 16 Bit verarbeitet, werden bei 1 Byte breiten Zahlen die restlichen acht Bits aufgefüllt.

R2/SR/CG1 Status-Register Das Status-Register beinhaltet alle wichtigen Flags der CPU. Sie dienen unter anderem der Steuerung und dem selektiven Programmfluss mit bedingten Sprungbefehlen. Dabei sind allerdings nur die untersten acht Bits belegt. Die restlichen acht Bits des Registers sind reserviert. Die Aufteilung der Flags ist in Abbildung 1.4 skizziert.

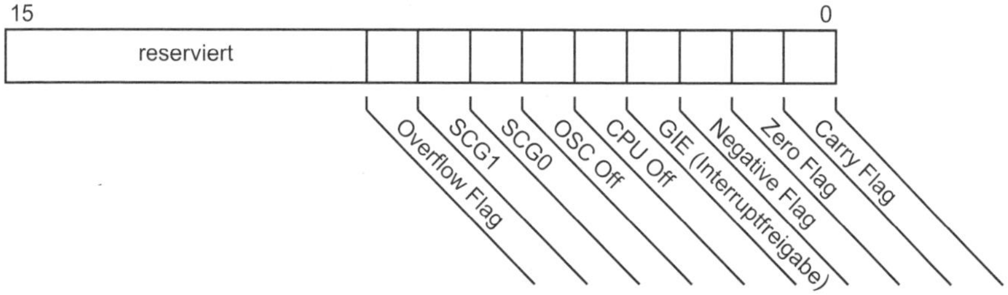

Bild 1.4: Aufteilung des Status-Registers

R3/CG2 Constant-Generator Das Constant-Generator-Register ist eine Besonderheit der MSP430-Mikrocontroller. Damit lassen sich besonders schnell ohne Initialisierung Konstanten wie 0, 1, 2, 4, 8 und -1 darstellen, die für viele Rechneranwendungen immer wieder benötigt werden.

R4 bis R15 Dies sind so genannte "General-Purpose-Register", die ohne Einschränkung zur Programmierung verwendet werden können. Da Befehle mit Registern sehr schnell abgearbeitet werden können, kann man durch die geschickte Wahl der Registerzuordnung sehr effizienten Code produzieren. Dies ist allerdings nur in der Assemblerprogrammierung möglich, in C übernimmt diese Optimierung der Compiler.

1.3 Die Entwicklungsumgebung

In diesem Abschnitt wird die Entwicklungsumgebung **Code Composer Essentials 4** vorgestellt. Dafür entwickeln wir mit dem eZ430-F2013-USB-Stick, der auf dem MSP430F2013 basiert, ein einfaches Programm, das die auf dem Stick befindliche LED blinken lässt. Wir starten dafür den Code Composer, der uns ggf. zuerst nach der Pfadangabe für die von uns gespeicherten Programme fragt. Unter dem Menüpunkt "*File*", "*New*", "*CCS Project*" startet ein Assistent, um ein neues Benutzerprogramm zu entwickeln. Nachdem wir dem Projekt einen Namen gegeben haben, können wir die nächsten zwei Abfragen ignorieren. In den "*CCS project settings*" müssen wir jetzt unter "*Device Variant*" unser Prozessormodell (hier MSP430F2013) auswählen. Die Entwicklungsumgebung erzeugt dann das Projekt selbständig. Dieses Projekt finden wir jetzt in der linken Spalte unter "C/C++ Projects".
Es fehlt nur noch eine C-Sourcen-Datei, die mit einem Rechtsklick auf das Projekt in der „C/C++-Projects"-Registerkarte und Klicken auf dem Menüpunkt "*New*", "*Source File*" angelegt werden kann. Als Dateinamen geben wir „main.c" an. Die Bildschirmoberfläche sollte dann wie in Abbildung 1.5 aussehen.
Unser Beispielprogramm ist Listing 1.1. Auf die Bedeutung der Befehle kommen wir in den folgenden Kapiteln zurück. Um das Programm zu testen, muss der Code compiliert werden. Zuerst müssen wir uns jedoch noch versichern, dass die JTAG- Einstellungen stimmen. Dazu gehen wir wieder mit der rechten Maustaste auf das Projekt und wählen "*Open Target Configuration*". Da müssen wir dann unter "*Connection*" das richtige JTAG-Interface auswählen.

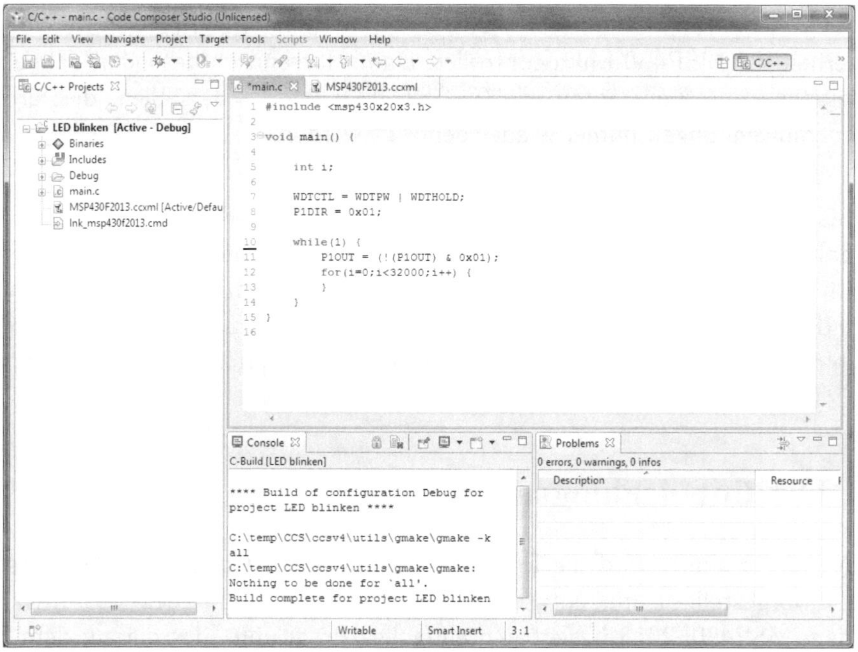

Bild 1.5: Die Entwicklungsumgebung Code Composer Essentials 4

Das Compilieren starten wir, indem wir in der Menüleiste unter "*Project*" "*Build Active Project*" auswählen. Das Ergebnis der Compilierung und ggf. Syntaxfehler werden in den Registerkarten „Problems“ und „Console“ angezeigt.

```
#include <msp430x20x3.h>

void main() {
  int i;

  WDTCTL = WDTPW | WDTHOLD;
  P1DIR = 0x01;
  while(1) {
     P1OUT = (!(P1OUT) & 0x01);
     for(i=0;i<32000;i++) {}
  }
}
```

Listing 1.1: Ein einfaches Beispielprogramm: Wir lassen die Leuchtdiode blinken

Durch Drücken des Buttons mit dem grünen Käfer-Symbol in der Taskleiste oder alternativ durch Auswählen von "*Target*", "*Debug Active Project*" wird das Programm auf den Prozessor geladen und die Ansicht wechselt in den Debug-Modus, der in Abbildung 1.6 dargestellt ist. Über das Debug-Kontroll-Bedienfeld kann das Programm mit dem grünen Play-Button gestartet werden. Wenn wir dies ausführen und zuvor alles geklappt hat, sehen wir, dass die grüne LED zu blinken beginnt. Die Ausführung des Programms wird mit der Pause-Taste angehalten.

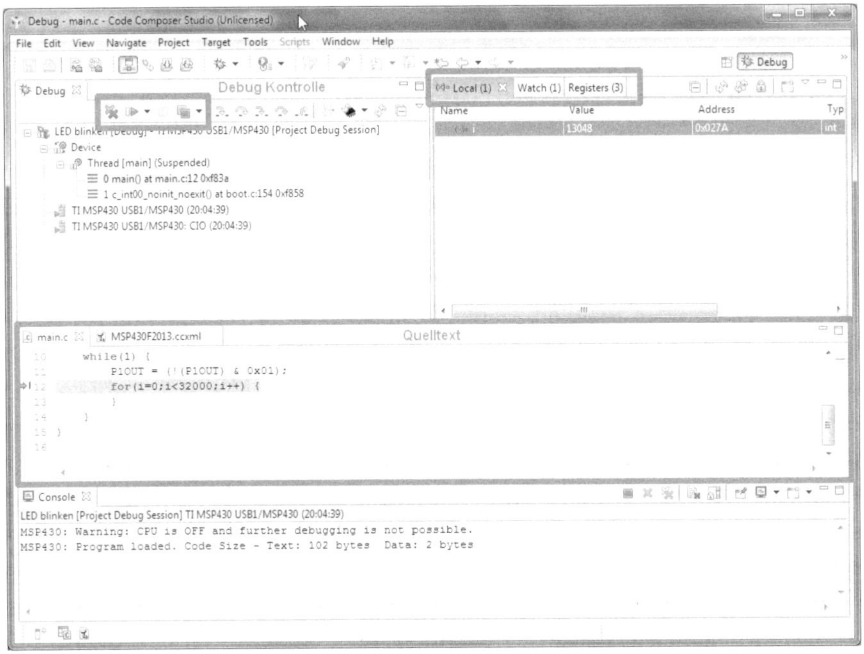

Bild 1.6: Die Entwicklungsumgebung Code Composer Essentials 4 im Debug-Modus

Zur Überwachung von lokalen oder globalen Variablen sowie der Prozessorregister steht die Registerkarte „Variables" und „Registers"[1] zur Verfügung. Die Daten aktualisieren sich allerdings nur, wenn die Ausführung des Programmes unterbrochen wird. Dies kann der Benutzer manuell tun, indem er den "Pause-" Button drückt. Danach kann er auch schrittweise durch das Programm gehen ("step

[1] Die Registeransicht muss zuvor erst durch Anwählen von "*View*", "*Registers*" in der Menüleiste aktiviert werden

modus"), indem er einzelne Befehle ausführt ("single step") oder aber ganze Befehlssequenzen oder Unterprogramme ausführt (z.B. "step over-" Modus). Durch Setzen von Breakpoints kann der Programmfluss an einer bestimmten Stelle im Programm z.B. zum Debugging unterbrochen werden. Dazu muss man eine Zeile mit der Maus in der Registerkarte „Quelltext" markieren und dann mit der rechten Maustaste die Option "toggle Breakpoint" wählen. Durch Drücken der "Stopp-Taste" wird das Programm beendet und man kehrt in den Code-Bildschirm zurück.

1.4 Hardware für die Entwicklung

Beim Entwurf von Mikrocontroller-Systemen, speziell wenn man neu beginnt, sollte man Software- und Hardware-Entwicklung voneinander trennen. Dem Anfänger ist zunächst immer anzuraten auf fertige Hardware-Plattformen zurückzugreifen. Damit ist man sicher, dass diese funktionieren. Treten dann in der Entwicklungsphase Fehler oder Probleme auf, so können diese leichter identifiziert und lokalisiert werden. Auf dem Markt gibt es viele Firmen, die so genannte "Development Boards" oder "Evaluation Boards" für den MSP430 anbieten. Diese bestehen aus einer Platine, auf der in der Regel ein bestimmter Mikrocontroller aus der MSP430-Reihe fest aufgelötet ist. Im Gegensatz zu Mikrocontrollern der Atmel AVR-Serie oder zu PIC-Mikrocontrollern sind die MSP430 ja nur in SMD-Gehäusen erhältlich. Demzufolge gibt es auch kaum Entwicklerboards, die Fassungen oder Sockel zum Austausch von Prozessoren enthalten, da diese den Preis des Entwicklungsboards deutlich in die Höhe treiben. Für Hobby-Entwickler ist gerade das SMD-Package ein wesentlicher Hinderungsgrund, die MSP430-Prozessoren zu verwenden. Abhilfe bieten hier beispielsweise die Headerboards der Firma Olimex, siehe 1.4.3. Andererseits sind SMD-Bauteile mit ein wenig Übung auch ohne teures Spezialwerkzeug leicht zu löten. Meist besteht da eine eher psychologische Hemmschwelle. Im Anhang A.2 findet man einen kleinen Lötkurs, in dem beschrieben ist, wie man die feinen SMD-Gehäuse auch ohne Profi-Ausstattung verarbeiten kann.

Neben dem Prozessor sind oft noch zusätzliche Komponenten auf den Evaluation-Boards integriert. Für den Prozessortakt sind verschiedene Quarzoszillatoren bestückt und eine Beschaltung für die serielle Schnittstelle ist meist vorhanden, wie sie ähnlich auch in Kapitel 8 beschrieben wird. Als Schnittstelle zu eigener zusätzlicher Hardware sind alle oder ausgewählte Prozessorpins auf Steckverbin-

dern oder Pfostenleisten zugänglich. Für kleinere Aufbauten steht mitunter ein leeres Lochraster-Feld zur Verfügung. Als Debug- und Programmier-Schnittstelle wird ein JTAG-Interface verwendet. Einige Schalter und Leuchtdioden erleichtern die Erstellung erster Programme.
Im Gegensatz zu solchen multifunktionellen Boards gibt es auch spezialisierte Evaluation-Boards, die dann noch weitere Hardware-Komponenten zusätzlich zum Mikrocontroller enthalten. So zum Beispiel Systeme zur Evaluierung bestimmter Funkchips [Tex07b]. Im Folgenden werden einige der heute erhältlichen Developer-Boards beschrieben, ohne jedoch einen Anspruch auf Vollständigkeit zu erheben.

1.4.1 Texas Instruments EzMSP430

Als Einsteigerset wurde von Texas Instruments das EzMSP430-Kit entwickelt. In diesem ist der MSP430F2013 integriert, mit dem man erste einfache Experimente zum Kennenlernen der Prozessorfamilie und der Entwicklungsumgebung durchführen kann.

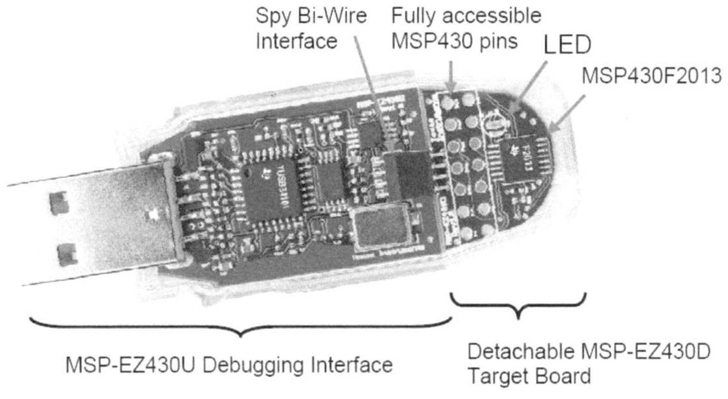

Bild 1.7: Das Texas Instruments EZ430-Starter-Kit, [Tex06a]

Für nur 20 Euro erhält man aber immerhin ein komplettes Entwicklungssystem. Öffnet man das Gehäuse, kann man das Innenleben etwas genauer betrachten, Bild 1.7. Einen wesentlichen Teil nimmt das USB-Debugging-Interface ein. Über dieses kann ein Programm in den MSP geladen werden und danach ermöglicht es das schrittweise Debuggen der Anwendung. Auch die Stromversorgung wird über die USB-Schnittstelle realisiert. Auf einem austauschbaren kleinen Headerboard ist der Prozessor untergebracht. Alle funktionellen Pins sind über Lötpunkte erreichbar. Alles in allem hat man hier ein vollständiges Entwicklungssystem, mit dem man die grundlegenden Funktionen der MSP-Familie entdecken kann. Möchte man allerdings andere und größere MSP-Typen verwenden, die kein spy-by-wire-Interface besitzen, so muss man sich nach etwas anderem umsehen.

Texas Instruments MSP430-FET-Emulation-Tool

Die Familie der MSP430-FET-Emulation-Tools besteht aus zwei Komponenten: einem JTAG-Adapter und einem Evaluation-Board. Dieses Board ist sogar mit einem ZIF-Sockel ausgestattet, in den die Prozessoren ohne Löten reversibel in die Schaltung eingesteckt werden können. Je nach Ausführung werden verschiedene MSP-Modelle unterstützt (Bild 1.8). Über Pfostenstecker können Hardware-

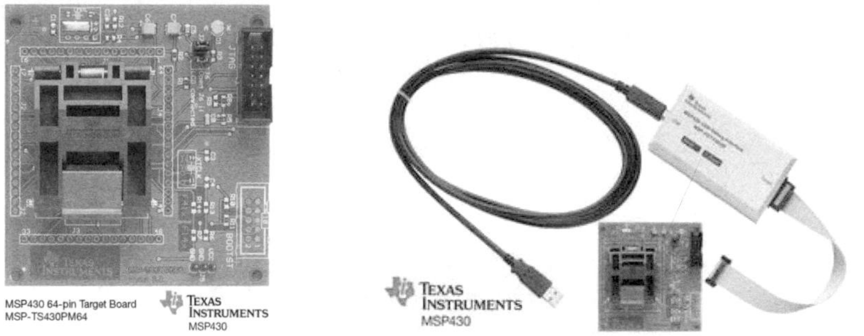

Bild 1.8: Das Texas Instruments MSP430-FET-Emulation-Tool für 64-polige MSP-Varianten (z.B. MSP430F16xx), [Tex09]

Erweiterungen an die Portpins angeschlossen werden, so dass man im Prinzip die vollständige Funktionalität des Prozessors mit diesem Evaluation-Board ausloten kann. Andererseits macht der ZIF-Sockel die Boards relativ teuer (ca. 120€).

1.4.2 Texas Instruments MSP-EXP430FG4618 Experimenter Board

Besitzt man schon einen geeigneten JTAG-Adapter, kann man das Texas Instruments MSP-EXP430FG4618 Experimenter Board verwenden, Bild 1.9. Auf dem Board sind neben zwei verschiedenen Prozessoren (MSP430FG4618 und MSP430F2013) eine Menge Peripheriekomponenten untergebracht, mit denen alle wesentlichen Funktionen des MSP mit entsprechender Hardware Ankopplung ausprobiert werden können. Der Preis von derzeit 99$ ist gemessen an der gebotenen Funktionsvielfalt durchaus angemessen.

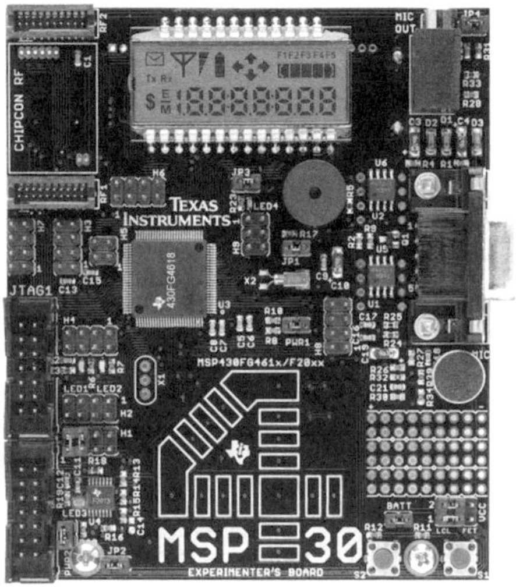

Bild 1.9: Das Texas Instruments MSP-EXP430FG4618 Experimenter Board, [Tex07d]

1.4.3 Olimex Headerboard

Als wirklich minimalste Version eines Development-Boards können die von der Firma Olimex (`www.olimex.com`, [Oli08]) hergestellten Headerboards gelten. Diese sind erhältlich für verschiedene Prozessortypen, z.B. den MSP430F149. Im Wesentlichen bestehen sie nur aus einer kleinen Platine, bei der alle funktionalen Pins auf Stiftleisten herausgeführt sind, Bild 1.10. Zusätzlich ist ein Steckverbinder für ein JTAG-Interface, ein Quarz sowie ein Lötplatz für einen zweiten Quarz vorhanden. Da die Platine über das JTAG-Interface auch mit Strom versorgt werden kann, ist es hiermit schon möglich, erste Software zu entwickeln und z.B. die Funktion der Pins mit einem Oszilloskop zu visualisieren. Natürlich ist der eigentliche Zweck, das Headerboard mit einer Fassung in das eigene Design zu integrieren und so die Verbindung zu weiterer Hardware herzustellen. Mit etwas Löterfahrung können diese Boards auch sehr leicht selbst hergestellt werden. Ein

Layoutvorschlag für einen MSP430F149 und dazu pinkompatible Typen finden sich im Anhang A.4.

Bild 1.10: Olimex Headerboard (links) und Eigenbau (rechts)

1.4.4 Olimex Prototyping Board

Ein einfaches und kompaktes Prototyping-Board für den MSP430F1612 wird von Olimex zu einem sehr günstigen Preis hergestellt. Für 30-40€ (je nach Prozessor, Stand 2010) erhält man ein sehr vielseitig einsetzbares Entwicklungssystem. Quarze für den Takt sowie Hardware-Unterstützung für die serielle Schnittstelle sind schon fertig aufgebaut. Alle anderen Portpins können über eine 40-polige Pfostenleiste konnektiert werden. Ein Punktrasterfeld kann zum Aufbau kleiner Erweiterungsschaltungen genutzt werden. Auch dieses Board verfügt über den üblichen JTAG-Stecker für Programmierung und Debugging.

Bild 1.11: Olimex Prototyping Board [Oli08]

1.4.5 Das Elektor Experimentierboard

In Zusammenarbeit mit einer niederländischen Hochschule hat der Elektor Verlag ein eigenes Experimentierboard entwickelt. Als Debug-Interface wird hierbei ein EzMSP430-Kit verwendet, bei dem anstelle der kleinen Prozessorplatine dann dieses Experimentierboard angeschlossen wird. Als Prozessor kommt ein MSP430F2012 im DIP-Gehäuse zum Einsatz. Zusätzlich ist die Platine mit einer 7-Segment-Anzeige, einem Summer sowie mit einigen LEDs und Tastern bestückt.

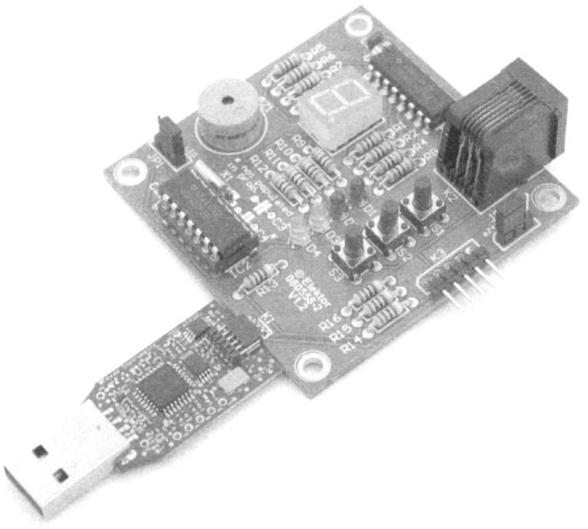

Bild 1.12: Elektor Experimentierplatine [Ele]

1.4.6 JTAG-Adapter

Zum Debugging und Programmieren des Prozessors benötigt man einen JTAG-Adapter. Für dieses standardisierte Interface bieten viele Hersteller mitunter sehr aufwändige Geräte an, die auch die MSP430-Prozessorfamilie unterstützen. Benötigt man diese Funktionsvielfalt nicht, kann man für die alltäglichen Projekte auf kostengünstige Lösungen zurückgreifen, wie sie die Firma Olimex für den Parallelport anbietet. Bei einem Preis von 18,50 € ist dieser kaum billiger selbst herzustellen. Für ganz sparsame ist im Anhang auch ein Schaltplan mit Platinenlayout angefügt. Als Alternative für Computer, die über keine parallele Schnittstelle mehr verfügen, gibt es auch einen JTAG-Adapter für die USB-Schnittstelle.
Auch Texas Instruments liefert mit seinem MSP430-FET-Emulation-Tool (siehe

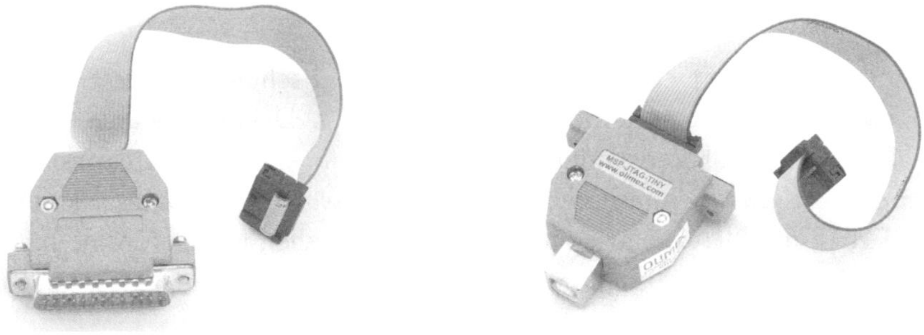

Bild 1.13: JTAG-Adapter für den Parallelport (links) und USB (rechts)[Oli08]

1.4.1) einen ähnlich aufgebauten JTAG-Adapter entweder für Parallelport oder USB aus. Man kann diese auch einzeln beziehen, allerdings liegen hier die Preise etwas höher als bei Olimex.

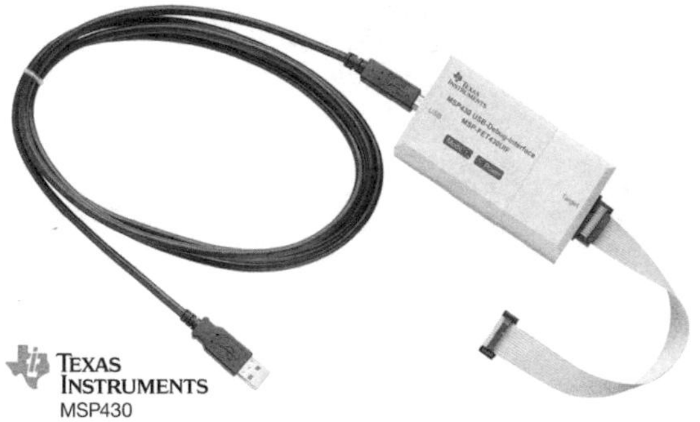

Bild 1.14: JTAG-Adapter von Texas Instruments für USB[Tex09]

1.4.7 MEDIT Developer Board

Als Basis für eigene Aufbauten und zur Berücksichtigung zusätzlicher Erfordernisse wie die galvanische Trennung der seriellen Schnittstelle, haben auch wir am Lehrstuhl für Medizinische Informationstechnik einen eigenen Entwurf eines Prozessorboards hergestellt. Mittlerweile existieren von diesem verschiedene Versionen für verschiedene Prozessortypen. Stellvertretend soll an dieser Stelle nur die neueste Version V4.04 vorgestellt werden. Im Anhang sind auch Layouts für zwei weitere Boards zu finden. Für etwas weniger Lötbegabte seien diese zu empfehlen, da sie entweder fertig konfektionierte Headerboards (siehe Olimex Header Board (1.4.3)) aufnehmen können oder den etwas leichter zu lötenden MSP430F1232 enthalten. Nachfolgendes Foto zeigt eine Ansicht des MEDIT MSP-Boards V4.04. Als spezielles Highlight ist auf diesem Board die JTAG-Schnittstelle für den Parallelport schon fertig integriert.

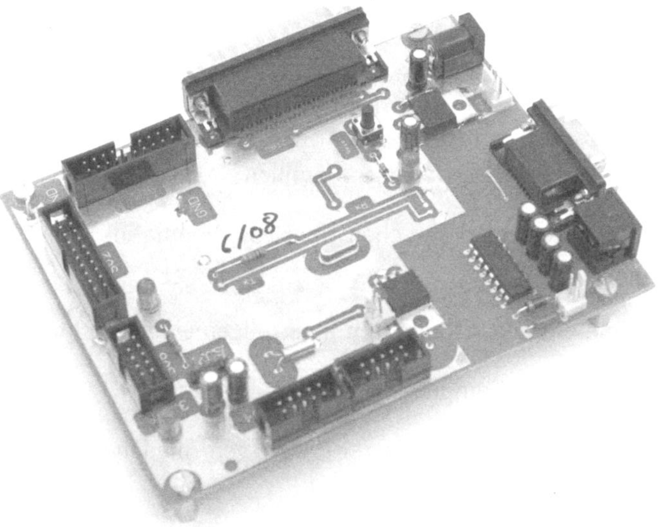

Bild 1.15: MEDIT MSP-Board V4.04

Im Prinzip ist das Design als einseitiges Platinenlayout konzipiert, so dass alle SMD-Bauteile auf der Unterseite bestückt sind. Die wenigen Verbindungen auf der Oberseite können auch einfach mit Drahtbrücken hergestellt werden. Als Prozessor ist der MSP430F1612 aufgelötet. Alternativ können natürlich auch die dazu pinkompatiblen Typen (F149, F169, F1610 und F1611) bestückt werden. Das Board besitzt insgesamt fünf Pfostensteckverbinder, mit denen alle wesentlichen Pins des Prozessors zugänglich sind. Ein weiteres Feature ist der erwähnte, bereits integrierte JTAG-Adapter zum Anschluss an die parallele Schnittstelle des Computers. Die Spannungsversorgung kann entweder über ein Steckernetzteil (5-12 Volt Ausgangsspannung) mit 2.1 mm Hohlstecker oder über ein Labornetzteil realisiert werden. Auf jedem der Steckverbinder ist diese Spannung und ein Masseanschluss zugänglich. Viel Aufwand wurde für den Aufbau einer galvanisch getrennten RS232-Schnittstelle betrieben. Über einen Magneto-Koppler vom Typ ADUM2402 kann so theoretisch eine Isolationsfestigkeit von 4000 V erreicht werden. Mehr zum Thema Isolation und elektrische Sicherheit ist in Kapitel 9.3 zu finden. Die PC-seitige Energieversorgung der Schnittstelle erfolgt über den PS/2-Anschluss. Auch zu dieser Platine sind Schaltplan und Platinenlayout im Anhang A.4 zu finden.

1.5 Aufgaben

1. Was bedeuten die Abkürzungen RISC und CISC? Was sind die wesentlichen Unterschiede zwischen RISC und CISC Computern? Welche Prozessortypen sind bekannte Beispiele für diese Familien?

2. Was ist der Unterschied zwischen einer von-Neumann-Architektur und einer Harvard-Architektur?

3. Was sind die Grundkomponenten einer allgemeinen Rechnerarchitektur?

4. Wozu benötigt ein Computer Register?

5. Woher bekomme ich Datenblätter für die verschiedenen Mikrocontroller der MSP430-Serie?

6. Welche integrierten Peripheriekomponenten hat der MSP430F1610? Wodurch unterscheidet dieser Typ sich vom vorgestellten MSP430F149?

7. Schreibe ein Programm in C, das die Quadratwurzel einer Zahl iterativ numerisch berechnet.

   Hinweis: Heron Verfahren $\sqrt{a} = \lim\limits_{n\to\infty} X_{n+1} = \frac{X_n + \frac{a}{X_n}}{2}$; $X_0 = a$

2 Digitale I/O-Ports

Je nach Gehäuseform und Ausstattung besitzen die Mikrocontroller der MSP430-Familie eine Anzahl mehrerer universeller I/O-Ports. Ein Port ist hierbei eine Gruppierung von acht bidirektionalen I/O-Anschlüssen, die über ein Register des Prozessors angesteuert werden. Diese I/O-Anschlüsse werden als Pins bezeichnet. Da der Mikrocontroller mehr Peripherie-Funktionalität als Beinchen besitzt, existiert eine funktionelle Mehrfachbelegung der Ein- und Ausgangsports. Das heißt, verschiedene interne Peripheriemodule müssen sich einen Ausgangspin teilen und es muss per Konfiguration festgelegt werden, welche nun den Ausgang verwenden kann.

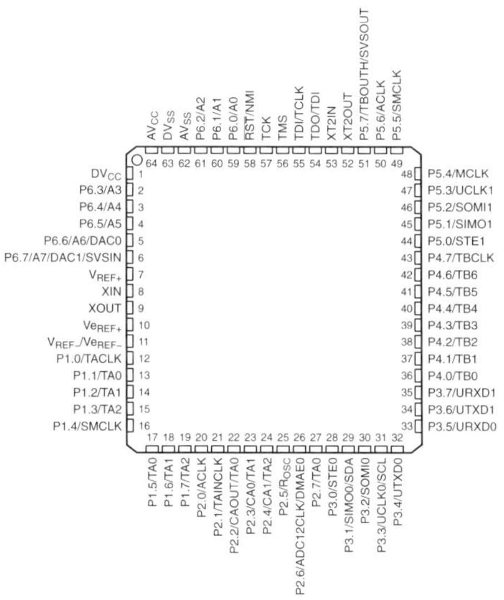

Bild 2.1: Anschlussbelegung des MSP430F149 [Tex04]

In Abbildung 2.1 ist die Anschlussbelegung des MSP430F149 dargestellt. Alle digitalen I/O-Ports werden mit der Kennung P, gefolgt von der Nummer des Byteports, einem Punkt und der Nummer des Pins gekennzeichnet. P2.5 ist demnach der Pin 5 (Zählung beginnt bei 0!) des Byteports 2 (Zählung beginnt bei 1). Insgesamt verfügt beispielsweise der MSP430F149 über 6 Ports mit jeweils 8 Bit = 48 digitale I/O-Pins.

Um mit einem Digitalport arbeiten zu können, muss dieser zunächst initialisiert werden. Um jetzt einem Port die Funktion "Digital I/O" zuzuweisen, besitzt jeder Port ein spezielles Register, das Function-Select- Register (PxSEL). Mit diesem wird die gewünschte Funktion ausgewählt, ob jetzt der Port als allgemeiner I/O Port genutzt werden kann oder ein internes Funktionsmodul (z.B. der A/D Wandler) Zugriff auf den Port hat. Als Nächstes muss der CPU des MSP430 mitgeteilt werden, ob auf den Port lesend oder schreibend zugegriffen werden soll. Dazu besitzt jeder Byteport P1 bis P6 ein Richtungsregister (Direction-Register, PxDIR). Den Status eines Ports kann man dann mit dem Input- (PxIN) und Output- (PxOUT) Register lesen bzw. setzen.

Digitalport	Input	Output	Function-Select	Direction
P1	P1IN	P1OUT	P1SEL	P1DIR
P2	P2IN	P2OUT	P2SEL	P2DIR
P3	P3IN	P3OUT	P3SEL	P3DIR
P4	P4IN	P4OUT	P4SEL	P4DIR
P5	P5IN	P5OUT	P5SEL	P5DIR
P6	P6IN	P6OUT	P6SEL	P6DIR

Tabelle 2.1: Die wichtigsten Register für die digitalen I/O-Ports des MSP430F149

Eine Übersicht über die wichtigsten Register für die digitalen I/O-Ports ist in Tabelle 2.1 aufgelistet. Port1 und Port2 verfügen darüber hinaus noch über spezielle Register für Interrupts. Alle Register liegen im Speicher des Controllers ab der Adresse 0x0020h bis 0x001Bh. In der Software erfolgt der Zugriff auf das Register entweder über die absolute Adresse (umständlich und schlecht portierbar) oder über die symbolischen Konstanten gleichen Namens. Jedes Register kann eine 8 Bit breite Zahl aufnehmen. Die sich daraus ergebende binäre Darstellung in 0 und 1 definiert für jeden einzelnen Pin eines Byteports die Datenrichtung, Funktion oder Ein- und Ausgabestatus.

2.1 Digitale Eingänge

Wenn wir einen Digitalport als Eingang verwenden wollen, müssen wir zunächst die Sonderfunktion wie ADC oder USART abschalten. Dazu muss das Function-Select-Register mit 0 initialisiert werden. Außerdem muss im Direction-Register festgelegt werden, dass der Digitalport als Eingang genutzt werden soll. Jeder Byteport verfügt über (bis zu) acht unabhängig voneinander ansprechbare Digitalpins. Die acht Bitstellen in den jeweiligen Registern (z.B. P1DIR oder P1SEL) sind dabei für den jeweiligen Pin 0 bis 7 vorgesehen. Beispiel 2.1 zeigt, wie wir den Byteport P1 als Eingang definieren können.

```
int main(void)
{
  P1DIR = 0x00;                    // alle Pins von P1 als Eingang
  P1SEL = 0x00;                    // normale I/O-Funktion für alle
}
```

Listing 2.1: Initialisierung von P1 als digitalen Eingang

Häufig verwendet man in der Mikrocontrollertechnik die hexadezimale Schreibweise zur Darstellung von Werten. Bei dieser Schreibweise stellt jede Ziffer ein so genanntes 4 Bit breites Nibble dar. Mit zwei Nibble können alle acht Pins adressiert werden. Sehr günstig ist dafür auch die Verwendung symbolischer Konstanten[1]. Durch deren konsequente Nutzung wird der Code wesentlich besser lesbar und Fehler werden vermieden. Die Konstanten können dann mit einfacher boolscher Logik verknüpft werden. Mit der "ODER"-Verknüpfung kann man ein Bit setzen, mit der "UND-NICHT"-Verknüpfung ein Bit löschen.

```
#define BIT0 0x01
#define BIT1 0x02
#define BIT2 0x04
#define BIT3 0x08
#define BIT4 0x10
#define BIT5 0x20
#define BIT6 0x40
#define BIT7 0x80

i = i | BIT1 & ~BIT6;              // Setze Bit 1 und Lösche Bit 6
```

Listing 2.2: Definition von Konstanten um selektiv Bits in Registern zu beeinflussen

[1] Diese sind praktischerweise bereits in der dem Prozessor zugehörigen Headerdatei (z.B. msp430x14x.h) definiert.

Um nun den Status eines Pins (in unserem Beispiel den Pin P1.2) auszulesen, müssen wir nach der Initialisierung auf das Input-Register zugreifen. Die Eingänge basieren auf Schmitt-Trigger-Bausteinen. Damit ist sichergestellt, dass selbst bei langsam wechselnden Eingangssignalen sauber zwischen dem eingeschalteten (1) und dem ausgeschalteten (0) Pegel unterschieden werden kann. Die Hysterese der Schmitt-Trigger-Bausteine sorgt schaltungstechnisch dafür, dass es zu keinen Schwingungen am Umschaltpunkt kommt. Eine Eingangsspannung oberhalb von $2\,\mathrm{V}$ wird sicher als eine logische 1 erkannt, eine Spannung unterhalb von $0,9\,\mathrm{V}$ sicher als eine logische 0. Diese Werte können sich für kleinere Betriebsspannungen noch verändern. Hier gibt das Datenblatt des jeweiligen Controllers genauen Aufschluss.

Man kann nur den kompletten Zustand eines Byteports einlesen und nicht jeden einzelnen Pin selbst. Um dennoch den Status eines einzelnen Pins auslesen zu können, kann man das Input-Register des Byteports entsprechend bitweise verknüpfen.

```
#include <msp430x16x.h>        // Headerdatei für Definitionen
int main(void) {
  int byteport;                // Variable für Port-Status
  P1DIR = 0x00;                // alle Ports von P1 als Eingang
  P1SEL = 0x00;                // normale I/O-Funktion
  while(1) {
    byteport = P1IN;           // Einlesen des Ports
    if(byteport == BIT2) {     // teste, ob nur P1.2 gesetzt ist
       // P1.2 ist gesetzt ... tue irgendwas...
    }
  }
}
```

Listing 2.3: Auslesen des Status von Digitalport P1.2

Im Beispiel 2.3 wird geprüft, ob nur P1.2 logisch 1 ist. Alle anderen Pins müssen logisch 0 sein. Will man testen, ob P1.2 logisch 1 ist, unabhängig von den anderen Pins, müsste man auf P1.2 anstatt des "==" -Operators eine AND-Verknüpfung (Achtung: &-Operator, nicht &&-Operator) anwenden. In jedem Fall ist zu beachten, dass die Zählung der Pins bei 0 beginnt. Für den Pin P1.0 muss man somit mit der hexadezimalen Zahl 0x01 verknüpfen. Für den Pin P3.6 dagegen würde man das Register P3IN mit der hexadezimalen Zahl 0x40 (dezimal = 64) verknüpfen. Wie gesagt, wäre das Verwenden der logischen Konstante BIT6 allemal einfacher zu verstehen.

2.1.1 Anschluss von Tastern

Beim Anschluss von Tastern sollte man bestimmte Eigenschaften der digitalen I/O-Ports beachten. Wenn man mit digitalen Eingängen arbeitet, ist die Eingangsimpedanz der jeweiligen Pins sehr hochohmig. Ein strombegrenzender Vorwiderstand zum Sensor oder Taster ist daher nicht zwingend erforderlich, für die Entwicklungsphase aber dringend anzuraten. Schnell hat man aus Versehen den Pin als Ausgang statt als Eingang definiert. Der Widerstand vermeidet dann den elektrischen Kurzschluss und sichert das Überleben des Mikrocontrollers. Die digitalen Eingänge haben charakteristische Eingangspegel, die in Tabelle 2.2 zusammengefasst sind.

Parameter	Minimal	Maximal
Obere Umschaltschwelle V_{IT+}	$1.5\,\mathrm{V}$	$1.9\,\mathrm{V}$
Untere Umschaltschwelle V_{IT-}	$0.9\,\mathrm{V}$	$1.3\,\mathrm{V}$
Eingangsspannungshysterese V_{hys}	$0.5\,\mathrm{V}$	$1\,\mathrm{V}$

Tabelle 2.2: Eingangspegel der digitalen Eingänge

Um saubere und definierte Schaltzustände zu erhalten, verschaltet man die Eingänge meist mit so genannten Pull-Up- oder Pull-Down-Widerständen. Ein Pull-Up-Widerstand zieht den Pegel des Digitalports hoch (HIGH). Ein Pull-Down-Widerstand wird den Pegel des Digitalports dagegen runterziehen (LOW). Der Pegel ist dabei die am Port anliegende Spannung, die einem bestimmten logischen Zustand (gesetzt oder nicht gesetzt) des Digitalports entspricht.
Will man, dass der Eingang logisch HIGH ist, wenn man einen Taster drückt, würde man den Port entsprechend Abbildung 2.2 (links) verschalten. Für einen Eingang, der beim Betätigen eines angeschlossenen Tasters logisch LOW sein soll, bietet sich die Schaltung in Abbildung 2.2 (rechts) an. Die Größe des "Pull"-Widerstandes ist dabei nicht so entscheidend. Werte im Bereich von $10\,\mathrm{k}\Omega$ bis $1\,\mathrm{M}\Omega$ sind dafür üblich.

Die Dimensionierung des "Sicherheitswiderstands" bemisst sich am Fehlerfall. Im schlimmsten Fehlerszenario schaltet der Port aktiv gegen Masse (Pull-Up-Konfiguration) oder Betriebsspannung (Pull-Down-Konfiguration), wenn der

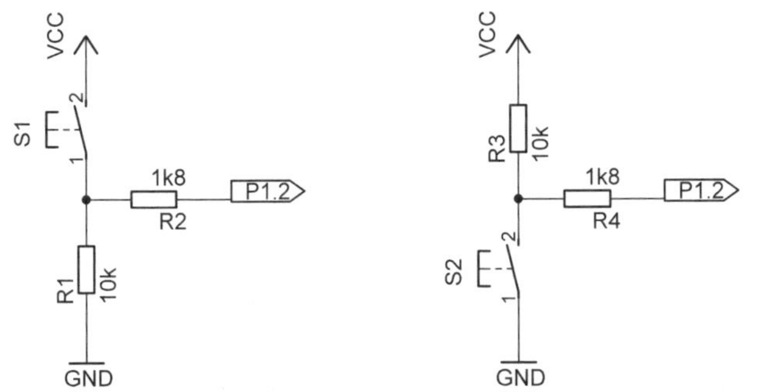

Bild 2.2: Anschluss von Tastern mit Pull-Up- und Pull-Down-Widerständen sowie einem "Sicherheits-" Vorwiderstand

Schalter geschlossen ist. Das klingt auf den ersten Blick vielleicht relativ unwahrscheinlich, ist es aber nicht. Gerade bei der Entwicklung der Mikrocontroller-Software hat man schnell mal den falschen Port als Ausgang definiert und schon ist es passiert. Damit der Mikrocontroller überlebt, darf der Strom nicht größer als maximal erlaubt werden (z.B. $I_{Max} < 2\,\mathrm{mA}$). Damit erhalten wir bei $3.3\,\mathrm{V}$ Versorgungsspannung einen minimalen "Sicherheits-" Vorwiderstand von etwa $1.8\,\mathrm{k\Omega}$.

2.1.2 Entprellen von Eingängen

Ein Problem von Schaltern und Tastern ist, dass sie als mechanische Bauteile die Eigenschaft haben zu prellen. Das bedeutet, dass sie bei Betätigung - also zum Beispiel beim Schließen eines Schalters - nicht unmittelbar Kontakt zum Eingangsport herstellen, sondern mehrfach schnell ein- und ausschalten. Dies wird zum Problem, wenn man in der Software nicht auf den Zustand eines Schaltelementes sondern auf den Zustandswechsel reagiert. Bei einer Taktung von $8\,\mathrm{MHz}$ würde die While-Schleife aus Listing 2.3 in etwa einer Mikrosekunde durchlaufen. Wenn man an den Digitalport P1.2 einen Taster anschließt und die Tastendrücke nun in dieser Schleife zählt, so würde der Controller während eines Tastendrucks viele Male die Schleife durchlaufen und fälschlicherweise jedes Mal die Anzahl der Tastendrücke inkrementieren. Eine Lösungmöglichkeit ist das Entprellen von Eingängen. Prinzipiell kann man dies sowohl in Hardware als auch in Software erreichen.

Entprellen per Software

Eine einfache Möglichkeit einen Eingang zu entprellen ist eine FOR-Schleife, die einige tausend Zyklen durchläuft und so eine künstliche Programmpause erzeugt. Beispiel 2.4 zeigt eine Software-Entprellung mit einer FOR-Schleife, die 1000-mal durchlaufen wird.

```
int i, byteport, oldbyteport;
while(1) {
  byteport = P1IN;                       // lese Port ein
  if(byteport != oldbyteport) {          // hat sich etwas verändert?
    if(byteport & BIT2) {                // teste ob P1.2 Verursacher
     for(i = 0; i < 1000; i++) {}        // kurze Pause
    // P1.2 ist gesetzt ... tue irgendwas...
    }
  }
  oldbyteport = byteport;                // merke den neuen Wert
}
```

Listing 2.4: Programmausschnitt mit Software-Entprellung

Ein Nachteil der Software-Entprellung ist, dass das Programm für eine kurze Zeit unterbrochen wird. Zeitkritische Anwendungen können dadurch beeinträchtigt werden. Im Gegensatz zur Entprellung per äußerer Beschaltung lässt sie sich jedoch auch noch nachträglich implementieren.

Entprellen per äußerer Beschaltung

Wenn man den Programmfluss durch das Entprellen der Eingänge nicht unterbrechen will, bietet sich das Entprellen per äußerer Beschaltung an. Dazu kann man an den Eingang ein RC-Glied mit Tiefpassverhalten schalten, wie dies in Bild 2.3 zu sehen ist. Die RC-Zeitkonstante $\tau = R \cdot C$ sollte so gewählt werden, dass sie deutlich größer als die Prellzeit ist. Für die meisten handelsüblichen Schalter ist bei einem Vorwiderstand von $47\,\mathrm{k\Omega}$ eine Kapazität von $100\,\mathrm{nF}$ ausreichend. Dies ergibt dann eine Zeitkonstante von etwa $5\,\mathrm{ms}$.

2.2 Interrupteingänge

Interrupts gehören zu den wichtigsten Instrumenten, die in einem Mikrocontroller zur Verfügung stehen, um auf Ereignisse zu reagiern ohne explizit in einer Warteschleife auf das Ereignis warten zu müssen. Die Quellen für Interrupts sind in

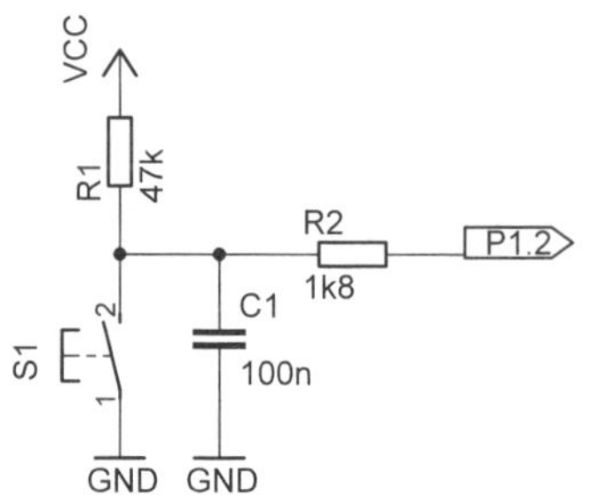

Bild 2.3: Entprellung eines Tasters mit paralleler Kapazität

der Architektur des Prozessors festgelegt und können zum Teil selektiv an- oder abgeschaltet werden. Wenn der Mikrocontroller einen Interrupt erkennt, wird der aktuelle sequentielle Programmfluss unterbrochen und ein definiertes Unterprogramm, die Interrupt-Service-Routine, ausgeführt. Insgesamt verfügt der MSP430 über 16 verschiedene Interruptquellen.
Generell kann man drei grundsätzliche Typen von Interrupts unterscheiden:

- Systemstart - Systemreset
- Non-Maskable-Interrupts - NMI
- Maskable-Interrupts

Diese unterscheiden sich neben ihrer physischen Verdrahtung in der Prozessorarchitektur im Wesentlichen durch die Priorität mit der sie Zugriff auf die Ressource CPU erhalten. Mit höchster Priorität ist der Hardware-System-Reset ausgestattet, der an einem externen Pin aber auch durch die Überwachung der Betriebsspannung ausgelöst wird. Hier lässt sich kein spezifisches Verhalten definieren. Es ist im Design genau festgelegt, welche Schritte durchlaufen werden und wie das Programm im Prozessor neu gestartet wird. Als Nächstes in der Hierarchie sind die so genannten NMI-Interrupts. Diese werden im Gegensatz zu den "normalen" Interrupts nicht durch das globale "Interrupt-enable-Bit (GIE)" gesteuert, sondern haben ein eigenes Steuerbit und eine eigene Leitung zum Interrupt-Prioritätsdekoder. Beispiele hierfür sind der "Flash-Violation-" Interrupt (ausgelöst bei Schreibfehlern auf dem Flash) oder der Oscillator-Fault-Interrupt. Die letzte Kategorie umfasst alle übrigen Interruptquellen, wobei die Interrupts sowohl durch ein Peripheriemodul ausgelöst werden können als auch durch einen Software-Befehl.

Während der Prozessor beim System-Reset quasi "über Los" geht und neu die Programmabarbeitung beginnt, kehren die übrigen Interrupts nach der Bearbeitung zu dem Punkt im Programm zurück, an dem der Interrupt den normalen Programmablauf unterbrochen hat. Natürlich muss man aufpassen, dass in der Interrupt-Routine nicht Daten manipuliert werden, auf die gleichzeitig im Programmablauf zugegriffen wird. Solche Fehler sind oftmals extrem schwierig zu finden. Das Buch von Simon [Sim99] gibt einige wertvolle Tipps, wie man genau solche Probleme vermeiden und lösen kann.
Als exemplarisches und einfaches Beispiel beschäftigen wir uns in diesem Unterkapitel zunächst mit der Aktivierung eines Interrupts für einen Digitalport. Die anderen Interrupts werden in den folgenden Kapiteln mit den zugehörigen Peripheriemodulen eingeführt.
Ein Digitalport, der als Interrupteingang arbeitet, ist zunächst einmal ein ganz normaler digitaler Eingang. Softwaretechnisch muss man den Status des Digitalports jedoch nicht durch eine Endlosschleife, wie sie in Beispiel 2.4 gezeigt wurde, überwachen (im Fachjargon "Polling" genannt). Wenn man einen Eingang als Interrupteingang definiert, kann man sich die Abfrage sparen. Stattdessen muss das Interrupt-Enable-Register (Interruptfreigabe) sowie das Interrupt-Edge-Select-Register (Interrupttriggerflanke) des Byteports entsprechend gesetzt werden.

Interrupttriggerflanke

Die Interrupteingänge des MSP430 sind flankengetriggert. Das heißt, nicht der logische Pegel eines Eingangs löst einen Interrupt aus, sondern der Signalflankenwechsel. Als erkennbare Signalflankenwechsel kommen zwei Möglichkeiten infrage. Mit dem Interrupt-Edge-Select- Register kann man festlegen, ob ein Interrupt bei einer fallenden oder steigenden Signalflanke für den jeweiligen Digitalport ausgelöst werden soll. Um eine steigende Flanke auszuwählen, muss an die der Digitalportnummer entsprechenden Bitstelle des Interrupt-Edge-Select-Registers eine logische 0 und bei einer fallenden Flanke eine 1 gesetzt werden.

Interruptvektortabelle (IVT) und Interrupt-Service-Routine (ISR)

Die Interruptvektortabelle (IVT) ist eine Tabelle im Speicher, in der jeder Interruptquelle (z.B. den digitalen Eingängen, aber auch dem A/D-Wandler) eine Speicherstelle zugewiesen ist. In dieser Speicherstelle steht dann die Adresse der Interrupt-Routine (Interrupt-Service-Routine, ISR), das heißt die Adresse derjenigen Funktion, die aufgerufen werden soll, wenn der Interrupt ausgelöst wurde. Die verschiedenen C-Compiler kennen unterschiedliche Methoden Interrupt-Funktionen zu registrieren und an die richtige Stelle der Interruptvektortabelle zu schreiben. Da dies nicht im ANSI-C-Standard beschrieben ist, muss man hier im Einzelfall herausfinden, wie der eigene Compiler dies gelöst hat. Für die Code Composer Essentials 4 aber auch für den IAR-Compiler erfolgt der Eintrag in die Interruptvektortabelle gemäß Listing 2.5. Die Namen der Vektoren (z.B.PORT1_VECTOR) entsprechen der Adresse in der IVT und sind wieder einmal in der prozessorspezifischen Headerdatei (z.B. msp430x16x.h) definiert.

```
#pragma vector=PORT1_VECTOR
__interrupt void Port_1(void)
  { // Funktion hier }
```

Listing 2.5: Definition der Interrupt-Routine für Port 1

Nachdem wir nun kennengelernt haben, wie wir Interrupts verwenden können, soll die Benutzung in einem kleinen Beispiel anschaulich gemacht werden. An Byteport 1, Pin 7 (PIN1.7) löst ein angeschlossener Schalter einen Interrupt aus, wenn er geschlossen wird. Die Beschaltung sei so wie in Bild 2.3.

Für einen Byteport gibt es immer nur eine gemeinsame Interruptfunktion, jeder Pin des Byteports kann diese auslösen. Um nun zu erkennen, welcher Pin den Interrupt ausgelöst hat, kann man das Interrupt-Flag-Register des entsprechenden Ports (zum Beispiel P1IFG-Byteport P1) auslesen. Mit einer logischen Maskierung in einer IF-Abfrage kann nun das gewünschte Bit selektiert werden.

```
#pragma vector=PORT1_VECTOR
__interrupt void Port_1(void)
{
    if(P1IFG & BIT7)    // Lese Interrupt-Flag für Byteport P1 aus
                        // gab es an P1.7 (0x80) einen Interrupt?
    {
       // Hier der Code, der ausgeführt werden soll
    }
    // Interrupt-Flag noch löschen, sonst würde die
    // Interrupt-Routine gleich wieder aufgerufen werden.
    P1IFG = P1IFG & (~BIT7);
}
```

Listing 2.6: Interrupt-Routine für einen Schalter an P1.7

Initialisierung des Interrupteingangs im Hauptprogramm

Das Hauptprogramm ist eine Funktion in C/C++, die vom Mikrocontroller beim Start ausgeführt wird. Hier muss der Interrupteingang initialisiert werden, bevor der erste Interrupt abgehandelt werden kann. Prinzipiell ist eine Initialisierung (auch eine erneute Initialisierung und Modifizierung der aktuellen Einstellungen eines Interrupteingangs) in jedem Abschnitt des Programms möglich.

```
int main( void )
{
    WDTCTL  = WDTPW | WDTHOLD; // Watchdog-Timer ausschalten
    P1DIR   = 0x00;            // alle Ports von P1 als Eingänge
    P1SEL   = 0x00;            // normale I/O-Funktion
    P1IES   = BIT7;            // Interrupt soll bei fallender
                               // Flanke aufgerufen werden
    P1IFG   = 0x00;            // Interrupt-Flag für P1 löschen
    P1IE    = BIT7;            // nur P1.7 ist Interrupteingang
    _enable_interrupts();      // Dieses im Compiler definierte
                               // Unterprogramm aktiviert global
                               // alle Interrupts.

    while(true);               // warte bis Interrupt kommt .....
}
```

Listing 2.7: Interrupt-Initialisierung

Wie man sieht, passiert nach der Initialisierung nichts mehr, und das Programm wartet in einer Endlosschleife darauf, dass der Interrupt endlich ausgelöst wird.

2.3 Digitale Ausgänge

Alle Digitalports können als digitale Ausgänge definiert werden. Man ist außerdem in der Lage, zur Laufzeit eines Programms einen oder mehrere Digitalports als Ein- und Ausgang im Wechsel zu betreiben. Im Gegensatz zu den Eingängen werden die digitalen Ausgänge sehr niederohmig. Verbindet man versehentlich einen aktiven Ausgang mit Masse, fließt durch diesen ein relativ hoher Strom, der den Digitalport oder gar den ganzen Mikrocontroller zerstören kann. Der MSP430 kann nur bestimmte Ausgangspannungspegel mit bestimmten Maximalströmen bereitstellen. Die Pegel sind in Tabelle 2.3 aufgelistet.

Der Gesamtstrom aller Ausgänge sollte dabei nicht mehr als $\pm 48\,\mathrm{mA}$ (beim MSP430x161x) betragen. Um den Strom zu begrenzen, verwendet man geeignet dimensionierte Vorwiderstände.

Pegel	Stromfluss pro Pin	Minimale Ausgangsspannung	Maximale Ausgangsspannung
1-Pegel	$6\,\mathrm{mA}$	$V_{CC} - 0.6\,\mathrm{V}$	V_{CC}
0-Pegel	$-6\,\mathrm{mA}$	V_{SS}	$V_{SS} + 0.6\,\mathrm{V}$

Tabelle 2.3: Ausgangsspannungspegel des MSP430

2.3.1 Software-Ansteuerung von digitalen Ausgängen

Um einen I/O-Port zu einem digitalen Ausgang umzufunktionieren, muss das für den jeweiligen Pin reservierte Bit im Direction-Register des Byteports gesetzt werden. Mit Hilfe des Output-Registers kann man dann die Ausgangspegel des digitalen Ausgangs einstellen.

```
#include <msp430x16x.h>

void delay(int ms) {
// Diese Funktion wartet mit der Programmausführung etwa >ms<
// Millisekunden. Die Konstante INC_PER_MS muss natürlich
// auf die Taktrate angepasst werden.
  #define INC_PER_MS    67
  int i,c;
  for(c=0;c<ms;c++) {
    for(i=0;i<INC_PER_MS;i++){ _NOP(); }
  }
}

int main(void) {
  WDTCTL  = WDTPW | WDTHOLD; // Watchdog ausschalten
  P1DIR = 0xFF;              // P1.0 - P1.7 als Ausgang
  P1SEL = 0x00;              // normale I/O Funktion
  while(1) {
    P1OUT = ~(P1OUT);        // Invertierung von P1Out
    delay(1000);             // warte 1000 ms
  }
}
```

Listing 2.8: P1.0 bis P1.7 als digitaler Ausgang

Im Listing 2.8 werden die Pins 0 bis 7 des Byteports 1 (also P1.0 bis P1.7) als digitaler Ausgang genutzt. Die äußere WHILE-Schleife ist eine Endlosschleife. Innerhalb der WHILE-Schleife wird der Pegel des Ausgangs bei jedem Durchlauf invertiert ("toggle"). Durch eine nachfolgende FOR-Schleife (eingefügt durch das define) entsteht im Programm eine kleine Pause. Schließt man nun eine LED an einen Pin von PORT 1 an, so wird diese mit einer Frequenz von etwa einem Herz blinken.

2.3.2 Ansteuerung kleiner Lasten

Kleine Lasten, die mit einigen hundert μA bis wenigen mA betrieben werden können, lassen sich mit entsprechendem Vorwiderstand direkt an einen Digitalport anschließen. Eine Low-Current-LED benötigt einen Strom von etwa $I_D = 2\,\mathrm{mA}$. Dabei fällt an der Diode je nach Farbe eine Spannung von ca. $U_D = 1.9\,\mathrm{V}$ bis $2.1\,\mathrm{V}$ ab. Der benötigte Vorwiderstand berechnet sich damit zu:

$$R = \frac{U_{CC} - U_D}{I_D} = 600\,\Omega \ldots 750\,\Omega \tag{2.1}$$

Die Beschaltung des Mikrocontrollers beim Betreiben kleiner Lasten ist damit denkbar einfach. Abbildung 2.4 zeigt den Anschluss einer Low-Current-LED an einen Digitalen I/O-Port. Aus der E24-Widerstandsreihe wählen wir für den Vorwiderstand den nächstgrößeren Wert von 860 Ω.

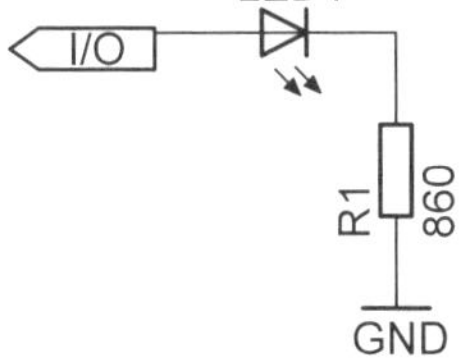

Bild 2.4: Anschluss einer Low-Current-LED an den MSP430

In den seltensten Fällen wird man jedoch mit dem MSP430 direkt echte Lasten treiben. Entweder man nutzt die Digitalports des MSP430 als Kommunikationsschnittstellen zu digitalen Peripheriebausteinen oder man schließt an die digitalen Ausgänge eine Treiberstufe an, wie wir sie im nächsten Abschnitt kennenlernen.

2.3.3 Leistungsausgänge

Einfache Leistungsausgänge lassen sich durch Bipolar- oder Unipolartransistoren realisieren. Bei niederfrequenten Anwendungen sind Unipolartransistoren (z.B. MOSFETs oder SFETs) den Bipolartransistoren meist vorzuziehen, da sie eine fast perfekte galvanische Trennung zwischen Steuer- und Lastkreis ermöglichen. Der Strom durch den digitalen Ausgang wird dann vernachlässigbar klein.

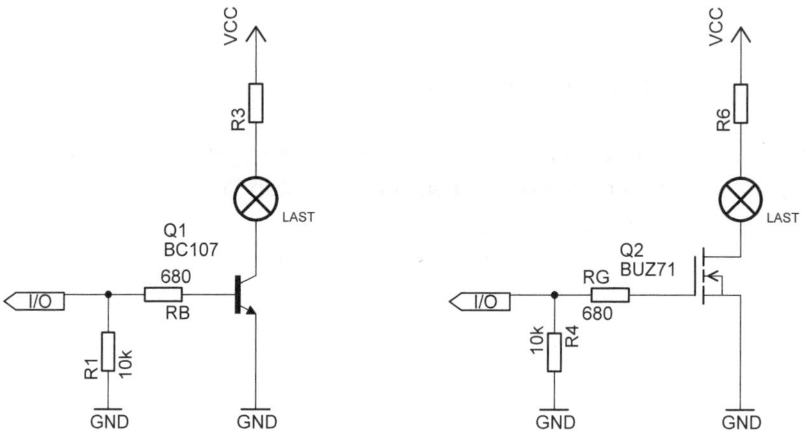

Bild 2.5: Leistungsausgang mit einem Bipolar-(links) und einem Unipolartransistor (rechts)

Bipolartransistor

Der Widerstand R_B sollte so bemessen sein, dass der Strom I_B durch den steuernden Digitalport nicht den Maximalwert von etwa $6\,\mathrm{mA}$ überschreitet. Der maximale Laststrom I_C berechnet sich nach:

$$I_C = B \cdot I_B \tag{2.2}$$

Bei einem Stromverstärkungsfaktor von $B = 100$ ergibt sich damit ein maximaler Laststrom ($I_B = 4\,\mathrm{mA}$ ... $5\,\mathrm{mA}$) von etwa $400\,\mathrm{mA}$ bis $500\,\mathrm{mA}$. An der Basis-Emitter-Strecke des Bipolartransistors fällt eine nahezu konstante Spannung von etwa $U_{BE} = 0,6\,\mathrm{V}$ ab. Bei einem Steuerstrom von $4\,\mathrm{mA}$ ergibt sich für den Vorwiderstand R_B der Wert:

$$R_B = \frac{U_{Port} - U_{BE}}{I_B} = \frac{3,3\,\mathrm{V} - 0,6\,\mathrm{V}}{4\,\mathrm{mA}} \approx 680\,\Omega \tag{2.3}$$

Bei der Verwendung von Kleinsignaltransistoren wie z.B. des BC107 ist allerdings zu berücksichtigen, dass deren Gehäuse (SOT18) im Allgemeinen nicht für solche Leistungen ausgelegt ist. Der maximale Strom solcher Transistoren ist dadurch auf etwa $100\,\mathrm{mA}$ limitiert. Für größere Ströme sollte dann lieber auf Leistungsbauteile zurückgegriffen werden, die im Folgenden beschrieben werden.

Unipolartransistor

Die Gate-Source-Kapazität bei gewöhnlichen Unipolartransistoren ist einige hundert Picofarad groß. Damit fließt in das Gate bei niederfrequenten Signalen fast kein Strom. Der Widerstand R_G ist jedoch für höherfrequente Signale, wo sich Gate und Source wie eine Kapazität verhalten, erforderlich. Einfache Schaltvorgänge im Bereich einiger Hertz bis Kilohertz kommen jedoch auch ohne einen Gate-Vorwiderstand aus. Der Laststrom I_D berechnet sich im Abschnürbereich des Transistors nach der Gleichung:

$$I_D = \frac{K}{2} \cdot (U_{GS} - U_{th})^2 \tag{2.4}$$

Dabei ist K eine bauteilabhängige Größe. U_{th} ist die Schwellspannung, die zwischen Gate- und Source-Kontakt mindestens anliegen muss, damit sich im Transistor ein leitender Kanal bildet. Bei niederfrequenten Signalen entspricht U_{GS} je nach Ausgangspegel des digitalen Ausgangs $0\,\mathrm{V}$ oder $3.3\,\mathrm{V}$. Mit einem Spannungsteiler wäre es möglich auch andere Spannungen für U_{GS} bereitzustellen, um einen anderen Strom I_D einzuprägen. Für Kleinsignalanwendungen können beispielsweise die Typen BF 256 oder BSS 123, in Leistungsanwendungen der BUZ 71 eingesetzt werden.

Darlington-Schaltung

Um eine höhere Stromverstärkung bei Bipolartransistoren zu erreichen, kann man auf die Darlington-Schaltung (Abbildung 2.6) zurückgreifen. Für gebräuchliche Bipolartransistoren ergibt sich die Gesamtstromverstärkung der Schaltung zu:

$$B = B_1 \cdot B_2 \tag{2.5}$$

Normalerweise wird man jedoch eine solche Darlington-Treiberstufe nicht diskret aufbauen, sondern bereits integrierte Typen, wie z.B. einen BC517 verwenden.

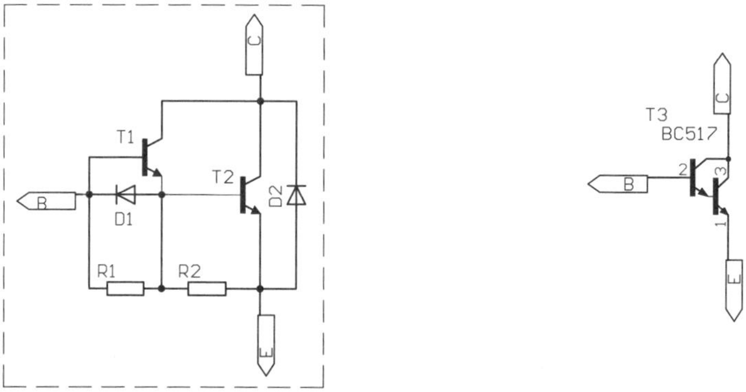

Bild 2.6: Darlington-Schaltung (links) und Schaltsymbol (rechts)

Relais

Sollen Lasten mit großer Leistung geschaltet werden, ist die Verwendung eines Relais eine gute Alternative. Speziell wenn dies mit einer galvanischen Trennung von Schaltkreis und Lastkreis verbunden werden soll (z.B. bei Schalten von Netzspannung). Übliche Schaltkreisspannungen liegen dafür bei 6 V, 12 V oder 24 V. Verbunden mit einer typischen Stromaufnahme zwischen 10 mA und 100 mA wird klar, dass man ein Relais nicht direkt aus dem Digitalport schalten kann, sondern eine entsprechende Vorschaltstufe notwendig ist. Bild 2.7 zeigt eine Realisierung einer solchen Ansteuerung:

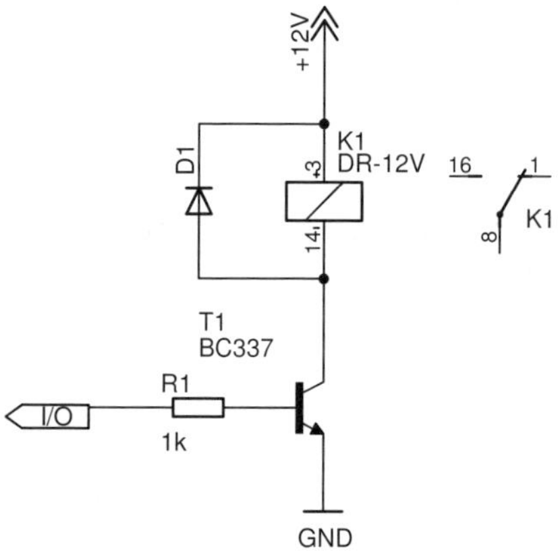

Bild 2.7: Anschluss eines Relais an einen Mikrocontroller

Wichtig ist in diesem Zusammenhang die Freilaufdiode D1 (zum Beispiel eine Diode vom Typ 1N4004) parallel zur Relaisspule, die im Allgemeinen immer bei induktiven Lasten verwendet werden sollte. Schaltet der Transistor ab, muss die in der Spule gespeicherte Energie abfließen können. Sieht man dort keine Freilaufdiode vor, entstehen große negative Spannungen ($U_L = L \cdot dI/dt$), die den Transistor zerstören können. Ist die Diode hingegen vorhanden, kann die Energie der Spule über diese abfließen und die Spannung über der Last wird auf die Dioden-Durchlassspannung begrenzt. Primäres Auswahlkriterium für die Diode ist deren maximaler Strom, der sich abhängig von $U_{L,max}$ und dem parasitären Gleichstromwiderstand der Relaisspule ergibt.

Integrierte Treiberstufen

Um die notwendige Beschaltung auf ein Minimum zu reduzieren, gibt es eine Vielzahl integrierter Treiberbausteine für Digitalports. Ein Beispiel sind die ICs ULN2001 bis ULN2005, die jeweils sieben Darlington-Treiberstufen enthalten und bis zu $500\,\mathrm{mA}$ Strom pro Kanal liefern können. Der ULN2003 ist speziell so ausgelegt, dass er direkt an $5\,\mathrm{V}$-Logikpegeln betrieben werden kann. Er funktioniert aber auch mit $3.3\,\mathrm{V}$. Die IC-Reihe 2801 bis 2805 stellt die gleiche Funktion jedoch für acht Portleitungen zur Verfügung.

2.4 Programmbeispiele

2.4.1 Drehimpulsgeber

Drehimpulsgeber sind eine hervorragende Möglichkeit, eine einfache aber auch multifunktionelle Benutzereingabe zu realisieren. Sie bestehen aus zwei Schaltern, die bei Rotation in unterschiedlicher Reihenfolge öffnen und schließen. Zusätzlich besitzen die meisten auch noch einen zentralen Schalter, der durch Druck auf die Achse betätigt werden kann. Bild 2.8 zeigt einen solchen Drehimpulsgeber der Firma Hopt und Schuler [Hop03].
Wie zu sehen, müssen die Logikleitungen über einen Pull-Up-Widerstand an die Betriebsspannung angeschlossen werden. Bevor wir nun an die Programmierung gehen, zuerst einige Vorüberlegungen. Betrachten wir die Schaltfolge der Ausgänge in Bild 2.9 und fassen wir A und B zu einer Binärzahl zusammen, wobei B das höherwertige Bit ist, so ergibt sich für links herum drehen die Schaltfolge 00-10-11-01 und für rechts herum drehen 00-01-11-10.

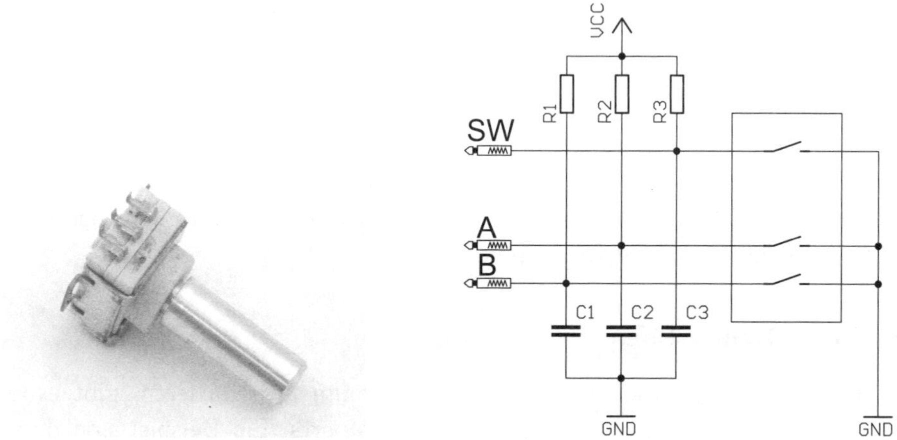

Bild 2.8: Drehimpulsgeber und Schaltplan

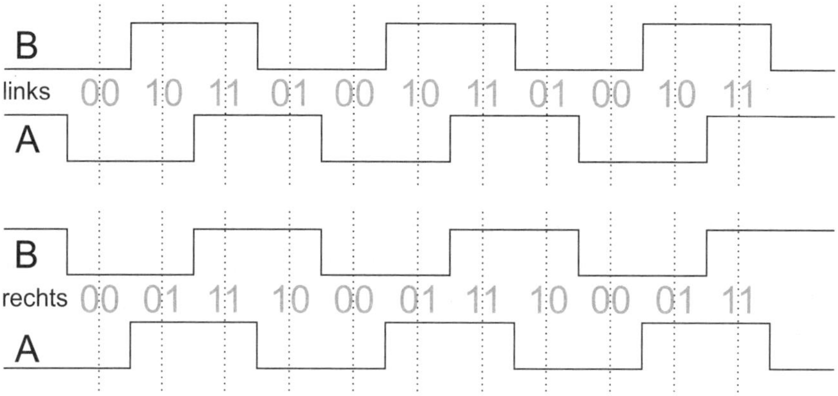

Bild 2.9: Schaltfolge des Inkrementalgebers

BA	00	01	11	10
A> 0 : wert = 1	00	01	01	00
B> 0 : wert = wert XOR 0b11	00	01	10	11

Tabelle 2.4: Wertetabelle der Umkodierung Gray-Code → Binärcode

Die Kodierung entspricht hier einem Gray-Code, bei dem zwischen jeder Schaltstellung jeweils nur ein Bit verändert wird. Da arithmetische Operationen im Gray-Code im MSP nicht direkt gerechnet werden können, sollte vor einer weiteren Verarbeitung zuerst eine Transformation in eine binäre Darstellung erfolgen. Danach kann durch Differenzenbildung zum einen die Drehrichtung und zum anderen die Schrittweite ermittelt werden, wobei wir nur Schritte um jeweils 1 zulassen wollen. Das folgende Programmierbeispiel 2.9 zeigt nun, wie dies in konkreter Programmierung umgesetzt werden kann. Für das Verständnis der Realisierung der Umkodierung legen wir eine Wertetabelle an (Tabelle 2.4):

```
#include <msp430x14x.h>
// Port defines. Der Drehimpulsgeber ist an Port 2 an
// Pin 1 und Pin 2 angeschlossen
#define INPUT_SEL       P2SEL
#define INPUT_DIR       P2DIR
#define INPUT_VALUE     P2IN
#define PIN_A           BIT0
#define PIN_B           BIT1

int count = 0;                          // Globaler Zähler
int differenz, wert, alt;               // Hilfsvariablen

void main() {
  WDTCTL=WDTPW+WDTHOLD;                 // Watchdog-Timer deaktivieren

  INPUT_SEL &=~(PIN_A + PIN_B);         // Konfiguration des Ports
  INPUT_DIR &=~(PIN_A + PIN_B);
  count = 0;
  alt = 0;

  while (1) {
    wert =0;                            // Gray-> Binär = Dezimal
    if ((INPUT_VALUE & PIN_A)> 0)       //  00 ->  00   =   0
        wert = 1;                       //  01 ->  01   =   1
    if ((INPUT_VALUE & PIN_B)> 0)       //  11 ->  10   =   2
        wert = wert^3;                  //  10 ->  11   =   3
```

```
    differenz = alt-wert;               // rechts herum +1,-3 = ...01
                                        // links herum   -1,+3 = ...11
    if (differenz & 1)                  // Bit 1 gesetzt?
        count += (differenz & 2)-1;// Bit 2 für die Richtung
        alt = wert;                     // merke alten Wert
} }
```

Listing 2.9: Ansteuerung eines Drehimpulsgebers

2.5 Aufgaben

1. Schreibe einige Codezeilen, die Port 3.2 und Port 3.4 als Eingang sowie Port 3.3 als Ausgang definieren, ohne die anderen Bits des Registers zu beeinflussen.

2. Wozu benötige ich die Interrupt-Funktionalität der Portpins? Was ist eine Interrupt-Service-Routine?

3. Schreibe eine Interrupt-Service-Routine für Interrupts, die an Port 3.2 ausgelöst werden, die bei jedem zehnten Aufrufen eine im Hauptprogramm zugängliche Statusvariable invertiert. Was ist die potentielle Gefahr dabei?

4. Entwickle eine kleine Ampelsteuerung. Verbinde dazu drei Leuchtdioden (rot, grün, gelb) über Vorwiderstände mit drei Portpins. Realisiere nun eine periodische Abfolge der bekannten Ampelphasen. Verwende für die Pausen eine Warteschleife.

5. Erweitere die Schaltung um einen Taster, der an einen anderen Portpin angeschlossen ist. Wenn der Taster gedrückt wird, soll das Ampelprogramm zwischen Tagbetrieb (normale Signalfolge) und Nachtbetrieb (gelbes Blinklicht) wechseln.

6. Warum ist die zeitliche Steuerung mit Warteschleifen nicht unbedingt zu empfehlen?

7. Wie kann ich sicherstellen, dass eine Befehlsfolge nicht durch einen Interrupt unterbrochen wird? Was sollte ich dabei beachten?

8. Bei der Abfrage von vielen Tastern werden diese zu so genannten "Matrix"-Tastaturen verschaltet. Den Aufbau eines solchen Matrix-Tastenfeldes zeigt Bild 2.10. Wie kann ich herausfinden, welche Tasten gedrückt sind? Schreibe dazu ein Programm. Welche zusätzlichen Bauteile sind noch erforderlich?

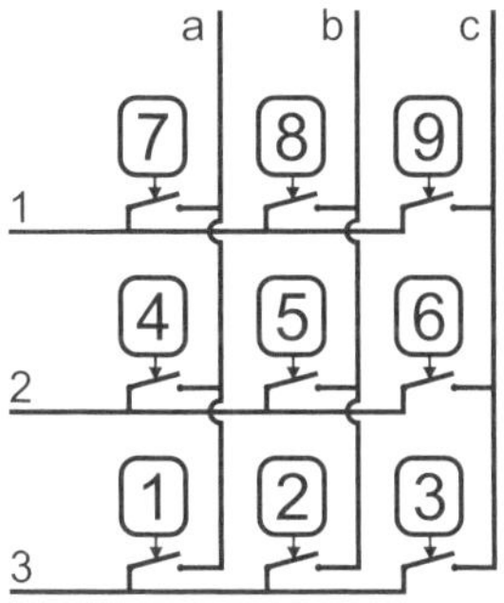

Bild 2.10: Prinzipieller Aufbau einer Matrix-Tastatur

3 Das Basic-Clock-Modul

Die Recheneinheit und die Peripherie des MSP430 wird vom so genannten *Basic-Clock-Modul* gesteuert. Es verfügt über zwei bis drei unabhängig voneinander arbeitende Taktgeneratoren: Einem digital gesteuerten Oszillator, dem DCO (*Digitally Controlled Oscillator*) und je nach MSP-Variante ein bis zwei extern anschließbaren Quarzoszillatoren. Aus diesen Taktgeneratoren werden dann mittels zusätzlicher Steuerlogik die internen Taktquellen für den Prozessorkern und die Peripherie abgeleitet.

3.1 Taktgeneratoren

Computersysteme wie der MSP430 verarbeiten Maschinenbefehle schrittweise. Dazu benötigen sie so genannte Taktgeneratoren und Taktquellen, aus denen sich die Betriebsfrequenz des Mikroprozessors ableitet. Die Abarbeitung der Befehle erfolgt dabei nach dem Fließbandprinzip, wobei die einzelnen Arbeitsschritte eines Befehls immer innerhalb eines Taktes durchgeführt werden. Da der MSP430 auf der RISC-Technologie basiert, wurde beim Design des Mikroprozessors darauf geachtet, dass die meisten Befehle innerhalb weniger Takte komplett ausgeführt werden.
Fast alle MSP430-Varianten verfügen über zwei unabhängig von einander arbeitende Taktgeneratoren. Sie erzeugen die physikalischen Impulse, auf denen die Taktquellen basieren, die wir etwas später kennenlernen werden.

- Der **DCO** (Digitally-Controlled-Oscillator) ist ein frei schwingender Oszillator, der digital gesteuert werden kann.

- Anstatt des DCOs kann man auch auf einen externen **Quarzoszillator** zurückgreifen. Dieser Taktgenerator trägt den Namen **LFXT1**.

- Einige MPS430-Varianten verfügen noch über einen dritten Taktgenerator, den **XT2**.

Die Betriebsfrequenz dieser Taktgeneratoren wird beim LFXT1 und beim XT2 durch die externe Beschaltung des Mikrochips mit einem Quarzoszillator an den Eingängen XIN und XOUT bzw. XT2IN und XT2OUT bestimmt. Das Frequenzspektrum des DCOs definiert sich entweder durch einen im Chip integrierten festen Widerstand oder durch einen externen Widerstand am Eingang P2.5/Rosc. Mittels Steuerbits lässt sich dann die gewünschte Frequenz einstellen. Bild 3.1 fasst die Taktgeneratoren des MSP430-Mikrocontrollers in einem Blockschaltbild zusammen.

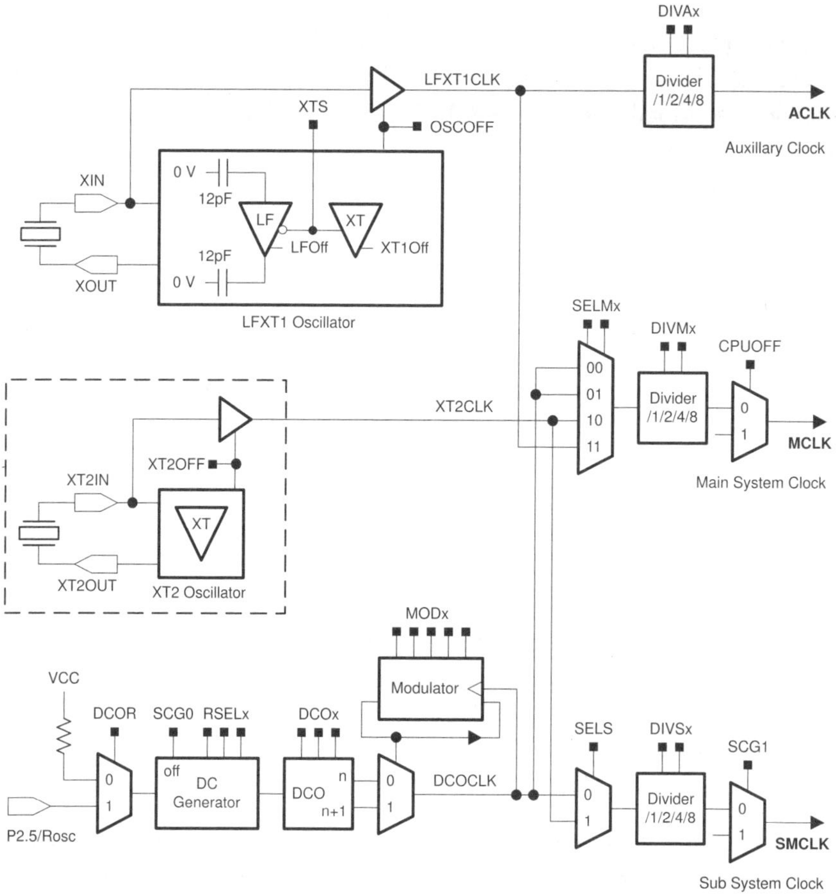

Bild 3.1: Blockschaltbild des Basic-Clock-Moduls [Tex06c]

3.1.1 Register des Basic-Clock-Moduls

Die Steuerung und Einstellung aller Optionen des Basic-Clock-Moduls erfolgt in den Registern BCSCTL1, BCSCTL2 und DCOCTL. Die folgenden Grafiken geben eine Übersicht über die Registerbelegung wieder. Die Funktion der einzelnen Bits wird in den anschließenden Unterkapiteln dann noch spezifisch diskutiert.

7	6	5	4	3	2	1	0
XT2OFF	XTS	DIVAx		XT5V	RSELx		
rw–(1)	rw–(0)	rw–(0)	rw–(0)	rw–0	rw–1	rw–0	rw–0

Bild 3.2: Registeraufteilung des *Basic-Clock-System-Control-Registers 1* (BCSCTL1)

7	6	5	4	3	2	1	0
SELMx		DIVMx		SELS	DIVSx		DCOR
rw–(0)	rw–(0)	rw–(0)	rw–(0)	rw–0	rw–0	rw–0	rw–0

Bild 3.3: Registeraufteilung des *Basic-Clock-System-Control-Registers 2* (BCSCTL2)

7	6	5	4	3	2	1	0
DCOx			MODx				
rw–0	rw–1	rw–1	rw–0	rw–0	rw–0	rw–0	rw–0

Bild 3.4: Registeraufteilung des *DCO-Control-Registers* (DCOCTL)

3.1.2 Digitally-Controlled-Oscillator

Als Erstes wollen wir uns nun mit dem bereits im Prozessor eingebauten Taktgenerator beschäftigen, dem DCO (Digital Controlled Oscillator). Dieser basiert auf einem RC-Ringoszillator und benötigt von sich aus keine externen Komponenten.

Mit dem im Chip integrierten Widerstand (etwa $300\,\mathrm{k}\Omega$ groß) sind Taktfrequenzen im Bereich von etwa $80\,\mathrm{kHz}$ bis $5\,\mathrm{MHz}$ möglich. Zur temperaturstabilen Einstellung der Frequenz kann alternativ auch ein externer Widerstand an P2.5/Rosc angeschlossen werden.
Direkt nach dem Reset läuft der Prozessor erstmal mit dem eingebauten DCO bei einer mittleren Frequenz los. Das hat den Vorteil, dass immer und sicher ein Prozessortakt da ist, der eine Programmbearbeitung möglich macht. So kann dann die Prozessorinitialisierung durchlaufen werden, in deren Verlauf dann eine andere Frequenz oder gar ein anderer Taktgenerator ausgewählt werden kann.

Frequenzeinstellung mit dem internen Widerstand Mit dem internen Widerstand lassen sich wie schon gesagt Betriebsfrequenzen im Bereich von $80\,\mathrm{kHz}$ bis etwa $5\,\mathrm{MHz}$ erzeugen. Mit Hilfe der Steuerbits RSELx aus dem *Basic- Clock-System-Control-Register 1* (BCSCTL1) lässt sich einer von ingesamt acht Frequenzbereichen auswählen. Es müssen also drei Bits gesetzt werden ($2^3 = 8$). Aus dem selektierten Frequenzbereich wählt man dann zur Feinabstimmung mit den DCOx-Steuerbits aus dem *DCO-Control-Register* (DCOCTL) eine von acht Frequenzen aus. Wie bei den RSELx-Bits werden daher auch bei den DCOx-Bits drei Bits benötigt. Der Anwender kann also ingesamt 64 verschiedene Frequenzen, ausgehend von der Grundfrequenz, wählen. Die Grundfrequenz wird durch den internen oder externen Widerstand bestimmt.
Die Standard-Einstellungen beim Reset des Mikroprozessors wählen mit RSELx $= 4$ und DCOx $= 3$ eine mittlere Betriebsfrequenz (etwa $800\,\mathrm{kHz}$) aus.

Initialisierung der Frequenz: Um die Betriebsfrequenz des DCOs festzulegen, muss zunächst ein Frequenzbereich mit Hilfe des Registers BCSCTL1 festgelegt werden. Die Programmierumgebung kennt dafür vordefinierte Konstanten *RSEL0* = 0x01, *RSEL1* = 0x02 und *RSEL2* = 0x04. Danach legt man im DCO-Control-Register (DCOCTL) die gewünschte Betriebsfrequenz fest. Auch in diesem Fall sind im Programmiersystem wieder die Konstanten *DCO0* = 0x20, *DCO1* = 0x40 und *DCO2* = 0x80 vordefiniert. Die Konstanten sind im Gegensatz zu RSELx anders definiert, weil sie an 6., 7. und 8. Stelle im Register liegen. Bild 3.5 skizziert die Frequenzbereiche in Abhängigkeit von den Registereinstellungen.
Zur exakten Feinjustierung lässt sich im DCOCTL-Register mit den MODx-Bits darüber hinaus noch eine von 32 Zwischenfrequenzen zwischen der nächstniedrigeren und der nächsthöheren (je nach Einstellung von DCOx)

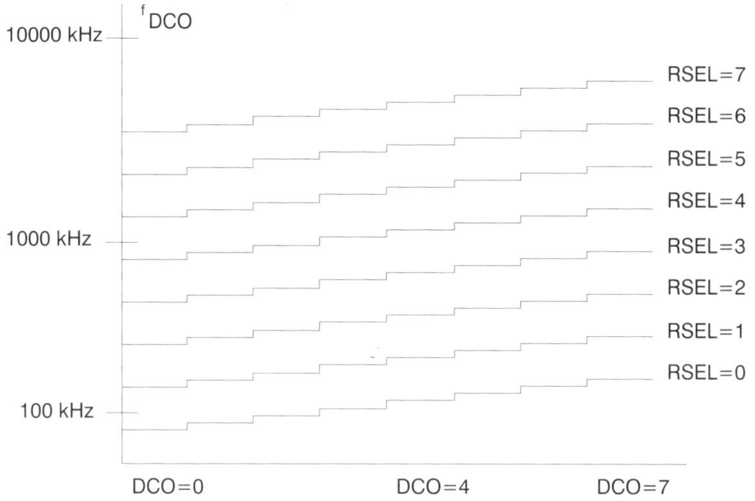

Bild 3.5: Frequenzbereiche, die sich in Abhängigkeit von den Registereinstellungen ergeben [Tex06c].

auswählen. Konkret wird mit diesen Bits ausgewählt, wie oft innerhalb von 32 DCO Taktzyklen die nächsthöhere DCO-Frequenz verwendet wird. Die resultierende mittlere Taktfrequenz berechnet sich aus Gleichung 3.1.

$$f_{Takt} = \frac{32 \cdot f_{DCO} \cdot f_{DCO+1}}{MOD \cdot f_{DCO} + (32 - MOD) \cdot f_{DCO+1}} \quad (3.1)$$

Die Verwendung dieser Modulationsfunktion ist im Allgemeinen nur dann notwendig, wenn aus dem Systemtakt eine absolute Frequenz mit größerer Genauigkeit abgeleitet werden muss (z.B. für die Einstellung einer Baudrate der RS232-Schnittstelle oder eine Echtzeituhr). Eine Beispielsequenz für die Frequenzeinstellung veranschaulicht Listing 3.1.

```
int main(void)
{
  // Wähle höchste DCO-Frequenz aus:
  BCSCTL1 |= RSEL2 + RSEL1 + RSEL0;
  DCOCTL |= DCO2 + DCO1 + DCO0;
}
```

Listing 3.1: Frequenzeinstellung des DCOs

Frequenzeinstellung mit dem externen Widerstand Das Datenblatt des MSP430 gibt an, dass bei der Verwendung eines externen Widerstands mit dem Wert von $100\,\mathrm{k\Omega}$ eine Betriebsfrequenz von bis zu $10\,\mathrm{MHz}$ eingestellt werden kann. Allerdings sollte man hierbei beachten, dass der Mikrocontroller nur bis zu einer, von der Versorgungsspannung abhängigen, maximalen Taktfrequenz sicher betrieben werden kann. Darüber hinaus können thermische aber auch so genannte „Timing-Probleme" zu nicht vorhersagbaren Ausführungsfehlern führen. Einen Überblick über den zulässigen Bereich am Beispiel des MSP430F1612 gibt Bild 3.6. Diese Limitierung gilt im Übrigen auch für alle anderen Arten der Takterzeugung.

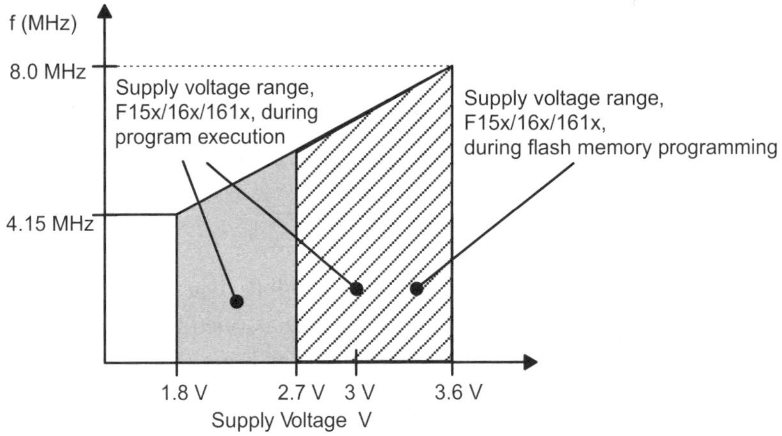

Bild 3.6: Maximal zulässige Taktfrequenz in Abhängigkeit der Versorgungsspannung für die MSP430F16xx-Typen [Tex04].

Der Strom durch den externen Widerstand legt dabei die Grundfrequenz des MSP430 fest. Schaltung 3.7 veranschaulicht den Anschluss eines $100\,\mathrm{k\Omega}$-Widerstands an den Controller. Nach dem Anschluss des externen Widerstands erfolgt die Initialisierung der Betriebsfrequenz auf die gleiche Weise wie beim internen Widerstand. Zusätzlich muss mit dem DCOR-Flag im BCSCTL2-Register (Bild 3.3) ausgewählt werden, ob der DCO auf der Basis des internen (DCOR $=$ 0) oder des externen (DCOR $=$ 1) Widerstands arbeiten soll.

```
BCSCTL2 |= DCOR;
```

Listing 3.2: Auswahl des externen Widerstands

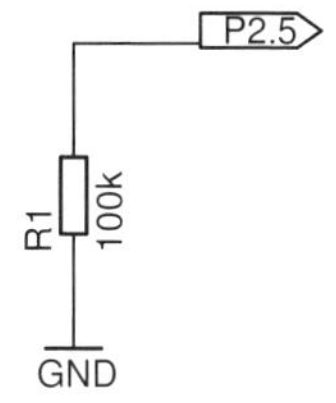

Bild 3.7: Anschluss eines externen Widerstands an P2.5

DCO abschalten Die Steuerlogik zur Kontrolle des DCO umfasst auch einen Teil, der festlegt wie dieser abgeschaltet werden kann. Das zugehörige Blockschaltbild ist in Bild 3.8 dargestellt. Wie schon in Kapitel 3.1.6 im Detail gezeigt,

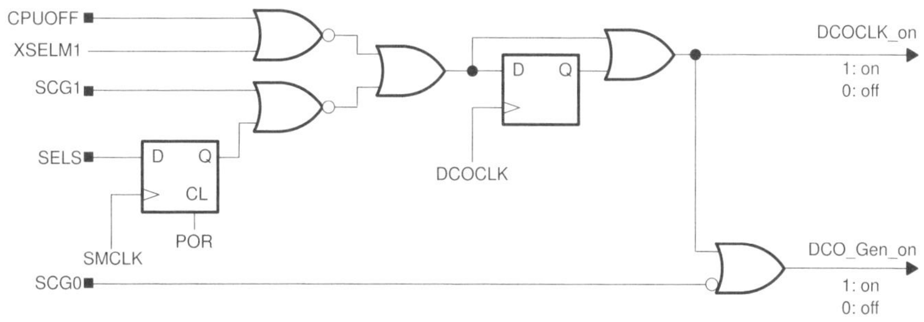

Bild 3.8: Blockschaltbild des Digitally-Controlled-Oscillators [Tex06c].

werden diese verschiedenartigen Abschaltfunktionen zur Aktivierung der verschiedenen Low-Power-Modes verwendet. Wird der DCO nicht benötigt, kann er durch Setzen des Bits SCG0 im Statusregister abgeschaltet werden.

```
#include <msp430x16x.h>
int main(void)
  // Schalte DCO ab...
  BIS_SR(SCG0);
  // ...
}
```

Listing 3.3: DCO abschalten

Dabei sollte man allerdings darauf achten, vorher auf einen anderen Oszillator umgeschaltet zu haben, denn sonst hält die Programmausführung an und der Prozessor ist nur durch einen Reset wiederzubeleben.

Temperaturabhängigkeit des DCOs Ein Nachteil des DCOs ist die hohe Temperaturabhängigkeit der Frequenz. Bei der Verwendung des internen Widerstands erhält man eine Genauigkeit von etwa $20\,\%$. Durch einen externen Widerstand kann die Genauigkeit dagegen auf $5\,\%$ verbessert werden. Bild 3.9 skizziert die Temperaturabhängigkeit des Digitally- Controlled-Oscillators.

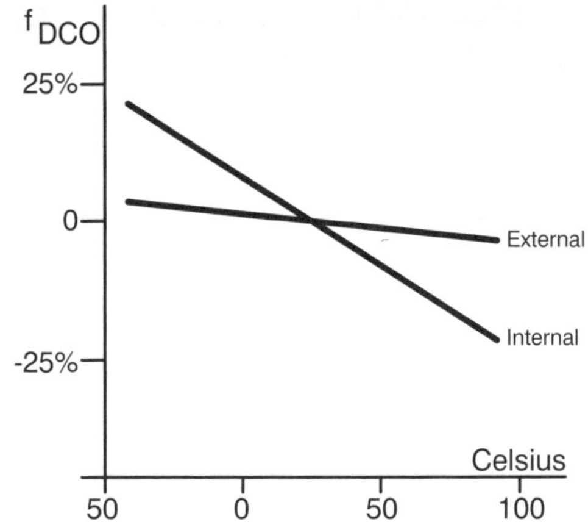

Bild 3.9: Temperaturabhängigkeit des DCOs für den Betrieb mit einem internen (internal) Widerstand und einem externen (external) Widerstand [Tex06c].

Zusammenfassung Der DCO ist ein digital steuerbarer leistungsstarker Taktgenerator. Besonders sinnvoll ist er beim Einsatz in platzsparenden Anwendungen, wo kein Quarzoszillator verbaut werden kann. Der entscheidende Nachteil des DCOs ist das Problem, dass man aufgrund von Temperaturschwankungen und Fertigungstoleranzen mit instabilen Betriebsfrequenzen arbeitet. Mit einem externen Widerstand ist es möglich, diese Schwankungen zu verringern.

3.1.3 Quarzoszillatoren

Physikalische Grundlagen

Quarzoszillatoren bestehen aus Siliziumdioxid ($Si0_2$), einem piezoelektrischen Werkstoff. Legt man an sie ein elektrisches Feld an, werden sie zu einer mechanischen Schwingung angeregt. Im Vergleich zu anderen Schwingkreisen zeichnet sich ein Quarzoszillator durch eine hohe Güte und Frequenzstabilität sowie eine geringe Temperaturabhängigkeit aus.

Das elektrische Ersatzschaltbild eines Quarzoszillators ist in Schaltung 3.10 dargestellt. C und L sind durch die mechanischen Eigenschaften des Quarzes definiert.

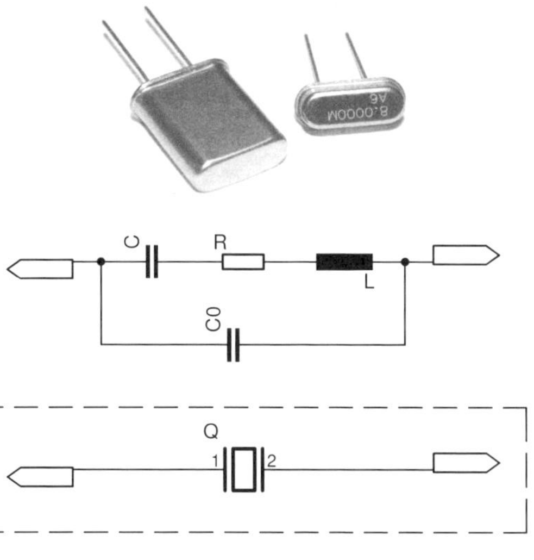

Bild 3.10: Quarzoszillatoren und das elektrische Ersatzschaltbild

C_0 ist eine parasitäre Kapazität, die abhängig von den Zuleitungen ist. Insbesondere Quarze mit einer niedrigen Frequenz, wie Uhrenquarze, benötigen bis zu einigen Millisekunden, bis sie eingeschwungen sind. Unnötig lange Zuleitungen vergrößern die Einschwingzeit sowie die kapazitive Last des Quarzoszillator-Treibers. Aus diesem Grund sollten Quarze immer in unmittelbarer Nähe zum Takteingang platziert werden.

Die Quarzoszillatoren LFXT1 und XT2

Extern angeschlossene Quarze sind eine Alternative zum DCO. Diese werden am Anschluss **LFXT1** betrieben. Einige MSP430-Varianten verfügen mit dem Pin **XT2** über einen weiteren Taktgenerator zum Anschluss eines Quarzes. Der Anschluss von LFXT1 ist so ausgelegt, dass sowohl niederfrequent als auch hochfrequent schwingende Quarze direkt angeschlossen werden können. An XT2 können nur hochfrequent schwingende Quarze angeschlossen werden. Niederfrequent schwingende Quarze sind so genannte Uhrenquarze, die mit einer Frequenz von $32.768\,\mathrm{kHz}$ arbeiten. Mit dieser Betriebsfrequenz arbeitet der Mikroprozessor sehr energiesparend. Als höherfrequente Quarze eigenen sich solche, die mit Frequenzen zwischen $450\,\mathrm{kHz}$ bis $8\,\mathrm{MHz}$ arbeiten.

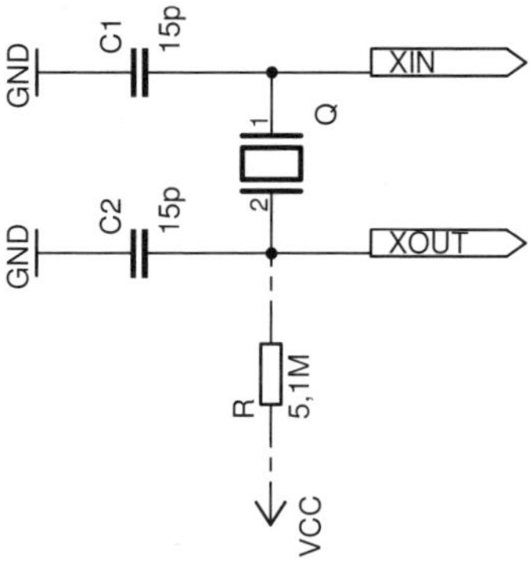

Bild 3.11: Anschluss eines externen Quarzes an XIN und XOUT

Der Anschluss eines Quarzes ist beispielhaft für den Taktgenerator LFXT1 in Schaltung 3.11 dargestellt. Damit sich der Quarz stabil und sicher auf seiner Sollfrequenz einschwingt ist es günstig, beide Anschlüsse mit einem kleinen Kondensator (z.B. $15\,\mathrm{pF}$) an Masse anzubinden. Bei $32\,\mathrm{kHz}$-Uhrenquarzen wird zusätzlich empfohlen, den Pin XOUT mit einem $5,1\,\mathrm{M\Omega}$ Widerstand an V_{CC} anzukoppeln. Der Mikroprozessor ist allerdings nicht in der Lage selbstständig zu erkennen, ob ein niederfrequent oder hochfrequent schwingender Quarz angeschlossen wurde. Aus diesem Grund muss der Programmierer das Auswahlbit XTS im Register BCSCTL1 setzen oder löschen. 3.1

Wenn man den MSP430 mit einem externen Quarz betreiben will, muss man hierfür diesen zunächst aktivieren. Wie beim DCO gibt es auch für LFXT1 und XT2 eine komplexe Logik, die den Oszillator an- und abschaltet, Bild 3.12.

XTS	Modus
0	LF-Modus (zum Betrieb eines $32.768\,\mathrm{kHz}$ Uhrenquarzes)
1	HF-Modus (Quarz mit $450\,\mathrm{kHz}$ bis $8\,\mathrm{MHz}$)

Tabelle 3.1: Das Auswahlbit XTS zur Wahl des Oszillator-Modus

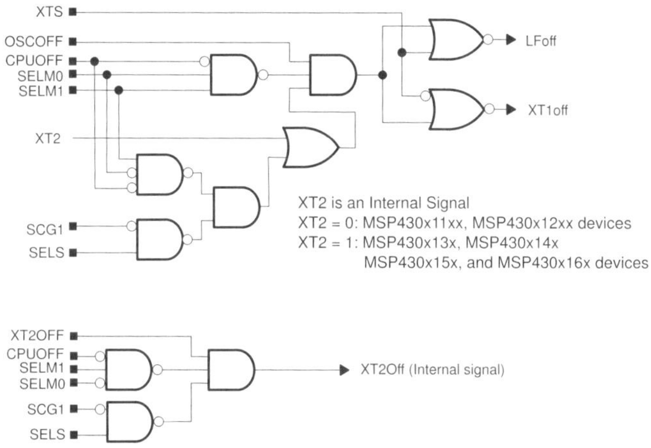

Bild 3.12: Schaltlogik des LFXT1- (oben) und des XT2- (unten) Oszillators [Tex06c].

Zur Aktivierung muss für Oszillator LFXT1 das Bit OSCOFF im Statusregister gelöscht werden, für den Oszillator XT2 ist das Bit XT2OFF im BCSCTL1-Register zu löschen.

3.1.4 Externe Taktgeneratoren

Alternativ kann der MSP430 auch aus externen Taktgeneratoren wie z.B. einem anderen Prozessor oder einem integrierten Oszillatorbaustein gespeist werden. Dazu muss dieser einfach nur an den Pin XIN oder XT2IN angeschlossen werden. Mit dieser Beschaltung verliert man aber auch die Option, den Prozessor in einen Low-Power-Mode zu versetzen (zumindest wenn man die internen Taktquellen nicht aus dem DCO speist). Die Pins XOUT und XT2OUT verbleiben bei dieser Option unbeschaltet.

3.1.5 Taktfehlererkennung

Zur Überwachung des Zustandes der Quarzoszillatoren hat der MSP430 eine komplexe Fehlerüberwachung integriert. Quarzoszillatoren benötigen bis zu $10\,\mu s$, bis sie eingeschwungen sind, niederfrequente Quarze sogar einige hundert Millisekunden. In dieser Zeit würde der Mikrocontroller in keinem stabilen Betriebszustand arbeiten. Bei der Verwendung von hochfrequenten Quarzen sollte man durch die Taktfehlererkennung mit der Abschaltung des DCOs so lange warten, bis sich ein stabiler Arbeitspunkt eingestellt hat. Diese Methode eignet sich jedoch nicht für niederfrequente Uhrenquarze.

Vorgehensweise bei der Taktfehlererkennung

Der Mikrocontroller ist in der Lage, zu jeder Zeit den Ausfall des LFXT1-Taktes oder des XT2-Taktes für $50\,\mu s$ festzustellen (dies funktioniert nicht für LFXT1 bei niederfrequenten Quarzen). Bei einer Taktfehlererkennung wird das Flag OFIFG im Interrupt-Register IFG1 gesetzt. Solange das OFIFG-Flag gesetzt ist, wird der Prozessortakt (MCLK, siehe Kapitel 3.2) aus dem DCO gespeist. Erst wenn der Controller keinen Taktfehler mehr erkennt, läuft der Oszillator und man kann dann die Taktquelle umschalten. Beispiel 3.4 verdeutlicht die Vorgehensweise bei der Taktfehlererkennung.

```
#include <msp430x16x.h>
int main(void)
{
  int i;                          // Variable für Warteschleife
  BCSCTL1 |= XTS;                 // LFXT1 im HF-Modus auswählen
  _BIC_SR(OSCOFF);                // aktiviere XT1
  do {
     IFG1 &= ~OFIFG;              // Oscillator-Fault-Flag löschen
     for(i = 0xFF; i > 0; i--);   // warte 50 us ...
     }
  while((IFG1 & OFIFG) != 0);     // bis Oszillator eingeschwungen
}
```

Listing 3.4: Anschalten des Quarzes mit Taktfehlererkennung

Wir müssen nach der Initialisierung des Taktgebers (in diesem Fall LFXT1 im HF-Modus) eine Schleife programmieren, die so lange durchlaufen wird, bis kein Taktfehler mehr erkannt wird (also das Flag OFIFG gelöscht ist). In der Schleife löschen wir dazu zunächst das Flag OFIFG. Sollte der Quarz noch nicht eingeschwungen sein, wird der Controller innerhalb von $50\,\mu s$ OFIFG wieder setzen. Daher fügen wir eine $50\,\mu s$-Pause durch die FOR-Schleife ein. Jetzt können wir das Interrupt-Register IFG1 erneut auf das Flag OFIFG abfragen. Wenn OFIFG gesetzt sein sollte, ist der Quarz noch nicht eingeschwungen. Wird OFIFG nicht mehr gesetzt, arbeitet der Controller mit einer stabilen Quarzfrequenz. Jetzt können wir den DCO ausschalten.

3.1.6 Low-Power-Modes

Eine der wesentlichen Eigenschaften der MSP430-Familie ist die hervorragende Energieeffizienz des Prozessorkerns. So gibt Texas Instruments beispielsweise im Datenblatt zum MSP430F149 den Energieverbrauch mit $280\,\mu A$ bei $1\,MHz$ und $2.2\,V$ an. Somit könnte ein so betriebener Prozessor ohne weitere Maßnahmen ein Jahr aus zwei modernen NiMH-Mignon-Akkus versorgt werden. Bei Ausnutzung der verschiedenen Stromsparfunktionen des Prozessors kann dies weiter auf $1.1\,\mu A$ im Standby-Mode und $0.2\,\mu A$ im niedrigsten Stromsparmodus reduziert werden. Dies kommt leicht in eine Größenordnung, in der normale Batterien ihre Selbstentladung haben. Ein sinnvoller Entwurf von Low- Power-Systemen ist auf der anderen Seite auch kein leichtes Unterfangen. Ein einziges schlecht dimensioniertes Bauteil macht das ganze Design zunichte. Beispielsweise fließt bei einem Widerstand mit $4.7\,k\Omega$ bei 3V schon ein Strom von $600\,\mu A$. Also doppelt so viel, wie der Prozessor bei voller Rechenleistung benötigt! In Kapitel 9 werden wir zum Thema Low-Power-Design noch einige weitere Design-Hilfen erläutern. Eine Bilanz der Stromaufnahme ist in Bild 3.13 skizziert.

Die Kontrolle des Betriebszustandes erfolgt durch Setzen entsprechender Bits im Statusregister. Abhängig von den Einstellungen werden verschiedene Elemente des Basic-Clock-Moduls aktiviert oder deaktiviert. Welche Konsequenzen dies auf die konkrete Funktion des Mikrocontrollers hat, ist abhängig davon, aus welchen Taktgeneratoren die internen Taktquellen (MCLK - Main-Clock, ACLK - Auxilliary-Clock, SMCLK - Sub-System-Clock) gespeist werden. Details dazu folgen in Kapitel 3.2.

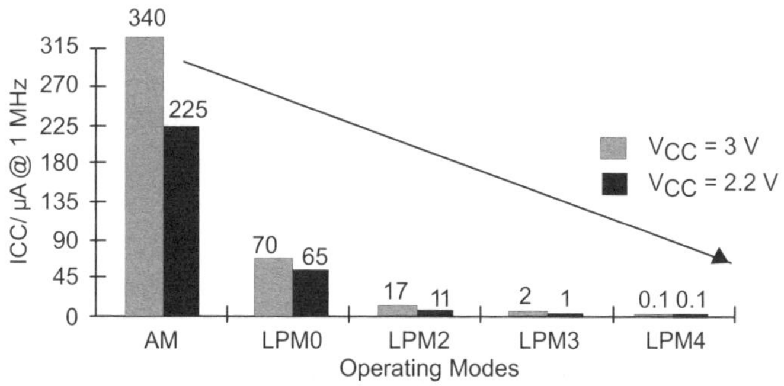

Bild 3.13: Stromverbauch bei unterschiedlichen Betriebsmodi [Tex04].

Der Prozessor kennt insgesamt sechs Betriebszustände.

- **Active-Mode (AM)**: Beim Active-Mode sind alle Bits gelöscht. Der Mikrocontroller nimmt dann etwa $200\,\mu\text{A}$ bis $340\,\mu\text{A}$ auf und arbeitet im Normalbetrieb. Nur in diesem Betrieb kann der Controller komplexe Rechenoperationen durchführen. Es ist daher ratsam, den Controller bei Bedarf von einem Low-Power-Modus (LPM0 bis LPM4) in den Active-Mode zu schalten.

- **LPM0**: Im höchsten Low-Power-Modus wird lediglich die CPU ausgeschaltet. Alle Portpins, der Timer und die Peripheriebausteine bleiben aktiv und sind in der Lage durch einen Interrupt den Controller in den Active-Mode zu schalten.

- **LPM1**: Dieser Modus ähnelt dem LPM0. Allerdings wird hier zusätzlich noch der DC-Taktgeber abgeschaltet, wenn der DCO im Active-Mode nicht für die Betriebsfrequenz benötigt wird. Dieser Modus macht also nur beim Betrieb mit einem Quarzoszillator Sinn.

- **LPM2**: Im LPM2-Modus wird die CPU und die Peripherie sowie der DCO abgeschaltet. Der DC-Taktgenerator, der Zusatztaktgenerator sowie die Auxiliary-Clock (vlg. Kapitel 3.2) bleiben jedoch aktiv.

- **LPM3**: Der LPM3-Modus verhält sich wie der LPM2-Modus. Allerdings ist nun auch der DC-Taktgenerator abgeschaltet. Durch einen Timer-Interrupt lässt sich der Controller in den Active-Mode vesetzen.

- **LPM4**: Der sparsamste Low-Power-Modus ist der LPM4. Nun sind alle Peripheriebausteine, die CPU und die Taktgeneratoren abgeschaltet. Um in den Active- Mode zu gelangen, kann man nur die Portpins als Interrupteingänge konfigurieren.

Mit diesem Hintergrund kann nun Tabelle 3.2 verstanden werden, die die verschiedenen Energiesparmodi und die zugehörige Registerstellung zeigt.

Tabelle 3.2: Low-Power-Modi und Auswahl durch das Statusregister

SCG1	SCG0	OSCOFF	CPUOFF	Mode	Erklärung
0	0	0	0	Active	Alle System-Taktgeber sind in Funktion
0	0	0	1	LPM0	CPU und MCLK aus, SMCLK und ACLK aktiv, DC-Generator an
0	1	0	1	LPM1	CPU, MCLK und DCO aus, SMCLK und ACLK aktiv, DC-Generator aus, wenn DCO nicht für SMCLK oder MCLK genutzt wird
1	0	0	1	LPM2	CPU, MCLK, SMCLK und DCO aus, ACLK aktiv, DC-Generator an
1	1	0	1	LPM3	CPU, MCLK, SMCLK und DCO aus, ACLK aktiv, DC-Generator aus
1	1	1	1	LPM4	alles aus

Werden die entsprechenden Statusregister für einen Low-Power-Mode gesetzt, tritt die Wirkung sofort ein. Die Abarbeitung des Programms wird sofort unterbrochen und die CPU sowie die Main- Clock (MCLK) werden abgeschaltet. Der einzige Weg einen Energiesparmodus wieder zu verlassen, ist ein Power-On-Reset (POR), ein Reset durch den Watchdog-Timer (PUC), ein sogenannter NMI-Interrupt, sowie ein anderweitig ausgelöster interner oder externer Interrupt.

Mit Hilfe der Tabelle 3.2 können wir nun den Controller in einen entsprechenden Energiesparmodus versetzen. Im Listing 3.5 wird der besonders energiesparende Modus LPM4 ausgewählt.

```
#include <msp430x16x.h>

#pragma vector=PORT1_VECTOR // Interrupt-Routine
__interrupt void Port_1(void)
{
  P1IFG = 0x00;               // Interrupt-Flag löschen
  // .... hier noch weitere Funktion einfügen
}

int main ( void ) {
  WDTCTL = WDTPW | WDTHOLD ;// Watchdog-Timer ausschalten

  P1DIR = 0x00;               // P1 Konfigurieren
  P1SEL = 0x00;               // normale I/O-Function
  P1IES = 0x00;               // Interrupt bei steigender Flanke
  P1IFG = 0x00;               // Interrupt-Flag löschen
  P1IE  = 0xFF;               // alle Pins Interrupteingang
  _enable_interrupts ();      // Interrupts global aktivieren

  while (1)                   // Endlosschleife
   {
    LPM4;     // Setze Low-Power-Mode. Dieses Makro ist im
              // Headerfile definiert
   }
}
```

Listing 3.5: Energiesparmodus LPM4

Im LPM4-Modus lässt sich der Controller nur durch die Interrupts der digitalen I/O-Ports in den Active-Mode zurücksetzen. Aus diesem Grund wurde im Beispiel 3.5 der Byteport P1 als Interrupt-Port definiert. Bei einer steigenden Flanke wird ein Interrupt ausgelöst und die Interrupt-Service-Routine **Port_1()** ausgeführt. An dieser Stelle wird der Controller dann wieder in den Active-Mode geschaltet. Nach getaner Arbeit geht der Prozessor bei der Beendigung der Interrupt-Routine wieder schlafen und erwartet den nächsten Interrupt. Möchte man den Low-Power-Mode explizit verlassen oder ändern (um z.B. Tasks in der Hauptschleife zu erledigen), so muss man dies in der Interrupt-Routine mit dem Macro *LPM4_EXIT* veranlassen.

3.2 Taktquellen

Im Gegensatz zu den eben kennengelernten Taktgeneratoren (DCO, LFXT1 oder XT2) bezeichnet der Begriff der Taktquellen die daraus abgeleiteten internen Prozessortakte. Das *Basic-Clock-Module* (siehe dazu auch Bild 3.1) stellt dafür verschiedene Funktionen zur Verfügung. So kann entschieden werden, welche Taktquelle aus welchem Generator gespeist wird und ob die Frequenz direkt weitergegeben oder erst mit einem Teiler herunterskaliert wird. Insgesamt gibt es drei verschiedene interne Taktquellen:

- **Main-System-Clock (MCLK)** Die Main-System-Clock ist die wichtigste Takteinheit des Controllers. Sie versorgt die CPU des MSPs.
- **Sub-Main-Clock (SMCLK)** Die Sub-Main-Clock versorgt die Peripheriemodule des MSP430.
- **Auxiliary-Clock (ACLK)** Die Auxiliary-Clock versorgt spezielle Peripheriemodule.

3.2.1 Main-System-Clock

Die Main-System-Clock kann aus allen drei möglichen Generatoren (DCO, LFXT1 oder XT2) betrieben werden. Die Auswahl erfolgt mittels eines Auswahlschalters (Multiplexers), der zwei Adressleitungen hat, Bild 3.14. Dazu müssen die

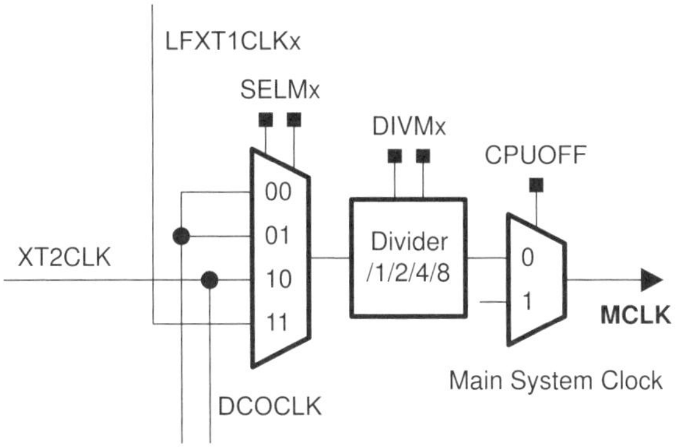

Bild 3.14: Blockschaltbild für die Main-System-Clock [Tex06c].

zwei Bits SELM0 und SELM1 im BCSCTL2-Register, dem *Basic-Clock-System-Control-Register 2*, gesetzt bzw. gelöscht werden (vgl. Tabelle 3.3).

SELMx	Taktgenerator für MCLK
00	DCO
01	DCO
10	XT2
11	LFXT1

Tabelle 3.3: Auswahl des Taktgenerators für die Main-System-Clock

Dem Multiplexer schließt sich ein Software-Frequenz-Teiler an. Mit ihm lässt sich die Frequenz durch eins, zwei, vier oder durch acht teilen. Die Bits DIVM0 und DIVM1 im Register BCSCTL2 müssen hierfür gesetzt bzw. gelöscht werden, siehe Tabelle 3.4. Die Main-System- Clock kann dann durch Setzen des CPUOFF-Registers zusätzlich noch komplett ausgeschaltet werden (vgl. Kapitel 3.1.6).

DIVM1	DIVM0	Teiler
0	0	1
0	1	2
1	0	4
1	1	8

Tabelle 3.4: Vorteiler Einstellung für MCLK

3.2.2 Sub-Main-Clock

Die Sub-Main-Clock, die die Peripherie des Mikrocontrollers versorgt, ist ähnlich aufgebaut, wie die Main-System-Clock. Auch sie lässt sich mit dem DCO oder dem Quarzoszillator betreiben. Allerdings stehen hier nicht drei Taktgeneratoren zu Auswahl, sondern nur zwei: Neben dem DCO kann man als Taktgenerator nur noch den Taktgenerator XT2 verwenden. Sollte die verwendete Controller-Variante keinen XT2-Eingang haben, kann der Taktgenerator LFXT1 gewählt werden. Die Auswahl erfolgt durch Löschen (DCO) oder Setzen (XT2/LFXT1) des Bits SELS im BCSCTL2 Register. Mit den Bits DIVS0 und DIVS1 im gleichen Register lässt sich dann wieder die Taktfrequenz durch eins, zwei, vier oder acht Teilen

3.2.3 Auxiliary-Clock

Anders als die Main-System-Clock oder die Sub-Main-Clock lässt sich die Auxiliary-Clock nur mit einem externen Quarzoszillator vom Taktgenerator LFXT1 betreiben. Auch sie lässt die Frequenz-Teilung durch einen Software-Teiler durch eins, zwei, vier und acht zu. Dazu müssen entsprechend die Bits DIVA0 und DIVA1 im Register BCSCTL1 gesetzt bzw. gelöscht werden[1].
Die Auxiliary-Clock ist eine zusätzliche Taktquelle, mit der zum Beispiel **Timer A** oder **Timer B** betrieben werden können.

3.2.4 Taktgenerator einer Taktquelle zuordnen

Im folgenden Beispiel soll jetzt die Einstellung aller Taktquellen und Taktgeneratoren einmal im Ganzen vorgestellt werden. Die Main-System-Clock (MCLK) arbeitet nach dem Start des Controllers mit dem DCO bei einer mittleren Frequenz. Sie soll nun durch einen externen, hochfrequent arbeitenden Quarzoszillator betrieben werden. Wie wir einen Oszillator richtig starten, haben wir schon in Kapitel 3.1.5 erarbeitet. In Beispiel 3.6 werden wir jetzt XT2 als Quelle für MCLK und SMCLK wählen und zur Demonstration um den Faktor 2 respektive 8 teilen. Der Teiler von ACLK soll auf 1 gesetzt werden.

```
#include <msp430x16x.h>

int main(void)
{
  int i;                          // Variable für Warteschleife

  BCSCTL1 &=~ XT2OFF;             // LFXT2 Aktivieren
  do {
   IFG1 &= ~OFIFG;                // Oscillator-Fault-Flag löschen
   for(i = 0xFF; i > 0; i--);     // warte 50 us ...
  }
```

[1] Im Headerfile (z.B. msp430x16x.h) sind sowohl die Konstanten DIVA0 und DIVA1 als auch DIVA_0 und DIVA_1 definiert. Doch Vorsicht, sie haben unterschiedliche Werte und bedeuten nicht dasselbe! Im Übrigen gilt das für viele im Headerfile definierte Konstanten. Konstanten mit "_" bezeichnen den kodierten Zustand, Konstanten ohne "_" die Bitposition im Register. Beispielsweise ist DIVA_3 = DIVA1+DIVA2 = 0x30 $\neq$ DIVA3 = 0x40.

```
  while((IFG1 & OFIFG) != 0); // bis Oszillator eingeschwungen

                           // für MCLK: Wähle XT2 und Teiler 2
                           // für SMCLK:Wähle XT2 und Teiler 8
  BCSCTL2  = SELM_2 + DIVM_1 + SELS + DIVS_3;
  BCSCTL1 |= (DIVA_0);        // für ACLK:  Teiler auf 1 stellen
}
```

Listing 3.6: Start von Oszillator XT2 mit Taktfehlererkennung und Konfiguration aller Taktquellen

3.3 FLL+ System-Clock-Generator

Einige neue Mikrocontroller der MSP430-Familie basieren auf dem *FLL+ System-Clock*-Generator. Es wurde möglichst kompatibel zum Basic-Clock-Modul konzeptioniert. Dabei handelt es sich speziell um eine Verbesserung des DCOs bei der Verwendung des internen Widerstands, um stabilere Taktzustände zu erreichen. War es beim Basic-Clock-Modul nötig die Versorgungsspannung und Umgebungsbedingungen möglichst konstant zu halten, um eine stabile DCO-Frequenz zu erreichen, reguliert sich das FLL+ System selbstständig. Mit dem FLL+ System ist der DCO darüber hinaus in der Lage weitaus höhere Betriebsfrequenzen (bis zu 56 MHz) bereitzustellen. Damit ist der DCO der eigentlichen Recheneinheit des MSP430 noch um einige Jahre voraus.

3.4 Aufgaben

1. Erkläre den Unterschied zwischen Taktgenerator und Taktquelle.
2. Was sind die Auswahlkriterien den internen DCO, einen Quarz, einen Uhrenquarz oder eine externe Taktquelle zu selektieren?
3. Wozu besitzt der MSP430 drei interne Taktquellen?
4. An LFXT1 ist ein 32.768 kHz Uhrenquarz angeschlossen. Schreibe ein Programm, das den MSP so initialisiert, dass die DCO-Frequenz etwa mit der hundertfachen (3.2768 MHz) Geschwindigkeit einstellt. Wie könnte man die DCO-Korrektur mit dem Uhrenquarz abgleichen?
5. Wozu braucht man eigentlich so viele verschiedene Low-Power-Modes?
6. Konstruiere ein 3-Tasten-Codeschloss für ein Garagentor. Verwende den Low-Power-Mode 3 um Energie zu sparen.

4 Timer

Die Messung von Zeitintervallen aber auch die Ausgabe zeitlich synchronisierter Vorgänge ist eine häufige Aufgabe beim Entwurf von Embedded-Systemen. Hierzu können so genannte Timer (Zähler) eingesetzt werden, die im einfachsten Fall aus einem Register bestehen, das synchron zu einem Systemtakt hochgezählt wird. Durch Abfrage des Registers kann dann die Zeit gemessen werden. Dies ist jedoch nur die Grundfunktion. Durch Erweiterung der Timer-Steuerung und Auswertung können auch komplexere Funktionen wie zum Beispiel eine Pulsweitenmodulation realisiert werden. Hierzu dienen die so genannten Capture/Compare-Register, die einen Wert enthalten, der mit dem Timer-Zählregister verglichen wird. Abhängig vom Ergebnis kann dann ein Interrupt ausgelöst, das Verhalten des Timers (z.B. aufwärts/abwärts zählen) oder der Status von Ausgangspins beeinflusst werden. Ein spezieller Timer ist der Watchdog-Timer, der, wenn er nicht regelmäßig betätigt wird, den Prozessor neu startet. Im MSP430 sind je nach Modellausstattung mehrere verschieden komplexe Timer integriert, die aus dem in Kapitel 3 eingeführten Basic-Clock-Modul gespeist werden.

4.1 Timer A/B

Mit dem Timer A und dem Timer B steht uns ein sehr vielseitiger Funktionsblock zur Verfügung, mit dem viele Funktionen rund um das Zählen und das Messen von Zeit realisiert werden können. Beide Funktionsblöcke sind relativ ähnlich aufgebaut, weshalb sie in einem Kapitel beschrieben sind. Timer B besitzt noch einige Zusatzfunktionen, die im Anschluss daran erläutert werden. Die wesentlichen Eigenschaften des Timerbausteins können wie folgt zusammengefasst werden.

- asynchroner 16-Bit-Zähler mit vier Betriebsmodi
- frei wählbare Taktquelle
- drei, fünf oder sieben Capture/Compare-Register
- vielseitig konfigurierbare Ausgänge

- PWM-Funktionalität
- mehrere Interrupts und ein eigenes Interruptregister zur schnellen Dekodierung

Je nach Variante des Prozessors steht uns eventuell nur der Timer A oder, bei besserer Ausstattung, auch der Timer B zur Verfügung. Auch die Anzahl der Capture/Compare-Register ist unterschiedlich. So hat beispielsweise ein MSP430F1232 nur einen Timer A mit drei Capture/Compare-Registern, ein MSP430F1612 hat einen Timer A mit drei und einen Timer B mit sieben Capture/Compare-Registern. Der grundsätzliche Aufbau ist in beiden Fällen jedoch sehr ähnlich. Der Einfachheit halber wird im Folgenden nur der Timer A beschrieben. Für den Timer B gilt alles analog, lediglich die Registernamen sind entsprechend anzupassen. Das Funktionsdiagramm des Timers A ist in folgendem Bild dargestellt.

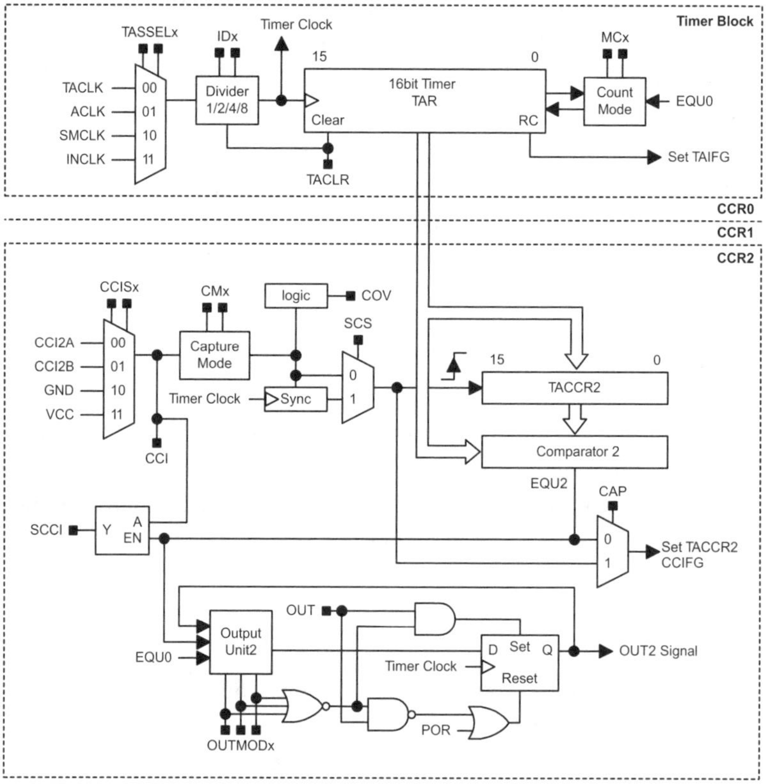

Bild 4.1: Blockschaltbild des Timers A der Modellreihe MSP430x1xx [Tex06c].

Wie man erkennt, kann die Funktionalität des Timers prinzipiell in zwei Funktionsblöcke unterteilt werden. Im oberen Teil ist das eigentliche Zählmodul ("Timer Block") untergebracht. Zentrales Element ist das Zählregister, das den aktuellen Zählerstand enthält. Umgeben ist es mit etwas Logik, die Zählquelle und Zählmodalität festlegt. Im unteren Teil sieht man die komplexe Funktionalität des Capture/Compare-Funktionsblocks, mit der das Ausgangsverhalten des Timers definiert werden kann.

4.1.1 Taktquellen und Initialisierung

Bevor man einen Timer benutzen kann, muss er den eigenen Funktionsanforderungen entsprechend konfiguriert werden. Dazu steht ein 16 Bit breites Register, das *Timer-A-Control- Register*, kurz TACTL zur Verfügung. Die Aufteilung der zugehörigen Steuerbits des TACTL-Registers ist in Bild 4.2 dargestellt.

15	14	13	12	11	10	9	8
Unused						TASSELx	
rw(0)	rw(0)	rw(0)	rw(0)	rw(0)	rw(0)	rw(0)	rw(0)

7	6	5	4	3	2	1	0
IDx		MCx		Unused	TACLR	TAIE	TAIFG
rw(0)	rw(0)	rw(0)	rw(0)	rw(0)	w(0)	rw(0)	rw(0)

Bild 4.2: Bitbelegung des Timer-A-Control-Registers TACTL.

Wie man erkennen kann, sind die oberen sechs Bits reserviert und haben keine Auswirkung auf die Konfiguration des Timers.
In einem ersten Schritt ist die Taktquelle des Timers festzulegen. Er kann wahlweise aus der Auxiliary-Clock ACLK oder der Sub-Main-Clock SMCLK des Basic-Clock-Moduls (siehe Kap. 3) betrieben werden. Alternativ lässt sich der Timer A auch mit einer externen Taktquelle TACLK, angeschlossen an Port P1.0 oder der Taktquelle INCLK, die an Port P2.1 angeschlossen wird, verknüpfen. Mit den TASELx-Flags legt man die Taktquelle des Timers A fest. Die Zuordnung für die Auswahl der Taktquellen ist in Tabelle 4.1 gelistet. Das Taktsignal kann nach Auswahl der Taktquelle noch zusätzlich um einen Faktor geteilt werden. Dazu dienen die IDx-Flags (Tabelle 4.2). Auf die Bits und Flags MCx, TAIE und TAIFG kommen wir später noch zu sprechen.

TASSEL1	TASSEL0	Taktquelle
0	0	TACLK (Port P1.0)
0	1	ACLK
1	0	SMCLK
1	1	INCLK (Port P2.1)

Tabelle 4.1: Auswahl der Taktquelle für den Timer A

ID1	ID0	Teiler
0	0	1
0	1	2
1	0	4
1	1	8

Tabelle 4.2: IDx-Flags: Software-Teiler für den Timer A

Zählregister TAR

Der Timer A verfügt über ein 16 Bit breites Zählregister TAR, das den derzeitig aktuellen Zählerstand enthält. Auf das Register kann sowohl lesend als auch schreibend zugegriffen werden.
Mit Hilfe des TACLR-Flags im TACTL-Steuerregister wird das Zählregister des Timers (TAR) sowie der Teiler und damit die IDx-Bits gelöscht. Auf dieses Flag kann nur schreibend zugegriffen werden. Liest man den Inhalt von TACLR, erhält man immer den Wert 0. Das TACLR-Flag ist damit eine Art Taster, mit dem man einen Reset für den Timer A ausführen kann. Es wird nach Setzen durch den Anwender automatisch vom Controller wieder gelöscht.

4.1.2 Betriebsarten

Der Timer A kann in seiner Arbeitsweise flexibel eingestellt werden. Er besitzt insgesamt vier Betriebsarten:

Continuous-Mode Das Zählregister wird kontinuierlich bis zum höchsten Wert 0xFFFF hochgezählt, beginnt dann wieder bei 0x0000

Up-Mode Das Zählregister wird bis zum Wert des TACCR0-Registers hochgezählt, beginnt dann wieder bei 0x0000

Up/Down-Mode Das Zählregister wird bis zum Wert des TACCR0-Registers hochgezählt, wo es dann seine Zählrichtung ändert und bis 0x0000 heruntergezählt wird. Dort ändert es wieder seine Zählrichtung

Stop-Mode Der Timer ist angehalten

Modus-Auswahl

Die gewünschten Betriebsarten Continuous-Mode, Up-Mode, Up/Down-Mode oder Stop-Mode werden durch eine entsprechende Bit-Auswahl der MCx-Flags im TACTL-Register gemäß Tabelle 4.3 ausgewählt.

MC1	MC0	Modus
0	0	Stop-Mode
0	1	Up-Mode
1	0	Continuous-Mode
1	1	Up/Down-Mode

Tabelle 4.3: Auswahl der Betriebsart im TACTL-Register

Timer starten

Der Timer startet mit dem Zählvorgang, sobald eine andere Betriebsart als der Stop-Mode ausgewählt wurde. Dabei wird der Wert des Registers TAR inkrementiert oder dekrementiert. Beim Up- (Seite 73) sowie Up/Down-Mode (Seite 75) muss darüber hinaus das Register TACCRO einen von 0 verschiedenen Wert haben. Es wird dringend empfohlen, sämtliche Konfigurationen des Timers nur bei gestopptem Timer durchzuführen. Andernfalls läuft man Gefahr, dass ein sehr merkwürdiges Verhalten des Timers während dieser Zeit entstehen kann.

Continuous-Mode

Beim Continuous-Mode inkrementiert der MSP430 das Register TAR bis zum Wert 65535 (entspricht 0xFFFF in hexadezimaler Schreibweise). Bei eben diesem Maximalwert führt die nächste Taktflanke zum Überlauf und so zu einem Zählerstand 0 des TAR-Zählregisters. Darüber hinaus wird das Timer-A-Interrupt-Flag TAIFG gesetzt.

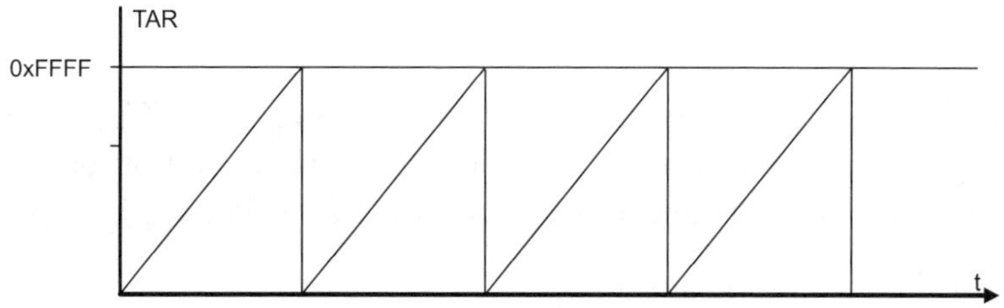

Bild 4.3: Wert des Zählregisters TAR des Timers A im Continous-Mode

Nachdem der Zählerstand wieder 0 ist, beginnt der Timer wieder mit der Inkrementierung des Zählregisters. Der gesamte Prozess wiederholt sich also fortlaufend, was in Bild 4.3 beispielhaft für vier Zyklen skizziert ist.
Das Register TAR kann mit Hilfe des TACLR-Flags manuell auf 0 gesetzt werden. Dabei gehen allerdings auch die Einstellungen des Vorteilers (IDx-Flags) verloren. Beim Auslesen des Timer-Wertes aus dem TAR-Register müssen wir zusätzlich berücksichtigen, dass der Timer während der Abarbeitung des Befehls weiterläuft. Für eine sehr genaue Zeitmessung müssten wir die Ausführungszeit des Lesebefehls bei der Interpretation des Ergebnisses berücksichtigen. Wird der Timer mit der gleichen Taktgeschwindigkeit wie der Prozessortakt MCLK betrieben, sollte vor dem Auslesen des TAR-Registers der Timer gestoppt werden. Andernfalls können Zahlüberläufe zu fehlerhaften Leseergebnissen führen.

Das Beispiel in Listing 4.1 zeigt, wie man mit dem Timer A die Laufzeit einer Funktion messen kann. Die Ausführung muss allerdings weniger als 65535 Schritte betragen, da ja sonst ein Überlauf des Timers eintreten würde. Bei der exakten Berechnung der Laufzeit muss ein OFFSET durch die Dauer der Abarbeitung des Befehls zum Starten und Stoppen des Timers abgezogen werden. Bei diesem Beispiel wurde dieser Offset experimentell ermittelt, indem in einem Vorexperiment der Funktionsaufruf von meine_Funktion() einfach ausgeklammert wurde.

```
#include <msp430x16x.h>

#define OFFSET 5                    // Berechnungsoffset Taktzyklen
void meine_Funktion(void)
{
    // berechne etwas sehr kompliziertes
}
int main(void) {
  int laufzeit;                     // Variable für Ergebnis

  WDTCTL = WDTPW + WDTHOLD;// Watchdog ausschalten
  BCSCTL2 = 0;                      // wähle DCO für MCLK und SMCLK
  TACTL = TASSEL_2;                 // Auswahl der SMCLK als Quelle
  TACTL |= TACLR;                   // Rücksetzen des Zählers
  TACTL |= MC_2;                    // los gehts im Continuous-Mode
  meine_Funktion();                 // Funktion, die gemessen wird
  TACTL &=~ MC_2;                   // stopp
  laufzeit = TAR-OFFSET;            // gemessene Laufzeit der Funktion
                                    // korrigiert um Offset
}
```

Listing 4.1: Verwendung des Timers A zur Laufzeitmessung

Up-Mode

Der Up-Mode ist vergleichbar mit dem Continuous-Mode, nur dass der Programmierer hier den Maximalwert des Zählers mit dem Register TACCR0 einstellen kann. Bild 4.4 skizziert den zeitlichen Verlauf des Timers im Up-Mode über vier Zyklen.

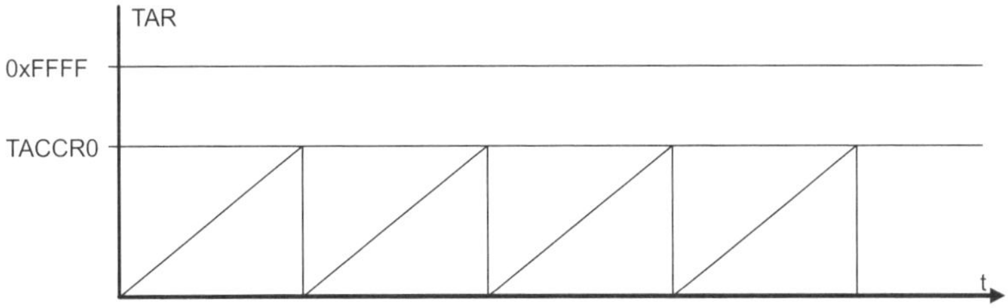

Bild 4.4: Zählregister TAR des Timers A im Up-Mode

Erreicht der Zähler den Wert TACCR0, so wird das Capture/Compare-Interrupt-Flag CCIFG0-Flag im TACCTL0-Register gesetzt (dazu später mehr im Kapitel zu

den Capture/Compare-Registern). Ein erneuter Taktimpuls setzt das Zählregister wieder auf 0 und das Timer-A- Interrupt-Flag (TAIFG) wird gesetzt.
In Abhängigkeit von der gewählten Taktquelle ergibt sich für jeden Zählerstand ein zugehöriges Zeitintervall. Analog dazu kann man für einen gesamten Zyklus, also für den Zählerstand 65535 ebenfalls einen Zeitintervall berechnen. Bei Verwendung der Auxiliary-Clock mit einer Frequenz von $32.768\,\mathrm{kHz}$ und einem Software-Teiler von 1 (ID0 $=$ 0 und ID1 $=$ 0) entspricht das Zählinkrement eins einem Zeitintervall von rund $31\,\mu\mathrm{s}$. Der Zählerstand 200 entspricht analog dazu einem Zeitinvertvall von etwa $6.12\,\mathrm{ms}$. Gleichung 4.1 beschreibt, wie das Zeitintervall T in Abhängigkeit von der Taktquellen-Frequenz f_{CLK}, dem Software-Teiler $ID0$ und $ID1$ und dem Zählerstand TAR berechnet werden kann.

$$T = \frac{2^{(ID0+2\cdot ID1)}}{f_{CLK}} \cdot TAR \qquad (4.1)$$

Im folgenden Programm soll der Timer A jetzt so initialisiert werden, dass mit einem extern angeschlossenen Uhrenquarz mit einer Frequenz von $32.768\,\mathrm{kHz}$ der Timer-Interrupt einmal pro Sekunde auftritt. In der Interrupt-Service-Routine implementieren wir eine kleine Echtzeituhr.

```
#include  <msp430x16x.h>
int stunde, minute, sekunde;
int led;

#pragma vector=TIMERA0_VECTOR
__interrupt void TIMERA0(void){

 led = ~led & BIT0;              // LED toggeln
 P1OUT = led;
 if(sekunde >= 59) {             // Überlauf der Sekunden
   sekunde = 0;
   if(minute >= 59) {            // Überlauf der Minuten
      minute = 0;
      if(stunde >= 23) {         // Überlauf der Stunden
         stunde = 0;
      }
      else {stunde++;}
   }
   else {minute++;}
 }
 else {sekunde++;}
}
```

```
void main(void) {
  int i;

  WDTCTL = WDTPW + WDTHOLD; // Watchdog ausschalten

  led = 0x00;               // LED an P1.0 als Sekunden-Anzeige
  P1DIR = BIT0;
  P1OUT = led;

  BCSCTL1 &= ~XTS;          // LF-Mode
  _BIC_SR(OSCOFF);          // XT1 anschalten

  TACTL    = TASSEL_1;      // wähle ACLK, DIV = 1
  TACTL   |= MC_1;          // Up-Mode wählen
  TACCTL0  = CCIE;          // Cap/Comp-Interrupt aktivieren
  TACCR0   = 32767;         // von 0 bis 32767 zählen

  stunde   = 0;
  minute   = 0;
  sekunde  = 0;

  _enable_interrupts ();    // Interrupts global aktivieren
  while(1) { }              // Endlosschleife
}
```

Listing 4.2: Eine Echtzeituhr auf Basis des Timers A

Up/Down-Mode

Bisher haben wir mit dem Continuous- und Up-Mode zwei Betriebsarten kennengelernt, bei denen der Mikroprozessor von 0 bis zu einem bestimmten Maximalwert vorwärts zählt. Der Up/Down-Mode kombiniert einen Vorwärts- und Rückwärtszähler. In einem Zyklus inkrementiert der Prozessor das Zählerregister zunächst bis zum Maximalwert TACCR0. Unmittelbar beim Erreichen des Maximalwerts wird das CCIFG0-Flag gesetzt. Anders als beim Up-Mode ändert sich bei Erreichen von TACCR0 nun die Zählrichtung. Der Prozessor zählt vom Maximalwert rückwärts bis zum Wert 0 und setzt dann das TAIFG-Flag. Bild 4.5 skizziert den zeitlichen Verlauf des Zählregisters über drei Zyklen. Die gesamte Periodendauer T eines Zyklus' lässt sich mit Gleichung 4.2 berechnen. Sie entspricht gerade dem Doppelten der Periodendauer, wenn der Timer A im Up-Mode betrieben wird, bei gleichem TACCR0.

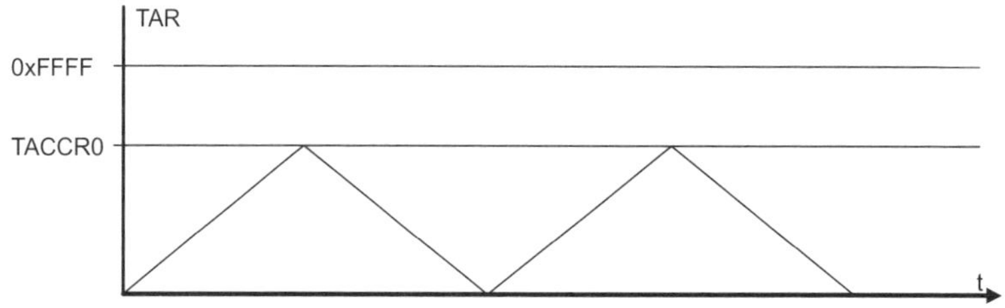

Bild 4.5: Zählregister TAR des Timers A im Up/Down-Mode

$$T = \frac{2^{(1+ID0+2\cdot ID1)}}{f_{CLK}} \cdot (TACCRO + 1) \quad (4.2)$$

Dabei ist f_{CLK} die Frequenz der Taktquelle, die durch den Software-Teiler ID0 und ID1 für den Timer A konfiguriert werden kann.

Der Zählvorgang kann während des Up/Down-Modus unterbrochen werden. Dabei merkt sich der Mikroprozessor den Wert des Zählregisters und die Zählrichtung (vorwärts oder rückwärts). Setzt man das TACLR-Flag, so wird der Timer neu initialisiert. Damit wird das Zählregister auf 0 gesetzt und die Zählrichtung auf vorwärts festgelegt.
Der Up/Down-Modus eignet sich für die Erzeugung von symmetrischen pulsweitenmodulierten Signalen, die wir im Kapitel 7.4.1 noch näher kennenlernen werden.

Stop-Mode

Um den Timer A in den Stop-Mode zu schalten, müssen die Bits MC0 und MC1 gelöscht werden. Dabei wird der Zählvorgang angehalten, ohne den Zählstand oder die Zählrichtung zu ändern. Will man den Wert des Zählregisters TAR auslesen, so sollte vorher der Timer gestoppt werden. Ansonsten geht in den Zählstand auch die für das Lesen des Registers TAR benötigte Zeit ein.

```
#include  <msp430x16x.h>
void main(void) {
  int c=0;

  TACTL    = TASSEL_2; // Select SMCLK, DIV = 1
```

```
  TACCR0    = 100;        // von 0 bis 100 zählen
  TACTL    |= MC_3;       // Up/Down-Mode wählen und starten

  // Schleife kann mit dem Debugger ausgewertet werden
  while(c<100)
   {
     c= TAR;
   }
  TACTL   &= ~(MC_3);    // Timer anhalten
}
```

Listing 4.3: Anhalten des Timers A

4.1.3 Capture/Compare-Timer-Kanäle

Bisher haben wir uns auf das Zählregister sowie dessen Konfiguration konzentriert. Im jetzt folgenden Abschnitt soll es um die erweiterten Auswertemöglichkeiten mit Hilfe der so genannten Capture/Compare-Kanäle (CCRx) gehen. Je nach Ausstattung des Prozessors gibt es von diesen Kanälen pro Timer drei, fünf oder sieben Stück. Alle Kanäle eines Timers teilen sich das gleiche Zählregister (TAR). Jeder Capture/Compare-Kanal hat als zentrale Komponente ein Register sowie eine zugehörige Steuerlogik, die das Ein- und Ausgangsverhalten des Funktionsblocks definiert. Ein Blockschaltbild der Capture/Compare-Funktionseinheit, diesmal des Timers B, zeigt Bild 4.6 (vergleiche dazu auch den Timer A, Bild 4.1).
Der Kanal 0 (CCR0) ist den anderen Kanälen übergeordnet. Diesen Kanal haben wir im vorigen Kapitel benutzt, um das Zählverhalten des Timers zu beeinflussen (z.B. zum Einstellen der Zählgrenze im Up/Down-Mode).
Im Capture-Modus lassen sich Zeitmessungen bestimmten Ereignissen zuordnen. Das heißt, dass man sich z.B. den Zählerstand automatisch merken kann, wenn der Status eines externen Pins wechselt. Im Compare-Modus wird der Wert des Timer-Registers ständig mit dem Compare-Register verglichen und abhängig davon wird z.B. ein Interrupt ausgelöst. Mit Hilfe der Timer-Kanäle lassen sich also Zeitpunkte und Zeitstempel zuordnen sowie Ereignisse auslösen, ohne dass dazu Ressourcen der CPU benötigt werden.

Capture/Compare-Control-Register

Die Konfiguration der Capture- und Compare-Funktion wird mit Hilfe des *Capture/Compare-Control-Registers* TACCTLx durchgeführt. Jeder Timer-Kanal

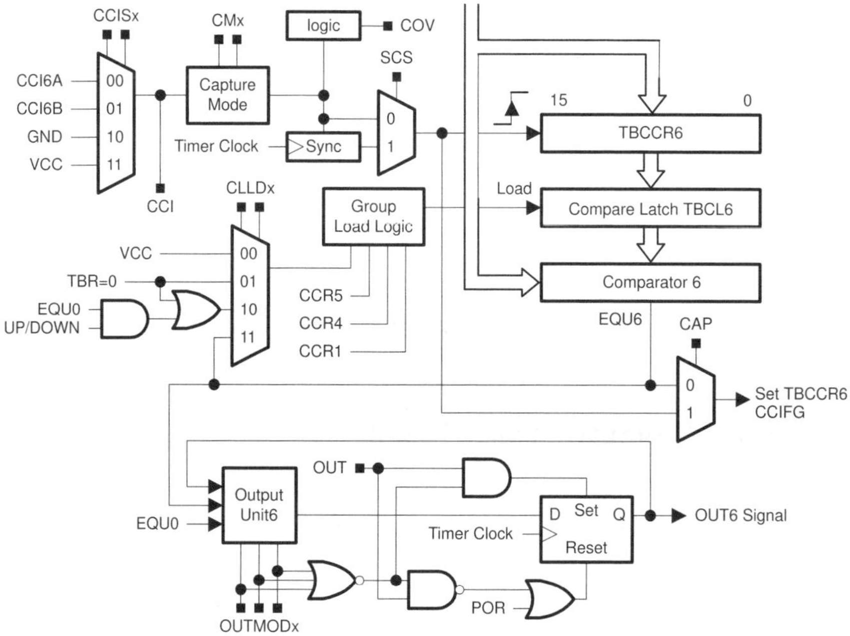

Bild 4.6: Blockschaltbild des Timer-B-Capture/Compare-Funktionsblocks [Tex06c].

verfügt dabei über ein eigenes TACCTLx-Register. Auf dem MSP430F1612 sind beispielsweise drei Timer-Kanäle für Timer A implementiert. Als Konfigurationsregister stehen damit TACCTL0, TACCTL1 und TACCTL2 zur Verfügung.
Die Bitbelegung des 16 Bit breiten Capture/Compare-Control-Registers ist in Bild 4.2 dargestellt und bei allen Timer-Kanälen identisch aufgebaut.
Zu Beginn des Kapitels 4.1.3 wurde darauf verwiesen, dass der MSP430 mit Hilfe der Capture/Compare-Funktionalität Ereignissen Zeitmarken und Zeitstempel zuweisen kann. Ereignisse sind Flanken- bzw. Pegelwechsel an bestimmten Portpins oder Taktquellen. Prinzipiell kann man unterscheiden, ob man auf eine steigende, eine fallende oder sowohl auf eine steigende als auch eine fallende Flanke reagiert. Diese Einstellung kann mit den CMx-Flags (Tabelle 4.4) konfiguriert werden. Jedem Timer-Kanal kann eine eigene Flankentriggerung zugewiesen werden.
Die Auswahl der Eingangsgröße des Ereignisses kann gleichermaßen für jeden Kanal individuell vorgenommen werden. Dazu dienen die Capture/Compare-Input-Select-Bits (CCISx). Wie wir in Tabelle 4.5 sehen, können insgesamt vier Eingangsereignisse ausgewählt werden. Die Signale CCIxA und CCIxB sind

15	14	13	12	11	10	9	8
CMx		CCISx		SCS	SCCI	Unused	CAP
rw(0)	rw(0)	rw(0)	rw(0)	rw(0)	r	r0	rw(0)
7	6	5	4	3	2	1	0
OUTMODx			CCIE	CCI	OUT	COV	CCIFG
rw(0)	rw(0)	rw(0)	rw(0)	r	rw(0)	rw(0)	rw(0)

Bild 4.7: Capture/Compare-Control-Register TACCTLx

CMx	Funktion
00	Keine Funktion
01	Reaktion auf steigende Flanke
10	Reaktion auf fallende Flanke
11	Reaktion auf steigende und fallende Flanke

Tabelle 4.4: Flankengetriggerte Reaktion für die Capture/Compare-Funktion

CCISx	Funktion
00	CCIxA
01	CCIxB
10	GND
11	VCC

Tabelle 4.5: Auswahl der Eingänge für die Capture/Compare-Funktion

symbolische Platzhalter. Deren Zuordnung bzw. Anschluss ist unterschiedlich für jeden Timer-Kanal und variiert für die verschiedenen MSP430-Typen. Die genaue Zuordnung ist dem jeweiligen Datenblatt zu entnehmen. Als weitere Signal-Anschlüsse können auch die konstanten Signale GND und V_{CC} verwendet werden. Sinn ergeben diese Zuweisungen erst, wenn man durch Software zwischen beiden Zuständen wechselt. So kann man dann per Software die Capture/Compare-Funktionalität bedienen und zum Beispiel die Laufzeiten von Programmteilen messen.

Beispielhaft für die MSP430F16xx-Baureihe ist in Tabelle 4.6 die Zuordnung der Eingangsereignisse zu CCIxA und CCIxB für den Timer A (oben) und Timer B (unten) zu sehen. Die Eingänge können zum Beispiel ein externer Portpin (z.B. P1.1) sein, aber auch interne Signale, wie die ACLK oder der Ausgang des Comparator-A-Moduls (Kapitel 6).

Signal	Signal-Anschluss	Timer-Kanal
CCI0A	P1.1	TACCR0
CCI0B	P2.2	TACCR0
CCI1A	P1.2	TACCR1
CCI1B	CAOUT (intern)	TACCR1
CCI2A	P1.3	TACCR2
CCI2B	ACLK (intern)	TACCR2

Signal	Signal-Anschluss	Timer-Kanal
CCI0A+B	P4.0	TBCCR0
CCI1A+B	P4.1	TBCCR1
CCI2A+B	P4.2	TBCCR2
CCI3A+B	P4.3	TBCCR3
CCI4A+B	P4.4	TBCCR4
CCI5A+B	P4.5	TBCCR5
CCI6A	P4.6	TBCCR6
CCI6B	ACLK (intern)	TBCCR6

Tabelle 4.6: Signale und deren Signal-Anschlüsse für die Capture/Compare-Funktion

Wenn das CIE-Flag gesetzt ist, triggert der MSP430 im Capture- bzw. Compare-Fall einen Interrupt. Ist das Flag gelöscht, so wird kein Interrupt generiert. Der Interrupt kann mit Hilfe des CCIFG-Flags ausgewertet werden. Zur Dekodierung der Interrupts der Timer-Kanäle gibt es ein weiteres Register, das Timer-A-Interrupt-Vector (TAIV)-Register, Bild 4.8.

Mit den TAIV-Bits erfolgt eine Codierung der verschiedenen Interrupts der Capture/Compare-Kanäle gemäß Tabelle 4.7. Auf den ersten Blick mag die Position der TAIV-Bits komisch erscheinen, aber auf diese Art und Weise kann der

15	14	13	12	11	10	9	8
0	0	0	0	0	0	0	0
r0	r0	r0	r0	r0	r0	r0	r0

7	6	5	4	3	2	1	0
0	0	0	0		TAIVx		0
r0	r0	r0	r0	r(0)	r(0)	r(0)	r0

Bild 4.8: Timer-A-Interrupt-Vector-Register (TAIV)

Vektor einfach als Eingang einer Sprungtabelle genutzt werden. Eine entsprechende Beispielimplementierung für den Timer A ist in Listing 4.4 zu finden.

```
#pragma vector=TIMERA1_VECTOR
__interrupt void TIMERA1(void){
{
switch( TAIV ) {
    case 0:  break;  // tue nichts
    case 2:  break;  // Capture/Compare 1
    case 4:  break;  // Capture/Compare 2
    case 6:  break;  // reserviert
    case 8:  break;  // reserviert
    case 10: break;  // Timer-Overflow
    case 12: break;  // reserviert
    case 14: break;  // reserviert
    default: _never_executed();
  }
}
```

Listing 4.4: Sprungtabelle zur Dekodierung des Timer A Interrupts, nach [Tex06b]

Am Anfang dieses Kapitels (siehe z.B. Listing 4.2) haben wir auch schon eine Interrupt-Funktion des Timers verwendet. Dort war es allerdings die Interrupt-Funktion des Capture/Compare-Kanals 0, die einen eigenen Interrupt-Vektor (TIMERA0_ISR respektive TMERB0_ISR) besitzt. Dem Interrupt-Vektor TIMERA1_ISR sind alle anderen Interrupt-Ereignisse des Timers zugeordnet. Durch die Struktur der Switch-Case-Anweisung in Listing 4.4 gelingt es dem Compiler, diese in einer einfachen Sprungtabelle abzubilden. Vor dem jeweiligen Break können entweder direkt die zum Interrupt gehörigen Befehle eingefügt oder, alternativ, eine eigene Funktion aufgerufen werden. Die Verwendung der compilereigenen _never_executed()-Funktion führt dazu, dass die Switch-Anweisung ohne Bereichsüberprüfung und nur für die genannten Werte implementiert wird.

TAIV	Quelle	Interrupt Flag
00h	kein Interrupt	
02h	Cap/Comp. 1	TACCR1 CCIFG
04h	Cap/Comp. 2	TACCR2 CCIFG
06h	reserviert	
08h	reserviert	
0Ah	Timer overflow	TAIFG
0Ch	reserviert	
0Eh	reserviert	

TBIV	Quelle	Interrupt Flag
00h	kein Interrupt	
02h	Cap/Comp. 1	TBCCR1 CCIFG
04h	Cap/Comp. 2	TBCCR2 CCIFG
06h	Cap/Comp. 3	TBCCR3 CCIFG
08h	Cap/Comp. 4	TBCCR4 CCIFG
0Ah	Cap/Comp. 5	TBCCR5 CCIFG
0Ch	Cap/Comp. 6	TBCCR6 CCIFG
0Eh	Timer overflow	TBIFG

Tabelle 4.7: Dekodierung der Interrupts der Capture/Compare-Kanäle für Timer A und Timer B

Mit dem Timer A/B können an den Digitalports Signale, beispielsweise ein pulsweitenmoduliertes Signal, ausgegeben werden. Für diese Funktionalität stehen die Bits OUTMODx zur Verfügung. Die logischen Pegel an den Digitalports hängen dann je nach Einstellung der OUTMODx-Bits vom Zählregister TACCR0 und/oder TACCRx vom jeweiligen Timer-Kanal ab und sind dem Datenblatt zu entnehmen. Am Beispiel des pulsweitenmodulierten Signals wird diese Funktionalität noch einmal in Kapitel 7.4 verdeutlicht.

Capture-Funktion

Mit der Capture-Funktion kann man Ereignissen eine Zeitmarke zuordnen. Aus zwei Zeitmarken lassen sich Zeitdifferenzen bestimmen, ohne auf Software und damit auf Rechenleistung der CPU zurückgreifen zu müssen. Erkennt der MSP430 ein Ereignis über ein Signal (vgl. vorherige Abschnitte), so speichert er den Wert des Timers TAR im Register TACCRx des jeweiligen Timer-Kanals (zum Beispiel TACCR2 für Timer-Kanal 2).

Um die Capture-Funktion auszuwählen, muss das CAP-Flag im TACCTLx-Register gesetzt werden. Wenn das Flag gelöscht ist, arbeitet der Kanal mit der Compare-Funktion.
Das SCS-Flag im TACCTLx-Register sollte insbesondere bei schnellen Anwendungen gesetzt werden. Wird beispielsweise ein Ereignis erkannt, während der Timer TAR sich gerade im Inkrementierungsvorgang befindet, so kann es zu fehlerhaften Zeitstempeln im TACCRx-Register kommen. Das SCS-Flag synchronisiert den Timer mit der Capture-Funktion, um solche Probleme zu vermeiden.
Wenn zwei Ereignisse in einer kurzen Zeitabfolge hintereinander erkannt werden, kann es zu einem Überschreiben des TACCRx-Registers kommen, ohne dass dieses vorher gelesen werden konnte. Die Berechnung einer Zeitdifferenz würde damit unmöglich werden. Der MSP430 ist zwar nicht in der Lage dieses Problem zu beheben, allerdings bietet der Timer A mit Hilfe des COV-Flags im TACCTLx-Register die Möglichkeit einen Überlauf, also das Überschreiben des Wertes im TACCRx-Registers, zu erkennen. Das Flag kann im Programm ausgelesen und ausgewertet werden. Es muss aber manuell zurückgesetzt werden.

Im folgenden Beispiel schließen wir an den Pin P1.2, dem Eingangspin des Timer-A-Capture/Compare-Kanals 1, ein Rechtecksignal an. Wir wollen nun dessen Periodendauer mit Hilfe des Timers A bestimmen. Der Einfachheit halber gehen wir davon aus, dass eine Periode maximal 65535 Taktzyklen der SMCLK und minimal die Laufzeit der Interruptfunktion dauert.

```
#include  <msp430x16x.h>
unsigned int periodendauer = 0;
unsigned int countStart, countEnd;
char error = 0;

#pragma vector=TIMERA1_VECTOR
__interrupt void TIMERA1 (void) {
  long  hilf;                  // Hilfsvariable

  TACCTL1 &= ~(CCIFG);         // lösche Interrupt-Flag
  countEnd = TACCR1;           // lese Ergebnis aus
  if (TACCTL1 & COV) {
    error++;                   // Periodendauer zu kurz
    TACCTL1 &= ~COV;           // Rücksetzen
  }

  if (countEnd >= countStart){
    periodendauer = countEnd - countStart;
```

```
    }
  else{                         // es gab einen Überlauf
    periodendauer = (unsigned int)((long)(countEnd)+ 0xFFFF
                                  - (long)(countStart));
    }
  countStart = countEnd;        // bereite neue Messung vor
}

void main(void) {
  WDTCTL = WDTPW + WDTHOLD; // Watchdog ausschalten
  BCSCTL2 = 0;              // wähle DCO für MCLK und SMCLK
  TACTL = TASSEL_2;         // Auswahl der SMCLK als Quelle
  TACCTL1 = CM_1 + SCS + CAP + CCIE;
                            // Auswahl Pin-Input, Capture-Mode
                            // und Interrupt-Enable
  TACTL |= MC_2;            // los gehts im Continuous-Mode
  _enable_interrupts();     // Interrupts aktivieren
  while (1) { }             // Endlosschleife
}
```

Listing 4.5: Bestimmung der Periodendauer eines Rechtecksignals an P1.2 mit Hilfe des Timers A im Capture-Mode

Compare-Funktion

Die Compare-Funktionalität wird dafür verwendet, den Status des Timerausgangs abhängig von einem Vergleich mit einem Referenzregister (TACCRx-Register) zu schalten. Dies kann man dazu verwenden z.B. zeitgesteuerte Ausgangssignale (PWM, siehe Kapitel 7.4) oder verschieden schnelle Zeitscheiben eines Echtzeitbetriebssystems zu erzeugen.
Um die Compare-Funktion auszuwählen, muss im TACCTLx-Register (vgl. Bild 4.7) das CAP-Flag gelöscht werden. Nun wird das Timer-Zählregister TAR kontinuierlich, ohne weiteres Zutun des Prozessors, über eine Komparatorlogik mit dem TACCRx-Register verglichen. Entspricht der Wert im TACCRx-Register dem Zählerstand, so wird das interne EQUx-Signal gesetzt. Mit ihm werden verschiedene Output-Modi des Timers ausgelöst. Gleichzeitig wird auch das entsprechende CCIFG-Flag gesetzt und, bei gesetztem CIE-Flag, ein Interrupt generiert. Als weitere Reaktion (dies gilt nur für Timer A) übernimmt das SCCI-Flag den Status des Capture/Compare-Input-Blocks (CCI, siehe Seite 80). Timer B hat stattdessen eine zusätzliche Auswertlogik, auf die wir aber erst in Kapitel 4.1.4 eingehen werden.

Jeder Capture/Compare-Kanal hat einen eigenen Ausgangspin. Dieser kann natürlich erst als Hardware-Ausgang genutzt werden, wenn die entsprechenden Port-Register (siehe Kapitel 2, PxSEL und PxDIR) richtig gesetzt sind. Eine komplexe Schaltlogik ("Output-Unit") definiert das Ausgangsverhalten. Insgesamt sind acht verschiedene Modi verfügbar, die durch die OUTMODx-Bytes im TACCTLx-Register definiert werden. Tabelle 4.8 zeigt eine Übersicht.
Das folgende Listing zeigt beispielhaft, wie der Timer A zur Erzeugung eines periodischen Rechtecksignals mit einstellbarer Frequenz, das an P1.1 abzugreifen ist, verwendet werden kann.

```
#include <msp430x16x.h>
uint periodendauer = 12000;       // gewählte Periodendauer

void main(void) {
  WDTCTL = WDTPW + WDTHOLD;       // Watchdog ausschalten

  P1DIR = BIT1;                   // konfiguriere Port
  P1SEL = BIT1;

  TACCR0 = periodendauer;         // Timer A konfigurieren
  TACCTL0 = OUTMOD_4;             // Toggle-Modus
  TACTL = TASSEL_2 + MC_1;        // wähle SMCLK und Up-Mode
  _BIS_SR(LPM0);                  // Low-Power-Modus 0
                                  // wir brauchen die CPU nicht
}
```

Listing 4.6: Erzeugen eines Rechtecksignals mit dem Timer A

Besseres Verständnis für das Ausgangsverhalten des Timers bekommt man, wenn man sich das Verhalten der verschiedenen Modi bei den unterschiedlichen Timer-Betriebsarten (siehe Kapitel 4.1.2) betrachtet. Bild 4.9 zeigt das Ausgangsverhalten für den Continuous-Mode (links) und den Up-Mode (rechts) für jeweils zwei Perioden. Das Ausgangsverhalten des Up/Down-Modes über zwei Perioden ist in Bild 4.10 exemplarisch skizziert.

OUTMODx	Mode	Beschreibung
000	Output	Der Ausgang entspricht direkt dem Wert des OUT-Bits im TACCTLx-Register
001	Set	Der Ausgang wird gesetzt, wenn der Timer bis zum Wert des TACCRx-Registers gezählt hat. Er behält seinen Zustand bis zu einem Reset des Timers.
010	Toggle/Reset	Der Ausgang wechselt seinen Zustand, wenn der TACCRx-Wert erreicht wird. Erreicht der Timer den TACCR0-Wert, erfolgt ein Reset.
011	Set/Reset	Der Ausgang wird gesetzt, wenn der TACCRx-Wert erreicht wird. Erreicht der Timer den TACCR0-Wert, erfolgt ein Reset.
100	Toggle	Der Ausgang wechselt seinen Zustand, wenn der TACCRx-Wert erreicht wird.
101	Reset	Der Ausgang wird gelöscht, wenn der Timer bis zum Wert des TACCRx-Registers gezählt hat. Er behält seinen Zustand bis zu einem Reset des Timers.
110	Toggle/Set	Der Ausgang wechselt seinen Zustand, wenn der TACCRx-Wert erreicht wird. Erreicht der Timer den TACCR0-Wert, wird der Ausgang gesetzt.
111	Reset/Set	Der Ausgang wird gelöscht, wenn der TACCRx-Wert erreicht wird. Erreicht der Timer den TACCR0-Wert, wird er gesetzt.

Tabelle 4.8: Konfiguration des Timer-Ausgangsverhaltens

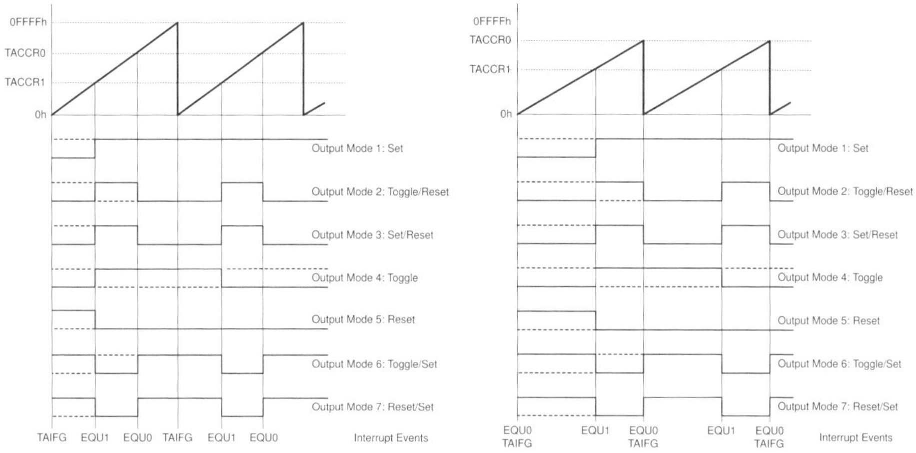

Bild 4.9: Ausgangsverhalten im Continuous-Mode (links) und Up-Mode (rechts) [Tex06c].

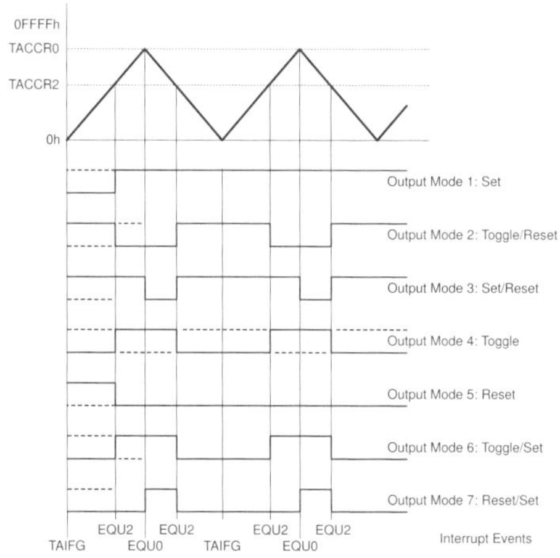

Bild 4.10: Ausgangsverhalten im Up/Down-Mode [Tex06c].

Eine weitere Anwendung des Timers, bei der die Mehrkanaligkeit voll ausgenutzt werden kann, ist die Ableitung verschiedener Systemtakte eines Echtzeitbetriebssystems aus einem Timerbaustein. Wenn man sich näher mit dem Thema Echtzeitbetriebssysteme und Datenkonsistenz beschäftigen möchte, sei z.B. das Buch von David E. Simon [Sim99] empfohlen. Im Folgenden sei hier nur ein kleines Beispiel dafür erklärt. In einem Echtzeitbetriebssystem sollen drei Tasks implementiert werden:

- schneller Task mit einer Frequenz von $128\,\mathrm{Hz}$ (FAST, höchste Priorität)
- langsamer Task mit einer Frequenz von $1\,\mathrm{Hz}$ (SLOW, mittlere Priorität)
- idle Task ohne Zeitsteuerung, wenn sonst nichts zu tun ist (IDLE)

Die Tasks FAST und SLOW werden in Interrupt-Routinen implementiert. Da der Task FAST höchste Priorität hat, muss er alle weniger prioren Tasks unterbrechen können. Dies wirft für den Fall des SLOW-Tasks ein gewisses Problem auf. In allen bisherigen Interrupt-Beispielen wurden Interrupts exklusiv verarbeitet und konnten nicht unterbrochen werden. Soll aber nun ein Interrupt durch einen weiteren Interrupt unterbrochen werden, muss man in der entsprechenden Interrupt-Routine einfach nochmals das Global-Interrupt-Enable-Bit setzen. Eine Grundvoraussetzung für das korrekte Funktionieren ist natürlich, dass die Interrupt-Funktionen auch in der Summe der Zeit abgearbeitet werden können.

```
#define CHRYSTAL 32768          // Frequenz
#define FAST_CNT CHRYSTAL/1024 // Counts für die FAST-Task
#define SLOW_CNT CHRYSTAL       // Counts für die SLOW-Task
#include  <msp430x16x.h>

void main(void)
{
  WDTCTL = WDTPW + WDTHOLD;    // Watchdog abschalten
  BCSCTL1 = 0;                 // ACLK = 32 kHz
  P1DIR |= BIT1+BIT0;          // P1.0 und P1.1 als Ausgang

  CCTL1 = CCIE;                // Interrupt für Kanal 1
  CCTL2 = CCIE;                // Interrupt für Kanal 2
  CCR1 = SLOW_CNT;             // Lege Task-Counter fest
  CCR2 = FAST_CNT;
  TACTL = TASSEL_1 + MC_2;     // ACLK und Continuos-Modus

  _enable_interrupts();        // Interrupts aktivieren
```

```
  while(1){
  IdleTask();                    // hier ist der IDLE-Task
  }
}

#pragma vector=TIMERA1_VECTOR
__interrupt void TIMERA1 (void) {
{ // Prüfe, ob Kanal 1 oder Kanal 2 den Interrupt
  // aufgerufen haben
  switch( TAIV )
  {
  case  2:                       // SLOW-Task hier
    {
      P1OUT ^= BIT0;             // Toggle P1.0
      CCR1 += SLOW_CNT;          // Zeitmarke für nächsten Aufruf
      _enable_interrupts();      // Fast-Task-Interrupt möglich
      SlowTask();
    } break;
  case  4:                       // FAST-Task hier
    {
     P1OUT ^= BIT1;              // Toggle P1.1
     CCR2 += FAST_CNT;           // Zeitmarke für nächsten Aufruf
     FastTask();
    } break;
  case 10: break;                // Timer-Overflow nicht verwendet
 }
}
```

Listing 4.7: Ein kleines Echtzeit-Tasksystem mit dem Timer A

4.1.4 Timer-B-Besonderheiten

In allen wesentlichen Funktionen gleichen sich Timer A und Timer B, einige wenige Unterschiede gibt es jedoch, auf die in diesem Kapitel eingegangen werden soll: Das Bild 4.11 zeigt das Timer-B-Kontrollregister. Die Bits 11-14, die beim Timer A noch unbenutzt waren, haben jetzt eine Funktion.

Einstellbare Registerlänge

Die Länge des Timers B ist auf 8, 10, 12 oder 16 Bit einstellbar. Dies erfolgt mit den CNTLx-Bits im Steuerregister. Tabelle 4.9 zeigt die entsprechende Zuordnung.

15	14	13	12	11	10	9	8
Unused	TBCLGRPx		CNTLx		Unused	TBSSELx	
rw(0)	rw(0)	rw(0)	rw(0)	rw(0)	rw(0)	rw(0)	rw(0)

7	6	5	4	3	2	1	0
IDx		MCx		Unused	TBCLR	TBIE	TBIFG
rw(0)	rw(0)	rw(0)	rw(0)	rw(0)	w(0)	rw(0)	rw(0)

Bild 4.11: Bitbelegung des Timer-B-Control-Registers TBCTL.

CNTL1	CNTL0	Länge Register	maximaler Wert
0	0	16-bit	TBR(max) = 0FFFFh
0	1	12-bit	TBR(max) = 0FFFh
1	0	10-bit	TBR(max) = 03FFh
1	1	8-bit	TBR(max) = 0FFh

Tabelle 4.9: Einstellbare Registerlänge für Timer B

Doppelt gepufferte Register

Die Timer-B-Capture/Compare-Register sind alle doppelt gepuffert. Somit können Schreib- und Lesekonflikte vermieden werden.

Gruppierung von Capture/Compare-Kanälen

Mit den TBCLGRP-Bits kann man mehrere Capture/Compare-Register des Timers zu gleicher Funktion zusammenfassen. Damit lassen sich z.B. PWM-Ausgaben mehrerer Kanäle exakt synchronisieren, siehe Tabelle 4.10.

Hochohmig schaltbare Ausgänge

Mit dem TBOUTH-Pin, der z.B. beim MSP430F1612 dem Pin 5.7 entspricht, können die Ausgangspins des Timers B in einen hochohmigen Zustand gesteuert werden. Hierzu muss ein HIGH-Signal an den Pin angelegt werden. Natürlich muss vorher in der Konfiguration des Pins 5.7 die entsprechende Funktion ausgewählt sein.

TBCL1	TBCL0	**Beschreibung**
0	0	Jedes TBCLx schaltet unabhängig
0	1	TBCL1+TBCL2 (TBCCR1 CLLDx Bits) TBCL3+TBCL4 (TBCCR3 CLLDx Bits) TBCL5+TBCL6 (TBCCR5 CLLDx Bits) TBCL0 unabhängig
1	0	TBCL1+TBCL2+TBCL3 (TBCCR1 CLLDx Bits) TBCL4+TBCL5+TBCL6 (TBCCR4 CLLDx Bits) TBCL0 unabhängig
1	1	TBCL0+TBCL1+TBCL2+TBCL3+TBCL4+TBCL5+TBCL6 (TBCCR1 CLLDx Bits bestimmen Verhalten)

Tabelle 4.10: Gruppierung der Timer-B-Capture/Compare-Kanäle

SCCI Bit-Funktion

Die SCCI-Bit-Funktion existiert nicht. Somit kann das CCI-Capture/Compare-Input-Signal nicht mehr intern synchronisiert ausgelesen werden. Dies ist aber Dank der schon erwähnten doppelt-gepufferten Register auch nicht mehr nötig

4.2 Watchdog-Timer

Mit dem Watchdog-Timer (deutsch: Wachhund) wird die komplexe Timer-Funktionalität des MSP430 erweitert. Die wesentliche Aufgabe dieses Timers besteht darin, die Systemfunktionen des Mikrocontrollers zu überwachen. Das heißt, es wird wie bei einem Zugführer einer Lokomotive regelmäßige Bedienung erwartet (sog. Totmannschalter). Bleibt diese aus, so kann davon ausgegangen werden, dass ein ungültiger Systemzustand eingetreten ist und entsprechend reagiert werden muss (RESET). Er ist beim Start des Controllers (zum Beispiel nach einem

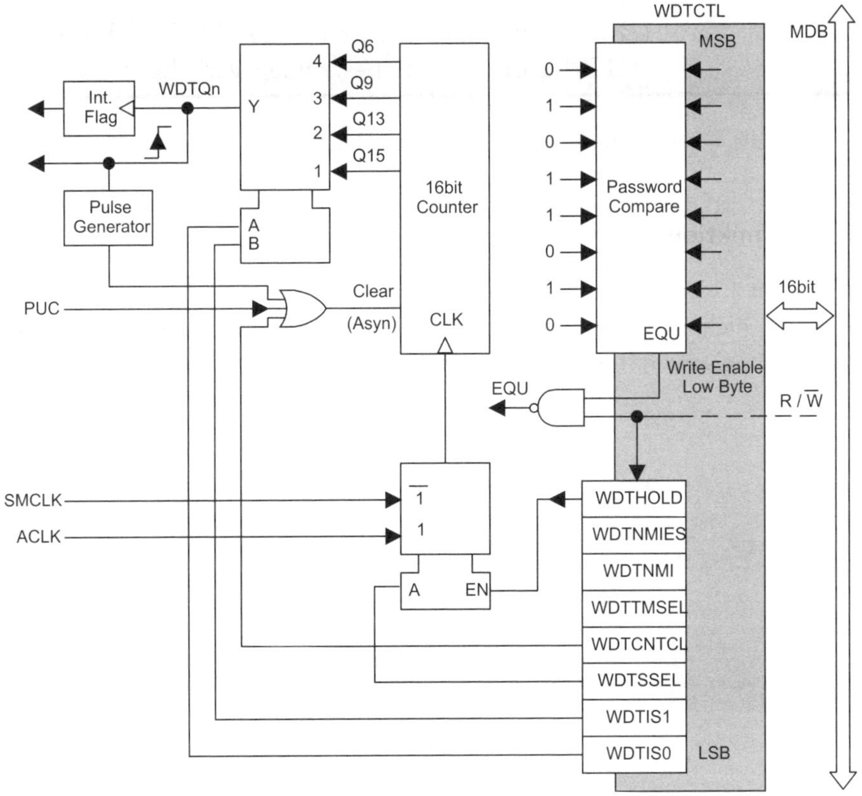

Bild 4.12: Blockschaltbild des Watchdog-Timers [Tex06c].

Power-On-Reset (POR)) **immer** eingeschaltet, so dass wir ihn in den Programmierbeispielen der vorherigen Kapitel immer gleich in der ersten Programmzeile deaktiviert haben.

Der Watchdog-Timer überwacht zunächst die Versorgungsspannung. Die Abarbeitung eines Benutzerprogramms erfolgt erst, nachdem sichergestellt ist, dass der Mikrocontroller ordnungsgemäß gestartet wurde. Bild 4.12 skizziert das Blockschaltbild des Watchdog-Timers. Wir werden im Folgenden auf die wichtigsten Funktionseinheiten näher eingehen.

4.2.1 Funktionalität

Die wesentliche Funktionalität des Watchdog-Timers kann man sich wie eine Art Reset-Generator mit einem Timeout vorstellen. Dabei verfügt der Watchdog-Timer über ein internes 16 Bit breites Zählregister WDTCNT, das per Software nicht direkt angesteuert werden kann. Bei jedem Takt von der dem Watchdog-Timer zugewiesenen Taktquelle wird das Zählregister inkrementiert. Bei einem Überlauf von WDTCNT löst der Watchdog-Timer einen Reset aus. Der Entwickler ist also gezwungen, das Register WDTCNT im Hintergrund regelmäßig, immer rechtzeitig vor einem Überlauf, auf 0 zu setzen. Dieses Rücksetzen des Watchdog-Timers sollte günstigerweise in einer Funktion durchgeführt werden, die regelmäßig aufgerufen wird, nachdem alle wichtigen periodischen Programmschritte ausgeführt wurden. In Task-gesteuerten Betriebssystemen wird dies zum Beispiel in der so genannten "idle loop" also der Schleife, die bis zum nächsten Event wartet, getan.

Im Umkehrschluss führt eine Endlosschleife in einem Programmteil oder eine überlange Auslastung eines Tasks dazu, dass der Prozessor nicht mehr auf neue Rechenanforderungen reagieren kann. Um diesen Zustand wieder kontrolliert verlassen zu können und ein dauerhaftes „Hängenbleiben“ des Mikrocontrollers zu verhindern, führt der Watchdog einen Reset aus. Damit erhält man wieder einen definierten Systemzustand und kann entsprechende Maßnahmen einleiten. Um nach dem Reset herauszufinden, ob der Watchdog der Auslöser war, kann man das WDTIFG-Bit im Interrupt-Flag-Register 1 (IFG1) abfragen. Ist es gesetzt, hat der Watchdog den Reset ausgelöst.

Watchdog-Funktionalität sollte immer dann eingesetzt werden, wenn sicherheitskritische Systeme (der Mikrocontroller muss auf kritische Zustände reagieren können) oder Systeme mit hoher Verfügbarkeit (selbst nach kapitaler Fehlfunktion wird wieder ein kontrollierter Zustand erreicht) entworfen werden sollen.

4.2.2 Watchdog-Timer-Control-Register

Der Timer lässt sich mit Hilfe des 16 Bit breiten *Watchdog-Timer-Control-Register, WDTCTL*, kurz WDTCTL, konfigurieren. Eine Besonderheit des Registers ist, dass der Schreibzugriff nur mit Hilfe des Watchdog-Passworts WDTPW (hexadezimaler Wert: 0x05A) erfolgen darf. Erfolgt ein schreibender Zugriff auf das Register WDTCTL mit einem von WDTPW abweichenden Passwort, löst der Watchdog einen Reset aus. So soll verhindert werden, dass der Watchdog-Timer unabsichtlich falsch konfiguriert wird.

15	14	13	12	11	10	9	8
Read as 069h WDTPW, must be written as 05Ah							

7	6	5	4	3	2	1	0
WDTHOLD	WDTNMIES	WDTNMI	WDTTMSEL	WDTCNTCL	WDTSSEL	WDTISx	
rw0	rw0	rw0	rw0	r0(w)	rw0	rw0	rw0

Bild 4.13: Bitbelegung des Watchdog-Timer-Control-Registers

Die Bitbelegung des WDTCTL-Registers ist in Bild 4.13 dargestellt. Aus der Abbildung geht hervor, dass der Wert WDTPW beim lesenden Zugriff auf das Watchdog-Timer-Control-Register den Wert 0x069 zurückgibt. Setzt man das Flag WDTHOLD, so wird der Watchdog-Timer gestoppt (vgl. Kapitel 4.2.2).

Das Flag WDTTMSEL bestimmt, in welchem Modus der Watchdog-Timer betrieben wird. Ist das Flag gelöscht, ist die oben beschriebene Watchdog-Funktionalität ausgewählt und jeder Überlauf führt zu einem Reset. Ist das Flag gesetzt, operiert der Watchdog im Wesentlichen wie ein normaler Timer und es wird kein Reset ausgelöst. Bei Überlauf wird das Watchdog-Interrupt-Flag (WDTIFG) im Interrupt-Flag-Register 1 (IFG1) gesetzt und es wird, sofern das WDTIE-Bit im Interrupt-Enable-Register 1 (IE1) gesetzt ist, ein Interrupt ausgelöst.

Mit WDTSSEL weist man dem Watchdog-Timer eine Taktquelle zu (0: SMCLK und 1: ACLK). Wie bei allen anderen Timern kann das Taktsignal der Quelle noch durch einen Vorteiler WDTISx gesteuert werden (Tabelle 4.11).

Mit den Flags WDTNMIES und WDTNMI kann man die Funktion des Reset-/NMI- Pins sowie die Watchdog-Funktion einstellen. Ist WDTNMI auf 0, führen sowohl Watchdog als auch das Nullsetzen des Reset-Pins zu einem Reset des Prozessors. Ist WDTNMI auf 1, wird ein NMI-interrupt ausgelöst (natürlich nur, wenn

WDTISx	Teiler
00	32768
01	8192
10	512
11	64

Tabelle 4.11: Vorteiler WDTISx für den Watchdog-Timer

das NMIIE-Bit im IE1-Register auch gesetzt ist). Das WDTNMIES-Bit bestimmt, ob der Interrupt bei steigender (WDTNMIES=0) oder fallender (WDTNMIES=1) Flanke ausgelöst wird.

Watchdog-Timer zurücksetzen

Das Flag WDTCNTCL ist ein logischer Schalter. Setzt man das Flag, so wird das Watchdog-Timer-Zählerregister WDTCNT auf 0 gesetzt. Das Flag wird danach automatisch wieder gelöscht. Das Watchdog-Timer-Zähleregister ist 16 Bit breit und kann nicht per Software ausgelesen werden.

Wenn der Watchdog-Timer den Systemstatus überwacht, muss das Zählerregister WDTCNT in regelmäßigen Abständen (und zwar schneller als die Zeit, die zum Überlauf von WDTCNT führt) gelöscht werden. Bei einem Überlauf löst der Watchdog sonst einen Reset aus. Ein Beispiel für eine Verwendung des Watchdog-Timers zeigt das folgende Listing 4.8

```
#include <msp430x16x.h>
void main()
{ // Watchdog-Timer konfigurieren:
  WDTCTL=WDTPW+WDTIS1;    // SMCLK/512

  while (1) {
  // ... hier weiterer Programmcode
  WDTCTL=WDTPW+WDTCNTCL; // Reset Watchdog
  }
}
```

Listing 4.8: Verwendung des Watchdog-Timers zur Überwachung

Watchdog-Timer ausschalten

Häufig kommt es zu einem zunächst unerklärlichen Reset bei der Abarbeitung eines Benutzerprogramms. In vielen Fällen wird dieser Reset durch den Watchdog-Timer ausgelöst. Das liegt vielfach daran, dass der Benutzer vergisst, den Watchdog-Timer zu den entsprechenden Zeitintervallen zurückzusetzen.

```
#include <msp430x16x.h>
void main()
{ // Watchdog-Timer ausschalten:
  WDTCTL=WDTPW+WDTHOLD;

  // ... hier weiterer Programmcode
}
```

Listing 4.9: Watchdog-Timer beim Programmstart stoppen

Vielen Anfängern ist gar nicht bewusst, dass diese Systemüberwachungsfunktion im Gegensatz zu den meisten anderen Mikrocontrollern per Default eingeschaltet ist. Daher wird der Watchdog-Timer häufig beim Programmstart im ersten Befehl gestoppt (Listing 4.9). So vermeidet man Fehler und das lästige Rücksetzen des Watchdog-Timers. Bei fast allen Beispielprogrammen in diesem Buch wird dies so gemacht.

4.3 Basic-Timer

Der Basic-Timer ist nicht auf allen MSP430-Varianten verfügbar. Zum Einsatz kommt er zum Beispiel auf dem MSP430F449. Er ist ein Relikt aus den ersten Modellen des MSP430 und im Vergleich zum Timer A/B auch längst nicht so leistungsfähig. Trotzdem ist auch er ein universeller Zeitgeber, mit dem man z.B. Kalender- und Uhr-Funktionen realisieren kann.

4.3.1 Initialisierung

Mit Hilfe des *Basic-Timer-Control-Registers* (Bild 4.14), dem BTCTL, lässt sich der Basic-Timer konfigurieren.
Mit BTSSEL und BTDIV wird festgelegt, von welcher Taktquelle - Sub-Main-Clock (SMCLK) oder der Auxiliary-Clock (ACLK) - der Basic-Timer, genauer das Zählregister BTCNT2, gesteuert wird. Die Auflistung der jeweiligen Bit-Einstellungen ist Tabelle 4.12 zu entnehmen.

7	6	5	4	3	2	1	0
BTSSEL	BTHOLD	BTDIV	BTFRFQx		BTIPx		
rw	rw	rw	rw	rw	rw	rw	rw

Bild 4.14: Aufbau des Basic-Timer1-Control-Registers.

BTSSEL	BTDIV	Taktquelle
0	0	ACLK
0	1	ACLK / 256
1	0	SMCLK
1	1	ACLK / 256

Tabelle 4.12: Auswahl der Taktquelle für den Basic-Timer

Der Basic-Timer verfügt über zwei mal acht Bit breite Zählerregister BTCNT1 und BTCNT2, die beim Interrupt-Aufruf des Timers inkrementiert werden. Mit Hilfe des BTHOLD-Flags im BTCTL-Register lässt sich der Timer stoppen. Ist das Flag gelöscht, zählt der Timer weiter. Ist das Flag gesetzt, wird das Register BTCNT2 nicht mehr verändert. Wenn BTDIV zudem noch gesetzt ist, wird darüber hinaus auch BTCNT1 nicht mehr verändert.

Mit den Bits BTIPx lässt sich die Interrupt-Frequenz des Timers steuern. Wenn alle Bits gelöscht sind, ist die Interrupt-Frequenz halb so groß wie die Frequenz der zugewiesenen Taktquelle. Sind dagegen alle Bits gesetzt, so ist die Interrupt-Frequenz 256 mal kleiner als die Frequenz der Taktquelle. Aus Tabelle 4.13 sind alle möglichen Interrupt-Frequenzen für den Betrieb des Basic-Timers mit SMCLK $= 1{,}048\,\mathrm{MHz}$ (DIV = 0, BTSSEL = 1) zu entnehmen.

Neben dem Betrieb mit der Sub-Main-Clock SMCLK, kann der Basic-Timer auch durch einen $32\,\mathrm{kHz}$ Quarz, verknüpft mit der Auxiliary-Clock ACLK, betrieben werden. Dafür muss, wie aus Tabelle 4.12 zu entnehmen ist, BTSSEL = 0 gesetzt werden. Mit BTDIV wird der Takt durch eins (BTDIV = 0) oder 256 (BTDIV = 1) vorgeteilt. Die Interrupt-Frequenz kann wie beim Betrieb mit der Sub-Main-Clock durch die BTIPx-Bits eingestellt werden (Tabelle 4.14).

Der Basic-Timer eignet sich nicht nur zur Programmierung einer internen Echtzeituhr, sondern ist z.B. auch in der Lage die Wiederholrate (bzw. Aktualisie-

BTIP2	BTIP1	BTIP0	Interrupt-Frequenz
0	0	0	524.288 kHz [1)]
0	0	1	262.144 kHz [1)]
0	1	0	131.072 kHz [1)]
0	1	1	65.536 kHz [1)]
1	0	0	32.768 kHz
1	0	1	16.348 kHz
1	1	0	8192 Hz
1	1	1	4096 Hz

Tabelle 4.13: Interrupt-Frequenzen für den Betrieb des Basic-Timers mit SMCLK = 1.048 MHz (DIV = 0, BTSSEL = 1).

[1)] Mit diesen Frequenzen kann kein Interrupt aufgerufen werden, da sie zu hoch sind.

rungsrate) eines LC-Displays zu steuern. Die LCD-Frequenz lässt sich mit Hilfe der Bits BTFRFQx, die einem Software-Teiler zwischen 32 und 256 entsprechen, einstellen.

4.3.2 Zählerregister

Der Timer verfügt über zwei jeweils acht Bit breite Zählerregister. Bild 4.15 verdeutlich deren Aufbau.

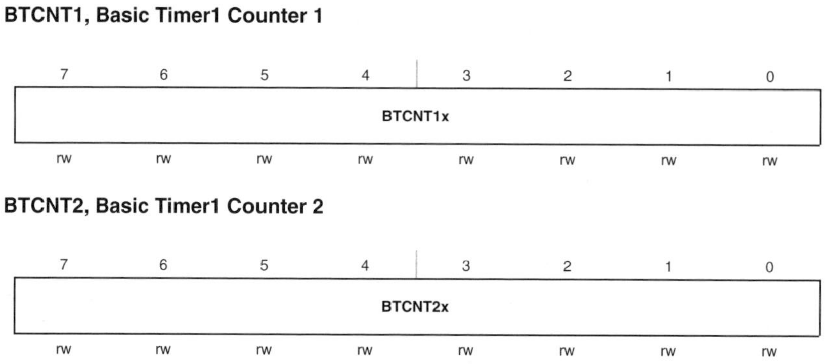

Bild 4.15: Aufbau der beiden Zählerregister BTCNT1 und BTCNT2.

BTIP2	BTIP1	BTIP0	Interrupt-Frequenz, DIV = 0	Interrupt-Frequenz, DIV = 1
0	0	0	16.348 kHz	64 Hz
0	0	1	8192 Hz	32 Hz
0	1	0	4096 Hz	16 Hz
0	1	1	2048 Hz	8 Hz
1	0	0	1024 Hz	4 Hz
1	0	1	512 Hz	2 Hz
1	1	0	256 Hz	1 Hz
1	1	1	128 Hz	0.5 Hz

Tabelle 4.14: Interrupt-Frequenzen für den Betrieb des Basic-Timers mit ACLK = 32.768 kHz.

BTCNT1

Das acht Bit breite Zählerregister BTCNT1 kann per Software vom Entwickler gelesen und beschrieben werden. Damit kann man zum Beispiel eine Zeitmessung entwickeln, indem zu Beginn der Messung der Timer mit 0 initialisiert wird und man am Ende der Messung den Wert von BTCNT1 auswertet. Das Zählerregister BTCNT1 wird unabhängig davon, aus welcher Taktquelle die Interrupt-Frequenz des Basic-Timers abgeleitet wird, immer mit der Auxiliary-Clock ACLK verknüpft. Das heißt, dass bei jedem Taktimpuls der Taktquelle ACLK BTCNT1 inkrementiert wird. Bei einer ACLK-Frequenz von 32.768 kHz erhält man mit dem BTCNT1-Register eine Auflösung von etwa $31\,\mu s$. Die Inkrementierung und damit der Zählvorgang kann gestoppt werden, indem man das Flag BTHOLD und BTDIV im Register BTCTL setzt.

BTCNT2

Anders als BTCNT1 kann man das Zählerregister BTCNT2 neben der Auxiliary-Clock auch mit der Sub- Main-Clock verknüpfen. Auf das Register lässt sich wie beim BTCNT1-Register per Software lesend oder schreibend zugreifen. Um den Zählvorgang im Register zu stoppen, muss das BTHOLD-Flag im Register BTCTL gesetzt werden. Die gestoppte Inkrementierung von BTCNT2 eignet sich zur Reduzierung des Energieverbrauchs.

4.3.3 Kombination zu einem 16-Bit-Timer

Ein Nachteil der Zeitmessung mit dem BTCNT1-Zählerregister ist die Tatsache, dass man bei einer Auxiliary-Clock-Frequenz von $32.768\,\mathrm{kHz}$ als längste messbare Zeit gerade einmal $7.8\,\mathrm{ms}$ erfassen kann. Eine Lösung bietet die Kombination der beiden Zählerregister BTCNT1 und BTCNT2. Dazu muss BTCNT2 so initialisiert werden, dass das Register bei jedem 256igsten Taktimpuls der Auxiliary-Clock inkrementiert wird, da BTCNT1 ja immer mit der Taktquelle ACLK verknüpft ist. Hierfür muss das Flag BTDIV im Register BTCTL gesetzt werden. Die Einstellung von BTSSEL ist optional, wie man aus Tabelle 4.12 entnehmen kann.
Bei einer Zeitmessung stehen dann die oberen acht Bits des Messwerts im Register BTCTN2. Die unteren acht Bits können aus Register BTCNT1 gelesen werden. Damit kann eine maximale Zeit von $2\,\mathrm{s}$ mit einer Genauigkeit von etwa $31\,\mu\mathrm{s}$ bei einer ACLK-Frequenz von $32.768\,\mathrm{kHz}$ gemessen werden.

4.4 Aufgaben

1. Welche verschiedenen Betriebsarten kennt der Timer B? Wozu brauche ich diese?

2. Erweitere die in den Aufgaben zu Abschnitt 2.5 entwickelte Ampelsteuerung so, dass die Grün- und Rotphase genau zehn Sekunden dauert und im Wechsel zwischen den Phasen genau eine Sekunde Gelb ist.

3. Wozu brauche ich den Watchdog-Timer?

4. Wozu besitzt der Timer A mehrere Capture/Compare-Kanäle?

5. Schreibe ein einfaches Task-System, das einmal pro Sekunde eine Funktion ausführt. Überwache die Betriebsbereitschaft mit dem Watchdog-Timer.

6. Schreibe ein Programm, das für eine Autorennbahn einen Rundenzähler mit Zeitmessung realisiert.

7. Wie kann ich einen 32-Bit-Timer realisieren?

5 Analoge Eingänge

In Kapitel 2 haben wir mit den digitalen I/O-Ports wichtige Schnittstellen eines Mikrocontrollers zu seiner Außenwelt kennengelernt. Mit Hilfe dieser bidirektionalen Ports ist es möglich, diskrete Zustände („An" und „Aus" dargestellt durch die entsprechenden Schwellspannungen für die im Controller implementierte binäre Logik) zu erfassen und auszugeben. Ein wichtiges Anwendungsgebiet für Mikrocontrollersysteme ist die Mess-, Steuer- und Regeltechnik, kurz MSR-Technik. Dabei erfasst das Controllersystem über Sensoren physikalische Größen, kodiert durch Spannungen, interpretiert und wertet die Messergebnisse aus und steuert bei Bedarf Aktoren. Üblicherweise liefern Sensoren analoge Ausgangspegel, die noch nicht in digitalisierter Form vorliegen. Um diese Werte messen zu können, benötigt der Mikrocontroller so genannte analoge Eingänge, kurz A/D-Eingänge. Das sind Eingänge des Mikrocontrollers, die es ermöglichen analoge Signale durch einen diskreten digitalen Wert mit einer hauptsächlich von der Hardware abhängigen Auflösung und Genauigkeit zu erfassen. Am Anfang dieses Kapitels beginnen wir zuerst mit den signaltheoretischen Grundlagen und den Funktionsprinzipien der A/D-Wandlung. Wer damit bestens vertraut ist und sich nur für die Umsetzung im MSP interessiert, sollte gleich zu Kapitel 5.3 blättern.

5.1 Theoretische Grundlagen

Es ist sinnvoll, wenn man einige Grundlagen der Analog-Digital-Wandlung kennt, bevor man die vom MSP430 zur Verfügung gestellten analogen Eingänge nutzt. Ein gutes Buch, das für das weitere Verständnis der signaltheoretischen Grundlagen empfohlen werden kann, ist das Standardwerk "zeitdiskrete Signalverarbeitung" von Oppenheim et.al.[OSB04].

Bei jeder Messung eines anlogen wert- und zeitkontinuierlichen Signals mit einem A/D-Eingang erhält man systematische Fehler. Die Ursachen dieser systematischen Fehler liegen darin, dass der Wert eines Signals als digitale Repräsentation einer reellwertigen Zahl dargestellt werden muss. Da Rechner und auch A/D-Wandler immer nur eine endliche Zahlendarstellung (z.B. 16 Bit) kennen, ist

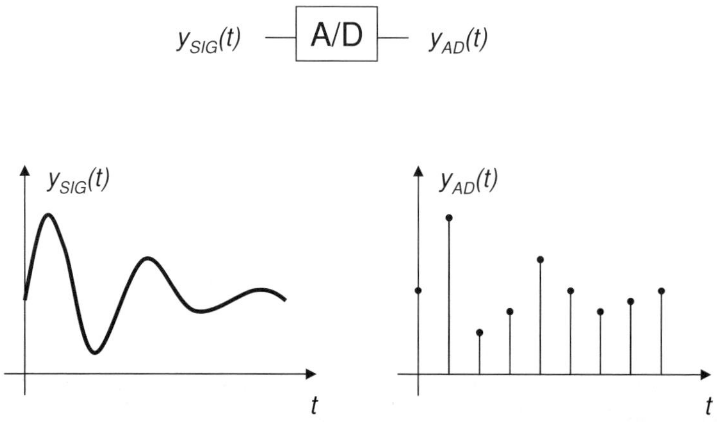

Bild 5.1: (a) Verlauf eines zeit- und wertkontinuierlichen Signals $y_{SIG}(t)$ aufgetragen über der Zeit t, (b) zeit- und wertdiskretes Signal $y_{AD}(t)$ nach der A/D-Wandlung.

die Anzahl der darstellbaren Werte begrenzt. Des Weiteren kann bei der A/D-Wandlung das Signal nur zu definierten Zeitpunkten, also nicht mehr zeitkontinuierlich erfasst und gespeichert werden. Das Signal ist damit sowohl wert- als auch zeitdiskret. Bei der Interpretation der Werte eines anlogen Eingangs sollten diese beiden Aspekte immer berücksichtigt werden, da man bei der Analog-Digital-Wandlung immer diesen Informationsverlust hat.

Bild 5.1 skizziert am Beispiel eines zeit- und wertkontinuierlichen Signals $y_{SIG}(t)$ das vom Mikrocontroller auswertbare zeit- und wertdiskrete Signal $y_{AD}(t)$ nach der A/D-Wandlung. Wie man erkennen kann, liegen die Messwerte quantisiert vor. Das heißt, der Wert ändert sich nur an definierten Zeitpunkten (Zeitdiskretisierung) und kann dann auch nur eine begrenzte Menge an möglichen diskreten Werten (Wertdiskretisierung) annehmen.

Das analoge Signal wird in 2^n Stufen (n = Bit-Auflösung des A/D-Wandlers) aufgelöst. Die Wandlung erfolgt immer in Bezug zu den Referenzspannungen des A/D-Wandlers, die die kleinste und größte umsetzbare Spannung darstellen. Somit ist die kleinste darstellbare Spannungsdifferenz $U_{LSB} = (U^+_{ref} - U^-_{ref})/2^n$. LSB steht hierbei für die Abkürzung **L**east **S**ignificant **B**it und entspricht der niedrigstwertigen Ziffer einer Binärzahl. In den meisten Fällen hat man einen uni-

polaren A/D-Wandler, dessen kleinste wandelbare Spannung $0\,\mathrm{V}$ und die größte Spannung U_{ref} beträgt. Bei dem 12-Bit-Wandler des MSP430F1612 mit einer Referenzspannung von 2.5 V beträgt U_{LSB} beispielsweise $0.6\,\mathrm{mV}$.
Die theoretische Obergrenze des erreichbaren Signal-zu-Rausch-Verhältnisses SNR (durch n-Bit-Diskretisierung des Wertes) ist etwa $1.76 + 6.02 \cdot n\,dB$. Diese Überschlagsrechnung erhält man, wenn man davon ausgeht, dass das Nutzsignal einer Sinusschwingung mit voller Amplitude entspricht. Dessen Effektivwert ist $U_{ref}/2 \cdot 1/\sqrt{2}$. Das Quantisierungsrauschen entsteht dadurch, dass das reale Signal ja nicht immer genau einer Quantisierungsstufe entspricht, sondern leicht (maximal $U_{LSB}/2$) davon abweicht. Geht man vereinfachend davon aus, dass diese Abweichungen gleichverteilt sind, kann man dieses Rauschen durch ein weißes Rauschen mit der Amplitude $U_{LSB}/2$ approximieren. Dessen Effektivwert entspricht etwa $U_{LSB}/\sqrt{(}12)$.
Zusammengefasst können wir nun das theoretische Maximum des Signal-zu-Rausch-Verhältnisses mit Gleichung 5.1 bis Gleichung 5.3 berechnen.

$$U_{Rausch,eff} \approx \frac{U_{LSB}}{\sqrt{12}} \quad (5.1)$$

$$U_{Signal,eff} = \frac{1}{2\sqrt{2}} \cdot 2^n\, U_{LSB} \quad (5.2)$$

$$SNR = 20\,\mathrm{dB} \log_{10} \frac{U_{Signal,eff}}{U_{Rausch,eff}} = 1,76 + n \cdot 6,02 \quad (5.3)$$

In Realität ist das erreichbare SNR sogar noch etwas schlechter, da die Amplitudenverteilung des Eingangssignals selten konstant der vollen Amplitude entspricht. Bei Musik ist die Amplitudenverteilung z.B. oft durch eine Gaussverteilung um einen Lautstärke-Mittelwert beschreibbar.

Die zeitliche Diskretisierung erfolgt mit der durch den Anwender vorgegebenen Abtastfrequenz $F_s = 1/T_0$. Jeder A/D-Wandler hat konstruktionsbedingt eine obere Grenze der Abtastfrequenz, die nicht überschritten werden kann. In vielen Fällen ist jedoch nicht einmal der A/D-Wandler sondern die nachfolgende digitale Verarbeitungskette der limitierende Faktor.
Nach dem Nyquist-Theorem muss ein Signal mit mindestens der doppelten Grenzfrequenz des bandbegrenzten Messsignals abgetastet werden, damit im digitalisierten Signal diese Information erhalten bleibt. Oder, anders ausgedrückt, die Abtastfrequenz muss mindestens doppelt so groß wie die größte Frequenz im Messsignal

sein. Diese Mindestfrequenz wird Nyquist- oder Shannon-Frequenz genannt:

$$f_{ab} \geq 2 \cdot f_G \tag{5.4}$$

Wird mit geringerer Frequenz abgetastet, als das Nyquist-Theorem dies erfordert, so kann es zu so genannten Aliasing-Effekten kommen, die sich durch dann entstehende Schwebungen bemerkbar machen, siehe Bild 5.2

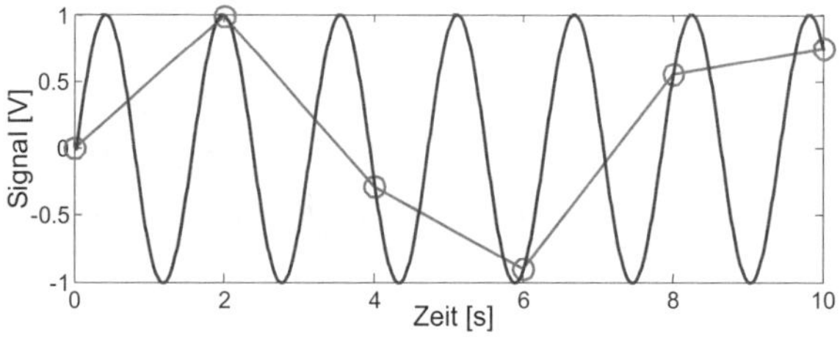

Bild 5.2: Durch Unterabtastung entstehende Schwebung, die im Original nicht enthalten ist.

In einem solchen Fall ist die zeitliche Information auf Dauer verloren und das Signal kann nicht mehr korrekt rekonstruiert werden. Bild 5.3 skizziert den Fall der Abtastung mit doppelter Grenzfrequenz (a) und den Fall der Unterabtastung (b) im Frequenzbereich. Der Aliasing-Effekt, also die Überlappung der abgetasteten Spektren des Messsignals, ist dabei im Frequenzspektrum (b) deutlich zu erkennen.

In der Praxis muss man immer damit rechnen, dass auch spektrale Anteile jenseits der Nyquist-Frequenz im Signal enthalten sind. So ist kein Nutzsignal wirklich streng bandbegrenzt und auch Rauschen ist immer vorhanden. Durch Einsatz eines so genannten Anti-Aliasing-Filters kurz vor dem Eingang des A/D-Wandlers kann man die Amplitude der möglichen Störungen jedoch auf Werte unterhalb der Auflösungsgenauigkeit begrenzen. Wichtige Eingangsparameter für den Filterentwurf sind hier die maximale Signalfrequenz F_{max} und die Abtastfrequenz F_s. Bei F_{max} soll das Nutzsignal noch ohne Dämpfung durchgelassen werden. An der Stelle F_s - F_{max} muss das Signal um $20 \log 2^n = n \cdot 20 \log 2 \approx n \cdot 6\ dB$ gedämpft werden. Dies ist damit so weit abgeschwächt, dass das niedrigste Bit des Wandlers ab dieser Frequenz nicht mehr durch das gefilterte Signal beeinflusst werden kann. Der Abstand von F_s und F_{max} voneinander nimmt hierdurch wesentlichen Einfluss auf Ordnung und Architektur des eingesetzten Anti-Aliasing-Filters. Je näher

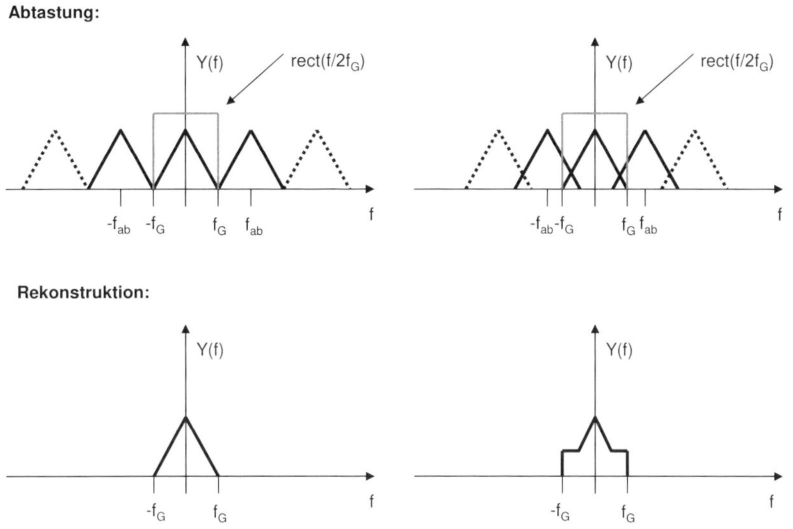

Bild 5.3: Frequenzspektrum eines abgetasteten Messsignals und dessen Rekonstruktion im Frequenzbereich für (a): Abtastung nach dem Nyquist-Theorem und (b): Unterabtastung

beide beieinander liegen, desto steilflankiger (und damit komplexer) muss das entsprechende Anti-Aliasing-Filter ausgelegt werden. Um den Hardware-Aufwand für das Filter zu verringern, sollte deshalb immer mit möglichst großer Frequenz abgetastet werden. Für das Design und die Hardware-Realisierung analoger Anti-Aliasing-Filter sei hier das Buch von Tietze-Schenk [TSG02] empfohlen.

Eine schnellere Abtastung als nötig trägt zudem zu einer größeren Genauigkeit der Messwerte bei. Das Quantisierungsrauschen ist gleichverteilt im Bereich $0 \ldots F_s/2$. Bei einer Verteilung der Rauschleistung auf einen größeren Frequenzbereich durch Oversampling (Fläche unter der Kurve bleibt gleich, Bild 5.4) kann das SNR durch nachfolgende digitale Filterung weiter erhöht werden (es werden ja nur das Quantisierungsrauschen und die Störungen weggefiltert).

Im Idealfall führt dies zu einer Verbesserung des SNR um $3\,\mathrm{dB}$ pro Verdopplung der Abtastrate. Will man die Auflösung eines n-Bit-A/D-Wandlers auf m Bit erhöhen, muss man also dafür mit $4^{(m-n)}$-facher Frequenz abtasten. Um Beispielsweise die Auflösung des eingebauten 10-Bit-Wandlers auf 12 Bit zu erhöhen, ist somit ei-

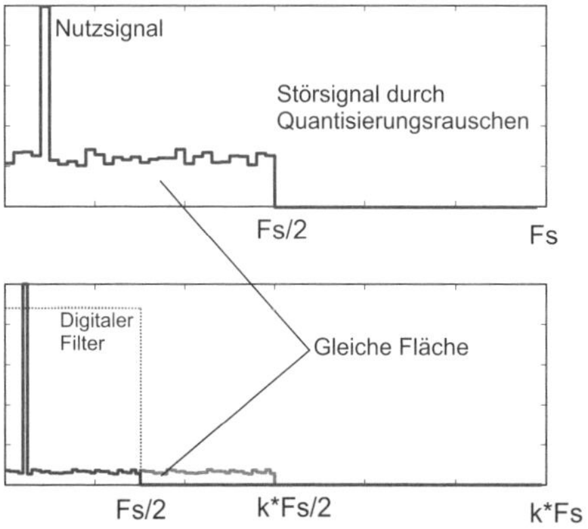

Bild 5.4: Verteilung der Rauschleistung durch Oversampling und Verbesserung des SNR durch digitale Filterung

ne 16-fache Überabtastung notwendig. Damit man in den Gewinn der höheren Auflösung kommt, muss man anschließend mit einem digitalen Filter die höheren spektralen Anteile ausfiltern. Im Anschluss daran kann dann zusätzlich noch die Abtastfrequenz auf eine niedrigere Samplefrequenz verringert werden (sog. Downsampling). Dies reduziert den Datenstrom und schont die Rechenressourcen der nachgeschalteten Signalverarbeitung.

Der digitale Filterentwurf ist ein eigenes Thema und soll in diesem Buch nicht weiter vertieft werden. Ausführlich kann man dieses zum Beispiel im Buch von Oppenheim [OSB04] nachlesen. An dieser Stelle sei nur eine sehr einfache Filterung ausgeführt, der so genannte Mittelwertfilter. Jedes Sample des reduzierten Datenstroms wird dabei aus dem Mittelwert mehrerer Originalsamples gebildet. Bleiben wir bei dem Beispiel des 10-Bit-Wandlers, müssen wir also $4^{(12-10)} = 16$ A/D-Werte summieren. Da jeder einzelne A/D-Wert 10 Bit breit ist, ist die Summe der A/D-Werte 14 Bit breit:

$$2^{10} \cdot 16 = 16384 = 2^{14} \tag{5.5}$$

Die untersten beiden Bits haben keinen weiteren Informationsgehalt und können nach Division durch den Oversampling-Faktor (hier im Beispiel 2^{n-m}) entfernt werden. Alternativ kann man statt einer Division auch einfach das Ergebnis durch $n - m$ Rechts-Shifts berechnen, vorausgesetzt der Oversampling-Faktor ist eine Zweierpotenz. Das Prinzip des Oversamplings wird in Pseudocode in Listing 5.1 verdeutlicht.

```
int oversampling()
{
  int sum, i, sum12;
  sum = 0;
  for(i=1;i<=16;i++) {
    sum += ADWert(); // Summiere alle 10-Bit-A/D-Werte
    }
  // In sum ist nun eine 14 Bit breite Summation
  // der A/D-Werte abgelegt.
  // Berechne aus dem 14 Bit breiten einen 12 Bit breiten Wert:
  sum12 = sum / 4;        // alternativ: sum12 = sum>>2;
  return sum12;           // Rückgabe von sum12
}
```

Listing 5.1: Oversampling Pseudo-Code

Gleichzeitig zur Mittelwertbildung erfolgt in diesem Pseudocode auch eine Reduktion der Abtastfrequenz. Streng genommen bedarf es hier eines Aliasing-Filters mit entsprechender Flankensteilheit, der durch die Mittelwertbildung (als FIR-Filter mit gleichen Koeffizienten interpretierbar) nicht gegeben ist. Sieht man einen analogen Aliasing-Filter vor, entworfen für die niedrigere Abtastfrequenz, muss nur noch das Abtastrauschen im digitalen Aliasing-Filter entsprechend bedämpft werden, was durch den Mittelwert-FIR-Filter aber ausreichend gelingt.

Die Anwendung von Oversampling bedeutet nicht immer, dass die Messung tatsächlich besser wird. Der MSP430 verfügt über A/D-Wandler mit einer Auflösung von 10 Bit bzw. 12 Bit. Für die meisten praktischen Anwendungen reicht diese Auflösung aus. In realen Anwendungen muss das analoge Signal-zu-Rausch-Verhältnis erst einmal besser als diese Auflösung werden (immerhin $> 72\,\mathrm{dB}$, das heißt bei $1\,\mathrm{V}$ Signal-Vollausschlag weniger als $0.2\,\mathrm{mV}$ Rauschen! Nur mit den teuersten Oszilloskopen kann man so etwas überhaupt darstellen), bevor sich die Investition in einen höher auflösenden Wandler überhaupt lohnt. Meist ist die schaltungstechnische Auslegung der Sensoren und der Messkette diesbezüglich wesentlich kritischer. Darüber hinaus lässt sich beim MSP430 mit Hilfe der Referenzspannung die Größe einer Quantisierungsstufe exakt auf die auftretenden Spannungspegel einstellen, was gleichermaßen die real erreichbare Genauigkeit und Auflösung des Wandlers steigert.

5.2 Prinzipien der A/D-Wandlung

Im Folgenden sollen kurz die gängigsten Prinzipien der A/D-Wandlung vorgestellt werden. Viele dieser Prinzipien können (entweder direkt oder indirekt) auch mit dem MSP430 umgesetzt werden.

5.2.1 Parallelumsetzung

Die einfachste Realisierung eines A/D-Wandlers ist ein Parallelumsetzer. Das Prinzip dieser A/D-Wandlung basiert darauf, dass man für jede Quantisierungsstufe eine Referenzspannung generiert. Diese Referenzspannungen werden mit der zu erfassenden Spannung U_E mit Hilfe von Komparatoren parallel verglichen. Wenn U_E größer als die entsprechende Referenzspannung der Quantisierungsstufe ist, liefert der Komparator den Zustand 1. Ist die Spannung U_E dagegen kleiner, liefert der Komparator den Zustand 0. Die Komparatorzustände müssen mit einer entsprechend ausgelegten Logik, einem so genannten Prioritätsdecoder ([TSG02] und [Feh07]), in eine binäre Zahl umgewandelt werden.
Schaltet man den Prioritätsdecoder direkt nach den Komparatoren, stellt man insbesondere bei zeitlich veränderlichen Messspannungen eine Vielzahl von fehlerhaften A/D-Werten fest, die weit über der akzeptablen Messungenauigkeit liegen können. Dieser Fehler basiert unter anderem darauf, dass die Signallaufzeiten der Komparatoren und des Prioritätsdekoders nicht gleich sind. Zumindest den Ungenauigkeiten des Prioritätsdekoders kann man vorbeugen, indem man diesem flankengetriggerte D-Flipflops vorschaltet und so die Komparatorzustände synchron verarbeiten kann (digitale Sample-and-Hold-Stufe). Das schaltungstechnische Prinzip eines 3-Bit-Parallelumsetzers ist in Bild 5.5 dargestellt. Das Ergebnis der A/D-Wandlung liegt dabei in Form der Bits B0, B1 und B2 nach dem Prioritätsdecoder vor. Die Widerstände wählt man mit $R_x = R$ (mit $x = 1...6$) und $R_{GND} = R_{REF} = R/2$.
Das Verfahren der Parallelumsetzung zeichnet sich dadurch aus, dass es für hohe Abtastfrequenzen eingesetzt werden kann. Damit erhält man eine hohe Bandbreite des A/D-Wandlers. Ein Nachteil ist der hohe schaltungstechnische Aufwand, insbesondere dann, wenn man die Auflösung des A/D-Wandlers erhöhen will. So steigt die Anzahl der benötigten Komparatoren exponentiell mit der Anzahl der Bits zur Darstellung des Signals [TSG02]. A/D-Wandler, die auf dem Prinzip der Parallelumsetzung basieren, werden daher in der Regel für Anwendungen mit hohen Abtastfrequenzen bei einer niedrigeren Auflösung eingesetzt.

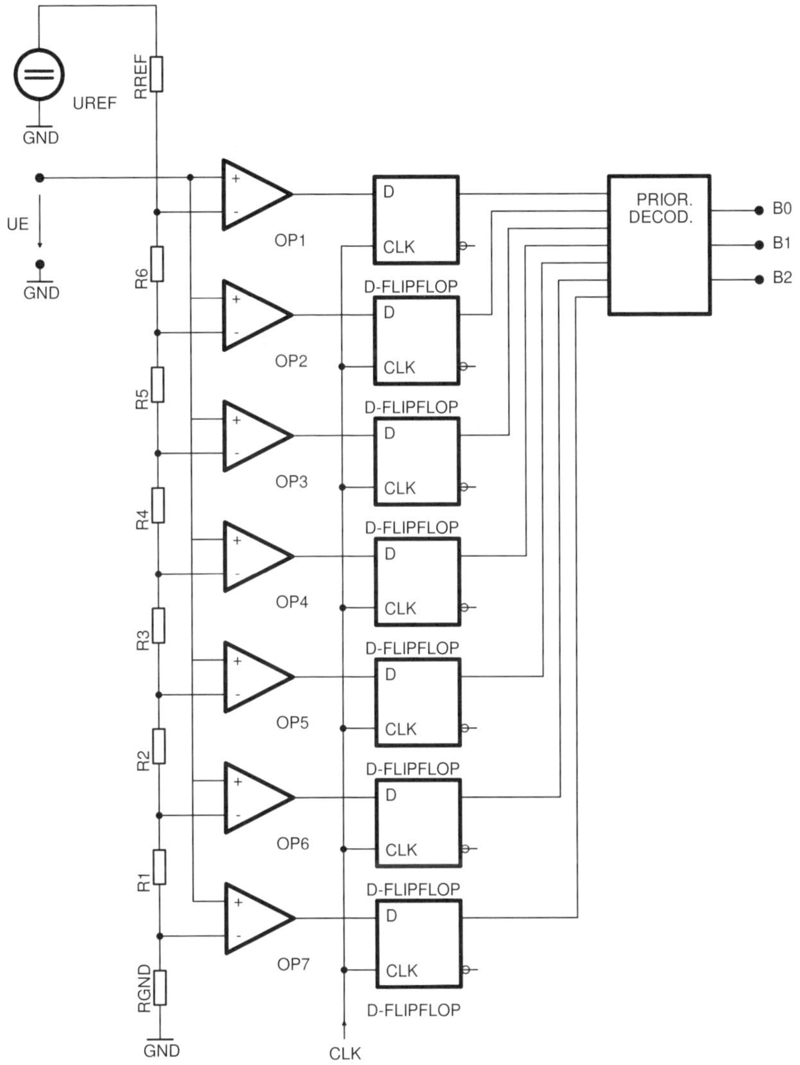

Bild 5.5: Prinzip eines 3-Bit-Parallelumsetzers

5.2.2 Wägeverfahren

Beim Wägeverfahren bzw. Zählverfahren werden, anders als beim Verfahren der Parallelumsetzung, die Referenzspannungen der Quantisierungsstufen sukzessive und damit nicht gleichzeitig für den Vergleich mit der zu erfassenden Spannung U_{SIG} erzeugt.
Eine schaltungstechnische Realisierung des Wägeverfahrens ist in Bild 5.6 dargestellt. Ein Abtast-Halte-Glied (Sample-and-Hold, „SAH“) hält die zu erfassende Spannung während der A/D-Wandlung zunächst konstant. Dies ist notwendig, da die Quantisierung wie gesagt ja nicht sofort und gleichzeitig erfolgt, sondern sequentiell.

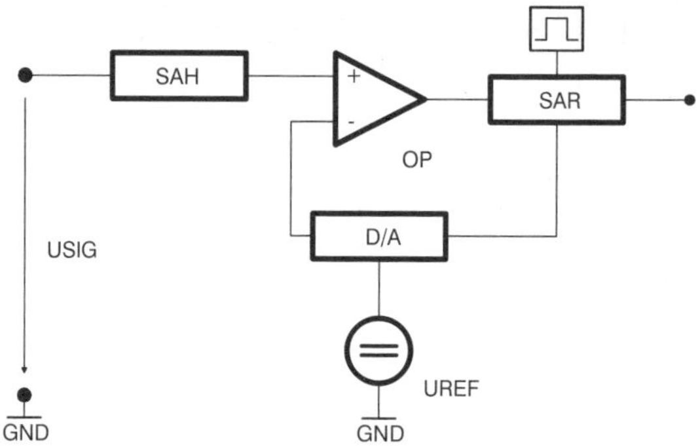

Bild 5.6: Schaltung eines A/D-Wandlers auf Grundlage des Wägeverfahrens

Die Referenzspannung wird mit Hilfe eines Digital-Analog-Wandlers („D/A-Wandler“) erzeugt und dann mit der nach dem Abtaste-Halte-Glied anliegenden Spannung durch einen Komparator verglichen. Den Zustand des Komparators wertet das so genannte *Successive-Approximation-Register*, kurz SAR-Register aus.
Begonnen wird mit dem höchstwertigen Bit. Dies wird testweise im SAR-Register und damit auch im D/A-Wandler gesetzt und der enstehende analoge Referenzwert mit der Eingangsspannung verglichen. Ist der Vergleichswert höher, wird das Bit im SAR-Register gelöscht, wenn nicht, bleibt es gesetzt. Nun erfolgt der Test mit dem nächsten Bit, so lange, bis jedes Bit einmal geprüft wurde. Das Ergebnis der Wandlung steht demnach nach n Schritten im SAR-Register zur Verfügung und kann dort ausgelesen werden. Zur Steuerung der Taktfolge wird ein Taktsignal benötigt, das die zeitliche Abfolge der Vergleichsoperationen auslöst.

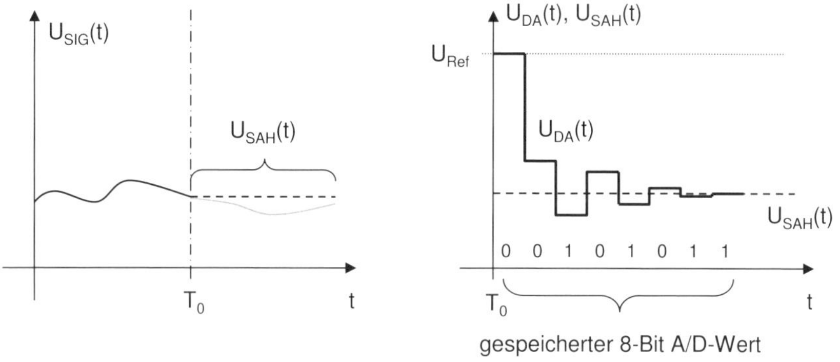

Bild 5.7: A/D-Wandlung mit Hilfe des Wägeverfahrens.

Bild 5.7 skizziert diesen Vorgang nochmals grafisch. Zunächst wird das zu erfassende Signal $U_{SIG}(t)$ zum Zeitpunkt T_0 durch das Abtast-Halte-Glied konstant gehalten: $U_{SAH}(t \geq T_0) = U_{SIG}(T_0) = const.$ Das Signal wird dann sukzessive durch die D/A-Wandler- Spannung $U_{DA}(t)$ approximiert.
Das Wägeverfahren benötigt nur relativ wenige und einfache Komponenten und damit im Vergleich weniger schaltungstechnischen Aufwand als die Parallelumsetzung. Daher wird es vielfach für Low-Cost-A/D-Wandler eingesetzt. Ein Nachteil ist, dass die erreichbaren Abtastfrequenzen durch den iterativen Prozess und die erforderlichen Einschwingzeiten von Komparator und D/A-Wandler limitiert sind.

5.2.3 Rampenverfahren

Anders als beim Wägeverfahren wird das zu erfassende Signal beim Rampenverfahren nicht *direkt* ausgewertet, sondern *indirekt* durch eine dazu äquivalente Größe: der Zeit. Das Rampenverfahren ist damit im Gegensatz zur Parallelumsetzung und zum Wägeverfahren eine indirekte Methode zur A/D-Wandlung. Ein Problem des im vorigen Abschnitt beschriebenen Wägeverfahrens ist der hohe Anspruch an die Genauigkeit des D/A-Wandlers zur Erzeugung der Referenzspannungen der Quantisierungsstufen. Die im Folgendem beschriebenen Rampenverfahren umgehen dieses Problem, indem der D/A-Wandler durch eine Integration einer konstanten Referenzspannung ersetzt wird und stattdessen Integrationszeiten t_m ausgewertet werden.

Wie wir im Folgenden noch sehen werden, werden Single- und Dual-Slope-A/D-Wandler auf Grund der limitierten Abtastfrequenz bei gleichzeitig sehr einfachem Aufbau bevorzugt im untersten Low-Cost-Segment bei einfachsten Anforderungen an die A/D-Wandlung verwendet.

Single-Slope-Verfahren

Beim Single-Slope- oder auch Ein-Rampen-Verfahren wird die Zeit gemessen, die benötigt wird, bis die vom Integrator gelieferte Spannung größer oder gleich der zu erfassenden Signalspannung ist. Unter der Voraussetzung, dass der Spannungsanstieg durch Integration linear erfolgt, sind Zeit und Spannung zueinander proportional. Das schaltungstechnische Prinzip des Single-Slope-Verfahrens ist in Bild 5.8 dargestellt. Die Messzeit t_m wird mit Hilfe eines Zählerregisters CNT

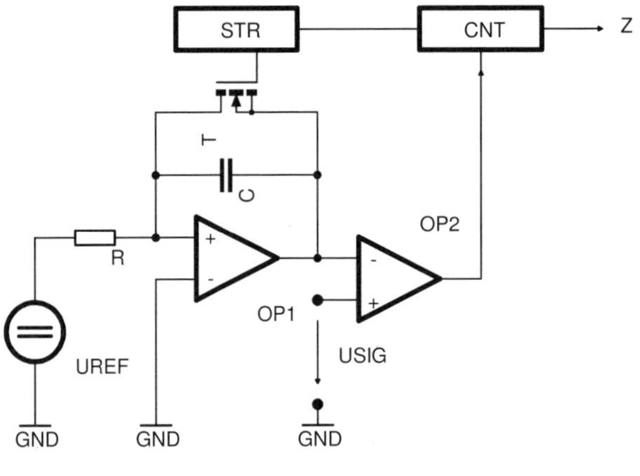

Bild 5.8: Schaltungstechnisches Prinzip des Single-Slope-Verfahrens.

bestimmt, indem die Impulse eines Rechteck- oder Impulsgenerators seit Start der Integration gezählt werden. Wenn die Signalspannung der Spannung des Integrators entspricht, leitet der Komparator den Zustand 1 an das Zählerregister CNT weiter. Daraufhin wird der Zählvorgang abgebrochen und das zur Eingangsspannung äquivalente digitale Wort Z kann an die nachfolgende Peripherie oder einen Mikroprozessor weitergegeben werden. Außerdem sendet das Zählerregister einen Impuls an die Steuereinheit STR, die dafür sorgt, dass der Kondensator C entladen und der Integrator wieder in den Grundzustand zurückgeführt wird, um eine erneute A/D-Wandlung vornehmen zu können.

$$U_{Int} = \int_0^t \frac{1}{RC} U_{Ref} dt = \frac{t}{RC} \cdot U_{Ref} \stackrel{!}{=} U_{SIG} \tag{5.6}$$

$$t_1 = RC \cdot \frac{U_{SIG}}{U_{Ref}} \tag{5.7}$$

Sind R und C sowie die Referenzspannung bekannt, kann über eine Messung der Zeit die Signalspannung quantifiziert werden. Die theoretisch erreichbare Auflösung bei gegebener Abtastfrequenz hängt dabei von der Dimensionierung des Widerstands R und des Kondensators C, aber insbesondere auch von der Breite des Zählerregisters CNT sowie dessen Taktfrequenz ab.

$$f_{0,max} = \frac{f_{CNT}}{2^n} - \frac{1}{T_{Latenz}} \tag{5.8}$$

Die zusätzliche Latenzzeit T_{Latenz} resultiert daraus, dass am Ende der Wandlung der Kondensator entladen werden muss, bevor eine neue Messung beginnen kann. Bei einer Taktfrequenz von $100\,\mathrm{MHz}$ und einer Auflösung von 12 Bit wäre immerhin eine Abtastfrequenz von fast $25\,\mathrm{kHz}$ möglich. In der Regel können hochfrequente Impulse sehr gut gezählt werden. Mit dem Ein-Rampen-Verfahren ist es daher möglich, sehr einfache und kostengünstige A/D-Wandler zu bauen. Ein Nachteil ist, dass sowohl die Referenzspannung als auch die Komponenten R und C das Wandlungsergebnis beeinflussen. Speziell letztere sind z.B. bei Temperaturveränderungen alles andere als konstant.

Dual-Slope-Verfahren

Das Dual-Slope-Verfahren oder auch Zwei-Rampen-Verfahren ist eine sehr häufig verwendete Methode zur A/D-Wandlung. Der Vorteil dieses Verfahrens ist der schaltungstechnisch geringe Aufwand und die Möglichkeit, hohe Auflösung im Vergleich zum Wägeverfahren zu erreichen. Anders als beim Single-Slope-Verfahren wird beim Dual-Slope-Verfahren sowohl eine Referenz- als auch die Eingangsspannung integriert. Dadurch kann man den Einfluss des Widerstands R und des Kondensators C auf die A/D-Wandlung elimieren. Dies ist speziell zur Kompensation temperaturbedingter Änderungen dieser Komponenten sehr gut geeignet.

Beim Zwei-Rampen-Verfahren wird zunächst die Signalspannung U_{SIG} für eine bestimmte Zeit t_1 integriert. In Bild 5.9 wird die Integration durch die steigende

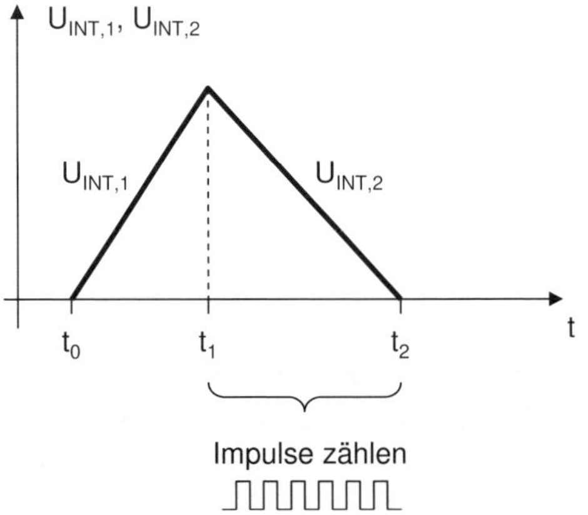

Bild 5.9: Integration der Signalspannung und der gegenphasigen Referenzsspannung beim Dual-Slope-Verfahren.

Spannung $U_{Int,1}$ dargestellt. Nach der Zeit t_1 schaltet das Steuerwerk („STR") auf die gegenphasig zur Signalspannung gepolte Referenzspannung $-U_{Ref}$, welche nun ebenfalls integriert wird. Die dem Integral entsprechende Spannung ist $U_{Int,2}$. Ab dem Zeitpunkt t_1 wird so lange die Zeit gemessen, bis die Spannung $U_{Int,2}$ durch den Nulldurchgang geht. Damit gilt:

$$U_{Int,1} = \int_0^{t_1} \frac{1}{RC} U_{SIG} dt = \frac{t_1}{RC} \cdot U_{SIG} \tag{5.9}$$

$$U_{Int,2} = U_{Int,1} - \int_{t_1}^{t_2} \frac{1}{RC} U_{Ref}\, dt = U_{Int,1} - \frac{(t_2 - t_1)}{RC} \cdot U_{Ref} \tag{5.10}$$

Beim Schalten des Komparators wird

$$U_{Int,2} = 0. \tag{5.11}$$

$$\Rightarrow U_{SIG} = \frac{(t_2 - t_1)}{t_1} \cdot U_{Ref} \tag{5.12}$$

Die Zeit t_1 ist fest eingestellt und immer konstant. So lange U_{SIG} kleiner als U_{Ref} bleibt, ist $t_2 - t_1 < t_1$. Damit kann man das Zählerregister („CNT") bis zu einem vorher festgelegten Zählwert hochzählen lassen, am besten genau bis zur Zweierpotenz, die der gewünschten Bit-Auflösung entspricht. Die Zeitdifferenz $t_2 - t_1$

wird dann einfach durch Herunterzählen von diesem Zahlenwert und anschließender Zweierkomplement-Umrechnung gemessen. Die daran anschließende Division durch t_1 muss nicht einmal durchgeführt werden, da das Wandlungsergebnis ja nicht auf 1 normiert werden muss. Nach einem Zählzyklus wird das Ergebnis an die nachgeschaltete Peripherie oder den Mikroprozessor weitergeleitet. Das schaltungstechnische Prinzip des Dual-Slope-Verfahrens ist in Bild 5.10 dargestellt.

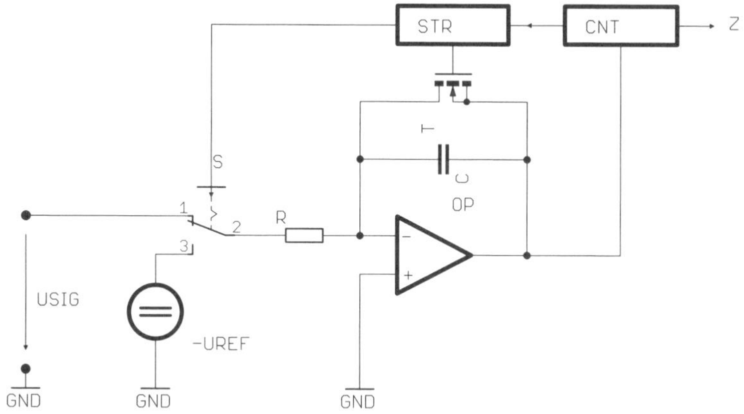

Bild 5.10: Schaltungstechnisches Prinzip des Dual-Slope-Verfahrens.

Das Steuerwerk STR schließt am Ende der Wandlung den Kondensator C kurz, um den Wandler so in den Anfangszustand für eine erneute Messung zurückzuversetzen.

5.2.4 Spannungs/Frequenz-Verfahren

Da Frequenzen mit digitalen Schaltungen recht einfach gemessen werden können, kann man eine A/D-Wandlung auch über eine Hilfsgröße wie die Frequenz eines Hilfssignals realisieren. In einem Spannungs/Frequenz-Umsetzer (U/F-Wandler) wird die Spannung durch eine Kombination aus einem Integrator und einem Schmitt-Trigger in eine Frequenz umgewandelt, Bild 5.11. Die Frequenzmessung selbst ist recht einfach durch einen Zähler und einen Zeitgeber zu realisieren. Dabei hat man zwei Möglichkeiten: Entweder gibt der Zeitgeber die Torzeit vor, in der die eingehenden Impulse des U/F-Wandlers gezählt werden (Signale hoher Frequenz) oder der U/F-Wandler bestimmt die Torzeit und die Impulse des

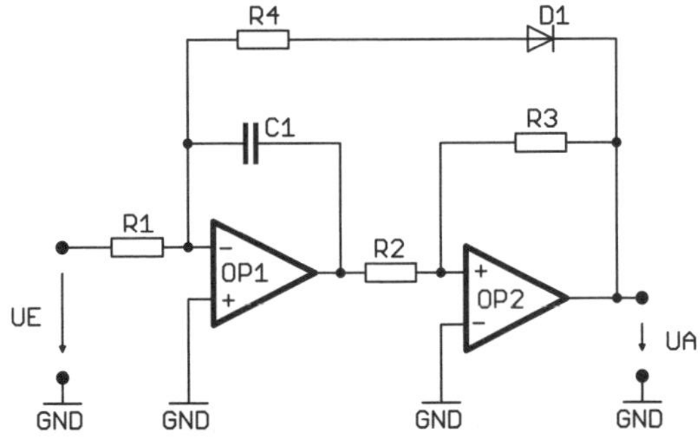

Bild 5.11: Schaltungstechnische Realisierung eines einfachen U/F-Wandlers.

Zeitgebers werden gemessen (Signale niedriger Frequenz). Wichtig ist dabei, dass die Torzeit deutlich größer als die Periodendauer des Zählsignals ist, damit so auch eine entsprechende Auflösung der A/D-Umsetzung erreicht werden kann. Auf der anderen Seite entspricht die Torzeit der Abtastfrequenz der gesamten Wandleranordnung. Auflösung und Torzeit sind zueinander proportional, Gl. 5.13.

$$Auflösung = 2^n = \frac{T_{Tor}}{T_{Impuls}} \tag{5.13}$$

Für die Frequenzmessung kann natürlich auch ein MSP verwendet werden, wie wir es in Kapitel 4 als Beispiel ja schon gesehen haben.

5.2.5 Sigma-Delta-Wandler

Wie wir in der theoretischen Einleitung (Kapitel 5.1) ja schon erörtert haben, kann man bei einem A/D-Wandler durch Oversampling die Auflösung erhöhen. Das Quantisierungsrauschen ist gleichverteilt im Bereich $0...F_S/2$. Durch Oversampling verteilt sich dieses auf einen größeren Frequenzbereich (die Signalenergie des Quantisierungsrauschens bleibt gleich), so dass man durch nachfolgende digitale Filterung des oberen Frequenzbereiches nur das Quantisierungsrauschen wegfiltern und so das Signal-zu-Rausch-Verhältnis SNR entsprechend verbessern kann. Bei Verdoppelung der Abtastfrequenz F_S erreicht man ideal eine Verbesserung des SNR um $3\,\mathrm{dB}$ ($= 3\,\mathrm{dB}$/Oktave). Prinzipiell kann man dieses auch auf die Spitze treiben und nur einen 1-Bit-Wandler (Komparator) verwenden und die Auflösung alleine durch Oversampling erzeugen. Dieses Prinzip wird in einem Sigma-Delta-Wandler umgesetzt. Die direkte Umsetzung einfach mit einem

Komparator scheitert jedoch daran, dass eine wesentliche Voraussetzung nicht erfüllt ist: Es liegt meist keine stochastische Gleichverteilung der Spannungswerte des Eingangssignals vor. Beispielsweise die Genauigkeit der Messung einer Gleichspannung könnten wir so nicht verbessern. Deshalb ist ein etwas anderer Aufbau, wie in Bild 5.12 gezeigt, zu verwenden.

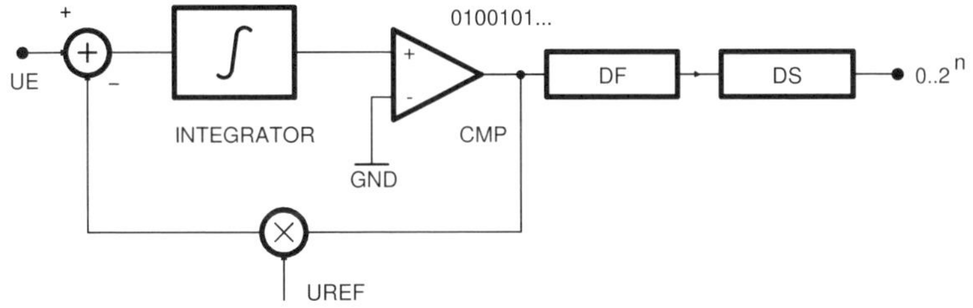

Bild 5.12: Schaltungstechnische Realisierung eines Sigma-Delta-Wandlers.

Zentrales Element des Sigma-Delta-Wandlers ist ein Rauschformer, der bestehend aus einer Differenzstufe, einem Integrator und einem Komparator verschiedene Funktionen wahrnimmt. Zum einen ist die Eingangsgröße des Komparators durch die Differenzbildung jetzt wieder einigermaßen stochastisch gleichverteilt. Zum anderen wirkt der Eingangskreis als Rauschformer, der das Quantisierungsrauschen im höheren Frequenzbereich konzentriert, siehe Bild 5.13 (links).

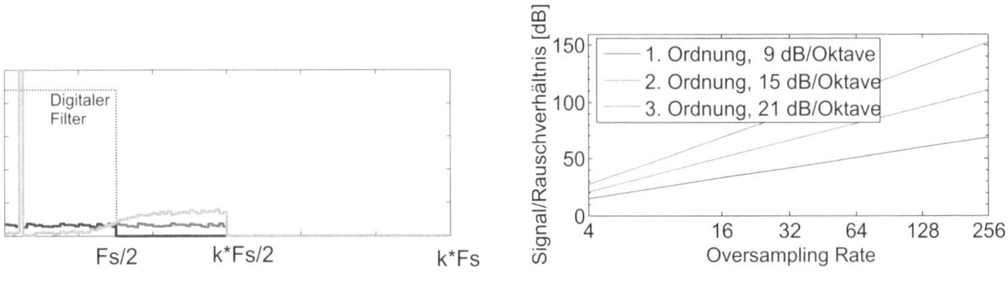

Bild 5.13: Links: Veränderung des Spektrums des Quantisierungsrauschens durch den Rauschformer. Rechts: Erreichbares Signal-zu-Rausch-Verhältnis SNR in Abhängigkeit von Oversampling-Rate und verwendetem Rauschformer.

Dies ist besonders willkommen, da so das SNR durch die nachfolgende digitale Filterung („DF") noch wesentlich effektiver verbessert werden kann. So kann man schon mit einem sehr einfachen Rauschformer erster Ordnung relativ gute Ergebnisse erzielen. Das erreichbare SNR in Abhängigkeit von Rauschformer und

Oversampling-Rate ist in Bild 5.13 (rechts) zu sehen. Zum Abschluss der Signalverarbeitung erfolgt noch ein "Downsampling" („DS"), also die Reduktion der Abtastrate auf die nominelle Abtastfrequenz. Da ja zuvor eine Tiefpass-Filterung stattgefunden hat, ist dies direkt ohne zusätzliche Aliasing-Filter möglich.

5.3 Die analogen Eingänge des MSP430

Verschiedene Typen aus der MSP430-Mikrocontrollereerie haben einen eingebauten A/D-Wandler, so dass man auf einfache Weise eine präzise Erfassung analoger Signale in die eigene Anwendung integrieren kann. Als Bezeichnung finden wir die Wandlermodule ADC10, ADC12 und SD16_A.
Beim ADC10 und ADC12 handelt es sich um Wandler nach dem *sukzessiven Approximationsverfahren*, das wir in Abschnitt 5.2.2 auch unter der Bezeichnung *Wägeverfahren* kennengelernt haben. Die Zahlangabe steht für die Wandler-Auflösung von 10 bzw. 12 Bit. Einige Typen der MSP430x20x3-Reihe (die x stehen als Platzhalter) haben einen genauen 16-Bit-Sigma-Delta-Wandler SD16_A integriert. Obwohl dieser Wandler nur in wenigen Typen integriert ist, ist dieser doch der Erwähnung wert, da er zum Beispiel im *MSP430-USB-Stick- Development-Tool - EZ430-F2013* vorhanden ist. Da ADC10 und ADC12 sehr ähnlich aufgebaut sind, können sie zusammen beschrieben werden. Dem SD16_A ist ein eigenes Unterkapitel gewidmet.

5.3.1 ADC10 und ADC12

Um die in den vorherigen Abschnitten beschriebenen Techniken zur Analog/Digital-Umsetzung auf einem Mikrocontroller wie dem MSP430 implementieren zu können, bedarf es neben dem eigentlichen A/D-Wandler noch einer Reihe vor- und nachgeschalteter Logik in Form einer Steuereinheit. Der A/D-Wandler und die Steuereinheit werden in dem so genannten *ADC10*- bzw. *ADC12*-Block zusammengefasst.
Der *ADC12*-Block ist wie viele andere Funktionseinheiten des MSP430 auf Energieeffizienz getrimmt. Das macht sich zum Beispiel durch die vielfältige Taktquellenauswahl für den ADC12 bemerkbar, wie wir sie auch schon bei vielen anderen Funktionseinheiten kennengelernt haben. Das gesamte Blockschaltbild des ADC12 ist in Bild 5.14 dargestellt. Der *ADC10*-Block ist demgegenüber mit etwas weniger Funktionsumfang ausgestattet. Dies betrifft mehrheitlich die Möglichkeiten der Speicherung des Wandlerergebnisses.

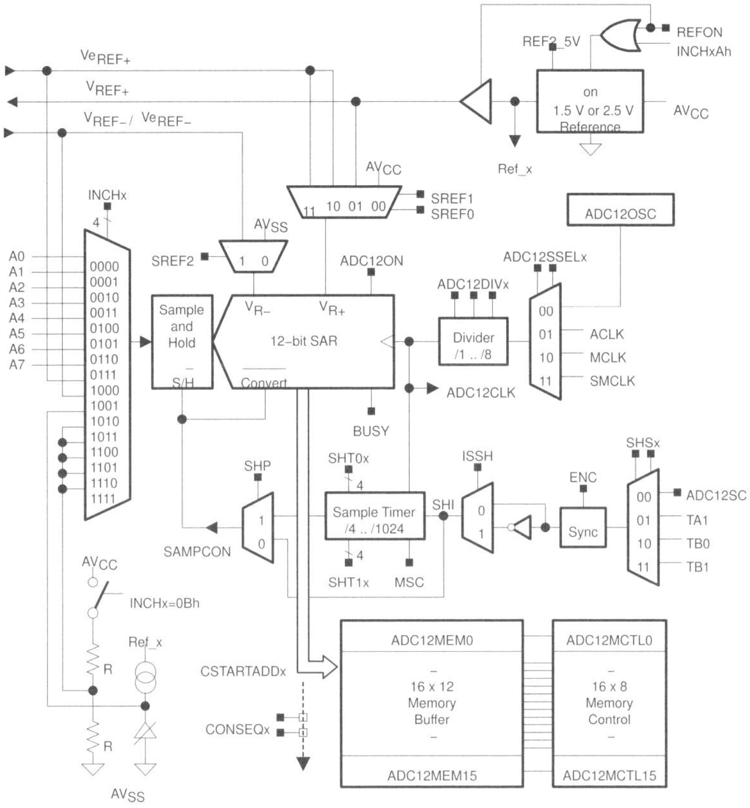

Bild 5.14: Blockschaltbild der ADC12-Funktionseinheit [Tex06c].

Der ADC10/12 verfügt über insgesamt acht Eingänge für die A/D-Wandlung. Intern ist auf dem Chip allerdings nur ein physikalischer A/D-Wandler implementiert. Die acht Eingänge sind daher über einen Multiplexer mit dem eigentlichen Wandler verknüpft. Man muss also über den Multiplexer sequentiell den richtigen Eingang auswählen, mit dem ein Signal erfasst werden soll. Ein A/D-Wandler benötigt immer auch eine Referenzspannung um in Bezug zu dieser messen zu können. Auch hier zeichnet sich der MSP430 wieder durch seine Flexibilität aus: Man kann flexibel auf verschiedene interne Referenzspannungen oder eine externe Referenzspannung zurückgreifen. Eine weitere Besonderheit des MSP430 ist die frei wählbare "Beruhigungszeit" für die A/D-Wandlung, durch die man auch bei großem Innenwiderstand der Quelle die volle Auflösung des Wandlers erreichen kann.

Konfiguration

Für die Einstellung der A/D-Wandlung stehen mit dem *ADC12-Control-Register 0* (ADC12CTL0) und *ADC12-Control-Register 1* (ADC12CTL1) zwei Konfigurationsregister zur Verfügung. Die Bitbelegung beider Register ist in Bild 5.15 dargestellt.

ADC12CTL0, ADC12 Control Register 0:

15	14	13	12	11	10	9	8
SHT1x				SHT0x			
rw–(0)	rw–(0)	rw–(0)	rw–(0)	rw–(0)	rw–(0)	rw–(0)	rw–(0)

7	6	5	4	3	2	1	0
MSC	REF2_5V	REFON	ADC12ON	ADC12OVIE	ADC12 TOVIE	ENC	ADC12SC
rw–(0)	rw–(0)	rw–(0)	rw–(0)	rw–(0)	rw–(0)	rw–(0)	rw–(0)

ADC12CTL1, ADC12 Control Register 1:

15	14	13	12	11	10	9	8
CSTARTADDx				SHSx		SHP	ISSH
rw–(0)	rw–(0)	rw–(0)	rw–(0)	rw–(0)	rw–(0)	rw–(0)	rw–(0)

7	6	5	4	3	2	1	0
ADC12DIVx			ADC12SSELx		CONSEQx		ADC12 BUSY
rw–(0)	rw–(0)	rw–(0)	rw–(0)	rw–(0)	rw–(0)	rw–(0)	r–(0)

Bild 5.15: Bitbelegung des ADC12-Control-Registers 0 und ADC12-Control-Registers 1 für die Konfiguration der A/D-Wandlung

Grau unterlegte Bereiche können nur dann beschrieben werden, wenn das ENC-Bit gelöscht ist. Damit ist sichergestellt, dass während der A/D-Wandlung keine unabsichtlichen Änderungen an den Einstellungen vorgenommen werden können. Umgekehrt steuert man mit dem ENC-Bit, ob eine Wandlung durchgeführt werden darf (ENC = 1) oder nicht. Mit dem ADC12ON-Bit kann man die gesamten Peripheriekomponenten global an- oder ausschalten (0 = ADC12 off, 1 = ADC12 on).

Nachdem wir nun den AD-Wandler angeschaltet haben, wollen wir als Erstes die Taktquelle der ADC12-Funktionseinheit festlegen. Der Takt wird intern im A/D-Wandler benötigt, um den Ablauf der Wandlung (z.B. Ansteuerung Sample-and-Hold, sukzessive Approximation, Ausgabe Ergebnis) zu steuern. Je nachdem mit welcher Frequenz man dort arbeitet, resultiert daraus die benötigte Wandlungszeit.

SSELx	Taktquelle
00	ADC12OSC
01	ACLK
10	MCLK
11	SMCLK

Tabelle 5.1: Auswahl der Taktquelle für die ADC12-Funktionseinheit

Mit den SSELx-Bits legt man die Taktquelle fest. Tabelle 5.1 listet die verfügbaren Taktquellen auf. Der A/D-Wandler hat mit dem ADC12OSC sogar noch einen eigenen internen Oszillator, der unabhängig vom Systemtakt arbeitet. Die genaue ADC12OSC-Frequenz liegt im Bereich von $3.7\,\mathrm{MHz}$ bis $6.4\,\mathrm{MHz}$ und hängt von vielen weiteren Faktoren wie z.B. MSP430-Typ und Charge sowie der Versorgungsspannung und der Betriebstemperatur ab. Mit den Bits ADC12DIVx kann man zusätzlich einen Softwareteiler zwischen 1 (000) und 8 (111) für die Taktquelle konfigurieren.
Auf das Bit ADC12BUSY kann nur lesend zugegriffen werden. Es detektiert, ob die ADC12-Funktionseinheit zur Zeit aktiv oder inaktiv ist. Das Bit ADC12SC startet softwareseitig die A/D-Wandlung. Es sollte gleichzeitig mit dem ENC-Bit gesetzt werden (ENC $=0$ ADC12 deaktiviert, um Einstellungen zu ändern; ENC $=1$ ADC12 aktiviert, Einstellungen können nicht geändert werden). Nach der A/D-Wandlung wird das ADC12SC-Bit wieder automatisch gelöscht. Daran kann man detektieren, ob die A/D-Wandlung abgeschlossen wurde.

Interne und externe Referenzspannung

Die Referenzspannung des A/D-Wandlers gibt an, bei welcher Spannung das Wandlungsergebnis maximal ist. Durch geeignete optimale Anpassung der Referenzspannung an den Eingangsspannungsbereich lässt sich die effektive Auflösung des A/D-Wandlers optimieren. Der MSP430 unterstützt sowohl interne als auch externe Referenzspannungen. Die interne Referenz ist optimiert bezüglich Energieverbrauch und benötigt fast keine externen Komponenten. Möchte man aus Gründen des Wertebereichs oder der Genauigkeit eine externe Referenzspannung vorgeben, so ist auch dies möglich.

Interne Referenzspannung Der MSP430 stellt zwei wählbare interne Referenzspannungen, $1.5\,\mathrm{V}$ und $2.5\,\mathrm{V}$, zur Verfügung. Die Auswahl der Referenzspannung erfolgt mit Hilfe des Bits REF2_5V im ADC12CTL0- bzw. ADC10CTL0-Register. Um als interne Referenzspannung $2.5\,\mathrm{V}$ zu erhalten, muss das Bit gesetzt werden. Ist REF2_5V gelöscht, so generiert der MSP $1.5\,\mathrm{V}$ als interne Referenzspannung. Für die Erzeugung der internen Referenzspannung ist der Referenzspannungsgenerator zuständig. Es ist notwendig den Generator mit Hilfe des REFON-Bits im ADC12CTL0- bzw. ADC10CTL0-Register ein- (REFON $= 1$) bzw. bei Nichtbenutzung zum Energiesparen auszuschalten (REFON $= 0$).
Bei Verwendung der internen Referenz sei dringend empfohlen, diese durch eine Parallelschaltung aus einem $10\,\mu\mathrm{F}$ (Tantal- oder Elektrolyt-) und einem $0.1\,\mu\mathrm{F}$ (Keramik-) Kondensator zwischen V_{REF+} und der analogen Masse A_{VSS} zu stützen, um Störungen auf diesem kritischen Signalpfad auf ein Mindestmaß zu reduzieren.
Als weitere Maßnahme zur Verringerung von Störungen sollte zudem die analoge Masse von der digitalen Masse getrennt werden. Damit werden Rückwirkungen von digitalen Schaltsignalen auf die A/D-Wandlung vermieden. Beide Massen werden am besten nur an genau einem Punkt in der Schaltung miteinander verbunden, gegebenenfalls über eine zwischengeschaltete Ferrit-Induktivität oder gar einen kleinen Widerstand ($1..10\,\mathrm{Ohm}$).
Beim Einschalten des Referenzspannungsgenerators sollte mit der ersten Wandlung mindestens $17\,\mathrm{ms}$ gewartet werden, bis sich die Kondensatoren der Referenzspannung aufgeladen haben.

Externe Referenzspannung Die externe Referenzspannung wird an die Anschlüsse V_{eREF+} (z.B. Pin 10 für den MSP430F149) und V_{eREF-} (z.B. Pin 11 für den MSP430F149) angeschlossen. Dabei muss beachtet werden, dass die maximalen und minimalen Spannungsgrenzwerte für die Anschlüsse nicht über- und unterschritten werden. Für den MSP430F149 sind dies $1.4\,\mathrm{V} \leq V_{eREF+} \leq V_{AVCC}$ und $0\,\mathrm{V} \leq V_{eREF-} \leq 1.2\,\mathrm{V}$.

Betriebsarten

Der A/D-Wandler kann in verschiedenen Betriebsarten betrieben werden, die mit den CONSEQx-Bits ausgewählt werden können. Eine Auflistung dazu gibt Tabelle 5.2. Im Single-Channel-Modus wird die A/D-Wandlung für einen ausgewählten Eingang ausgeführt. Im Sequence-of-Channels-Modus definiert eine Kanalliste, welche der A/D-Wandlerkanäle sequentiell gemessen werden.

CONSEQx	Betriebsart
00	Single-Channel (einmalig)
01	Sequence-of-Channels (einmalig)
10	Single-Channel continuous (kontinuierlich)
11	Sequence-of-Channels continuous (kontinuierlich)

Tabelle 5.2: Betriebsarten für die A/D-Wandlung

Der Benutzer kann zudem entscheiden, ob der MSP430 nur eine einmalige A/D-Wandlung ausführen soll oder ob die A/D-Wandlung stets im Hintergrund kontinuierlich laufen soll. Beim so genannten Multi-Sample-Betrieb (Sequence-of-Channels, Single-Channel continuous oder Sequence-of-Channels continuous) werden automatisch mehrere A/D-Wandlungen vom Mikroprozessor ausgeführt. Mit dem MSC-Bit legt man fest, wie die Sample-Vorgänge getriggert werden. Die Triggerung kann dabei sowohl intern (nach jeder Samplung automatisch) erfolgen oder durch den Timer A (bzw. Timer B). Die Signale des Timers werden als SHI-Signal an die ADC12-Funktionseinheit geleitet. Mit MSC $= 0$ wird die A/D-Wandlung durch das Timer-Signal getriggert. Mit MSC $= 1$ erfolgt die A/D-Wandlung zum schnellstmöglichen Zeitpunkt automatisch, also direkt nach einer abgeschlossenen Wandlung. Die Triggerquelle kann mit den Bits SHSx im Register ADC12CTL1 festgelegt werden.

Wenn automatisch hintereinander der A/D-Wert mehrerer Kanäle erfasst werden soll, kann man den Sequence-of-Channels-Modus verwenden. Der Mikroprozessor beginnt dann die Kanäle nacheinander zu erfassen, wobei mit den Bits CSTARTADDx der Startkanal festgelegt werden kann.

Wahl der A/D-Kanäle

Die Speicherung des Wandlerergebnisses wird im ADC12-Modul etwas anders gehandhabt als im ADC10-Modul. Aus diesem Grund müssen wir an dieser Stelle zwischen beiden Funktionseinheiten differenzieren. Beim ADC12 hat man insgesamt 15 Ergebnisregister zur Auswahl, die das Wandlerergebnis speichern. Beim ADC10 steht nur ein einziges Register dafür zur Verfügung.

ADC10 Im Single-Channel-Modus wählt man beim ADC10 über den Multiplexer mit den INCHx-Bits im ADC10CTL1-Register den Eingang aus, der im nächsten Abtastschritt gemessen werden soll. Nach Abschluss der Wandlung steht das Ergebnis im ADC10MEM-Register zur Verfügung. Im Sequence-of-Channels-Modus gibt die Wertigkeit der INCHx-Bits an, bis zu welchem Kanal (beginnend bei Kanal 0) nacheinander eine A/D-Wandlung durchgeführt werden soll.

INCHx	A/D-Eingang	INCHx	A/D-Eingang
0000	A0	1000	Ve_{REF+}
0001	A1	1001	V_{REF-}/Ve_{REF-}
0010	A2	1010	Temperatur-Sensor
0011	A3	1011	$(V_{CC} - V_{SS})/2$
0100	A4	1100	$(V_{CC} - V_{SS})/2$
0101	A5	1101	$(V_{CC} - V_{SS})/2$
0110	A6	1110	$(V_{CC} - V_{SS})/2$
0111	A7	1111	$(V_{CC} - V_{SS})/2$

Tabelle 5.3: Kanal-Auswahlmöglichkeiten mit INCHx

Tabelle 5.3 zeigt die zur Auswahl stehenden Eingangskanäle. Neben den physikalischen Eingängen A0 bis A7 können weitere Eingangssignale gemessen werden. Zum Beispiel die Betriebsspannung oder die Referenzspannung aber auch ein interner Temperatursensor. Dies kann man dann dazu verwenden den Offset des Wandlers zu kalibrieren oder auch durch Kompensation des Temperaturverhaltens die Genauigkeit der Messung zu verbessern. Das ADC10DF-Flag im selben Register legt die Formatierung für den A/D-Wert im ADC10MEM-Register fest (ADC10DF = 0 linksbündig, ADC10DF = 1 rechtsbündig).

ADC12 Die Speicherung der A/D-Werte ist beim ADC12 etwas komplexer. Anders als beim ADC10 definiert man bei der A/D-Wandlung nicht einen bestimmten Eingang, sondern jedes der insgesamt 15 verschiedenen Ergebnisregister ADC12MEMx hat ein eigenes Konfigurationsregister ADC12MCTLx. Die Bitbelegung des ADC12MCTLx-Registers ist in Bild 5.16 dargestellt.

7	6	5	4	3	2	1	0
EOS	SREFx			INCHx			
rw–(0)	rw–(0)	rw–(0)	rw–(0)	rw–(0)	rw–(0)	rw–(0)	rw–(0)

Bild 5.16: Belegung des ADC12MCTLx-Registers

In diesem wird dann für jeden Messkanal der A/D-Eingangskanal sowie die Referenzspannung ausgewählt. Die Codierung der INCHx-Bits ist identisch mit Tabelle 5.3. Mit den Bits SREFx legt man die der A/D-Wandlung zugrunde liegende Referenzspannung fest (Tabelle 5.4). Durch Setzen des EOS-Flags bestimmt man das Ende einer Sequenz im Sequence-of-Channels-Modus. Das heißt, die ADC12MCTLx-Register werden so lange eines nach dem anderen abgearbeitet, bis bei einem das EOS-Flag gesetzt ist.

SREFx	Referenzspannungen
000	$V_{R+} = AV_{CC}$ und $V_{R-} = AV_{SS}$
001	$V_{R+} = V_{REF+}$ und $V_{R-} = AV_{SS}$
010	$V_{R+} = Ve_{REF+}$ und $V_{R-} = AV_{SS}$
011	$V_{R+} = Ve_{REF+}$ und $V_{R-} = AV_{SS}$
100	$V_{R+} = AV_{CC}$ und $V_{R-} = V_{REF-}/Ve_{REF-}$
101	$V_{R+} = Ve_{REF+}$ und $V_{R-} = V_{REF-}/Ve_{REF-}$
110	$V_{R+} = Ve_{REF+}$ und $V_{R-} = V_{REF-}/Ve_{REF-}$
111	$V_{R+} = Ve_{REF+}$ und $V_{R-} = V_{REF-}/Ve_{REF-}$

Tabelle 5.4: Auswahl der Referenzspannungen mit SREFx

Sample-and-Hold-Time

Damit sich während der Wandlung das zu messende Signal nicht ändert, muss dem eigentlichen A/D-Wandler eine Sample-and-Hold-Schaltung vorgeschaltet sein, siehe Kapitel 5.2.2. Schaltungstechnisch wird dafür ein Speicherkondensator auf die Signalspannung U_{sig} aufgeladen. Die dafür benötigte Zeit berechnet sich aus der Zeitkonstanten des entstehenden Tiefpasses mit $\tau = R \cdot C$, wobei C die Kapazität des Kondensators und R der Innenwiderstand der Messwertquelle und des Eingangs-Multiplexers ist. Um die volle Auflösungsgenauigkeit zu erreichen, muss man also eine gewisse Zeit warten, bevor man mit der eigentlichen A/D-Wandlung beginnen kann. Genau berechnen kann man dies wie folgt:
Der zeitliche Verlauf der Spannung am Kondensator ist bei maximaler Signaländerung gegeben durch:

$$U_C(t) = U_{sig}(t)\,(1 - e^{\frac{t}{RC}}) \tag{5.14}$$

Die Abweichung nach der Wartezeit T_{Pause} muss kleiner als $^1/_2$ LSB sein. Daraus kann man dann folgende Bedingung formulieren:

$$U_{sig}\; e^{\frac{T_{Pause}(^1/_2\,\text{LSB})}{RC}} < \frac{1}{2}\, U_{LSB} \tag{5.15}$$

Da U_{sig}/U_{LSB} im „Worst-Case" 2^{12} ist, folgt dann nach Logarithmieren und Umformen für die Kanal-Wartezeit:

$$T_{Pause}\,(^1/_2\,\text{LSB}) > RC \cdot ln(2^{13}) \tag{5.16}$$

Da man noch zusätzlich etwas Zeit für den Schaltvorgang berücksichtigen muss, kommen zu dieser Zeit nochmals $800\,\text{ns}$ hinzu. Der im MSP430 integrierte Kondensator kann je nach gewähltem Modell unterschiedlich ausfallen. In der MSP430x1xx-Serie ist dieser etwa $40\,\text{pF}$ groß. Der Widerstand R setzt sich aus dem Innenwiderstand der Signalquelle und dem etwa $2\,\text{k}\Omega$ großen Eingangswiderstand des Multiplexers zusammen. Daraus folgt dann:

$$T_{Pause}\,(^1/_2\,\text{LSB}) > (R + 2\,\text{k}\Omega) \cdot 40\,\text{pF} \cdot 9.011 + 800\,\text{ns} \tag{5.17}$$

Mit der Gleichung 5.17 lässt sich die Pausenzeit für die A/D-Wandlung bei 12 Bit berechnen. Für die 10-Bit-Variante muss man nur 9.011 durch $ln(2^{11}) = 7.625$ ersetzen. Im Steuerregister ADC10CTL0 für Mikrocontroller mit dem 10-Bit-Analog/Digital-Wandler lässt sich mit Hilfe der Bits ADC10SHTx die Sample-Pause-Zeit einstellen (Tabelle 5.5).

SHTx	Sample-Pause-Zeit
00	4 x ADC10CLK Zyklen
01	8 x ADC10CLKs Zyklen
10	16 x ADC10CLKs Zyklen
11	64 x ADC10CLKs Zyklen

Tabelle 5.5: Wahl der Sample-Pause-Zeit für Mikrocontroller mit ADC10

Mit dem Bit SHP legt man fest, ob die Sample-Pause-Zeit mit Hilfe des SHI-Signals, das zum Beispiel mit dem Timer A getriggert werden kann, oder durch Einstellungen des Benutzers definiert wird. Für SHP = 0 wird die Sample-Pause-Zeit direkt über das SHI-Signal gesteuert. Mit SHP = 1 erfolgt über das SHI-Signal lediglich eine Triggerung. Ist auf dem Mikrocontroller ein 12-Bit-Analog/Digital-Wandler implementiert, so lässt sich die Sample-Pause-Zeit dann durch die Bits SHT0x und SHT1x im ADC12CTL0-Register gemäß Tabelle 5.6 einstellen. Dabei kontrolliert SHT0x die Zeit für die Sample-Register ADC12MEM0 bis ADC12MEM7, hingegen SHT1x die Zeit für ADC12MEM8 bis ADC12MEM15.

SHT0x SHT1x	Sample-Pause-Zeit	SHT0x SHT1x	Sample-Pause-Zeit
0000	4 x ADCCLK	1000	256 x ADCCLK
0001	8 x ADCCLK	1001	348 x ADCCLK
0010	16 x ADCCLK	1010	512 x ADCCLK
0011	32 x ADCCLK	1011	768 x ADCCLK
0100	64 x ADCCLK	1100	1024 x ADCCLK
0101	96 x ADCCLK	1101	1024 x ADCCLK
0110	128 x ADCCLK	1110	1024 x ADCCLK
0111	192 x ADCCLK	1111	1024 x ADCCLK

Tabelle 5.6: Wahl der Sample-Pause-Zeit für Mikrocontroller mit ADC12

Nun ist nur noch festzulegen, aus welcher Quelle der Sample-Pause-Zeit-Timer gespeist werden soll. Ein Blick in das Blockschaltbild (Bild 5.14) verrät uns, dass hierzu erst einmal eine der möglichen Quellen ausgewählt werden muss. Hierzu werden die SHSx-Bits im Kontrollregister gemäß Tabelle 5.7 entsprechend eingestellt.

SHSx	Sample-and-Hold-Time-Source
00	ADC12SC
01	$Timer_A.OUT1$
10	$Timer_B.OUT0$
11	$Timer_B.OUT1$

Tabelle 5.7: Wahl der Taktquelle für die Sample-Pause-Zeit

Mit dem ISSH-Bit kann man das Signal des SSH-Clock-Inputs auch noch invertieren (ISSH $= 1$). Im Normalfall braucht man diese Option allerdings nicht. Als weitere Option kann man beim ADC12 den Teiler für die Sample-Pause-Zeit umgehen und direkt die Pause-Zeit steuern. Dies macht vor allem bei Verwendung der Timer als Zeitquelle Sinn. Für einen Bypass wird das SHP-Bit auf 0 gesetzt.

Interrupts

Auf die interruptgesteuerte A/D-Wandlung sollte immer dann zurückgegriffen werden, wenn man den MSP430 für Low-Power-Anwendungen auslegen will. Beim Low-Power-Modus 3 kann der MSP mit Hilfe des Takts ACLK die A/D-Wandlung im Hintergrund ausführen und bei einer abgeschlossenen Konvertierung einen Interrupt aufrufen. Besonders energiesparend wird das Programm, wenn wir die Taktquelle ACLK mit dem niederfrequenten $32\,\mathrm{kHz}$-Quarz verwenden. Auf dem MEDIT-Board ist an XIN/XOUT (LFXT1CLK) ein niederfrequenter Uhrenquarz angeschlossen. Die Taktquelle muss darüber hinaus nicht weiter initialisiert werden, weil sich die ACLK direkt aus der LFXT1CLK (mit einstellbaren Vorteilern) ableiten lässt. Im ADC12-Control-Register 1 müssen wir nun noch ACLK als Taktquelle für das A/D-Wandler-Modul auswählen (siehe Listing 5.2) und den Interrupt für ADC12 aktivieren.

```
_BIC_SR(OSCOFF);              // LFXT1 anschalten
ADC12CTL1 = SSEL0;            // Taktquelle ACLK wählen
ADC12IE = 0x01;               // Interrupt für ADC12 aktivieren

for (;;)
 {
   // Konvertierung im Hintergrund starten
   ADC12CTL0 |= ADC12SC;
   // LPM3 auswählen und Interrupts global aktivieren
   // Konvertierung läuft im Hintergrund weiter, weil
   // ACLK aktiv bleibt
   _enable_interrupts ();
   LPM3;
   // hier kann dann mit dem neuen AD-Wert gerechnet werden
 }
```

Listing 5.2: Initialisierung von ACLK

Eine Vorlage für die Interrupt-Service-Routine wird in Listing 5.3 vorgestellt. Mit ADC12MEM0 kann auf das Ergebnis der A/D-Wandlung zurückgegriffen werden. Weil wir keine Veränderungen am Konfigurationsregister ADC12MCTL0 vorgenommen haben (für A/D-Kanal 0) dient als Eingang der Port A0 (P6.0). Nach der Abarbeitung des Interrupts schaltet sich der Mikrocontroller automatisch wieder in den Low-Power-Modus 3.

```
int adwert;     // Ergebnis in globaler Variable
#pragma vector=ADC12_VECTOR
__interrupt void ADC12_measure (void)
{
  ADC12IFG &=~ BIT0;                 // Interrupt-Flag löschen
  adwert = ADC12MEM0;                // A/D-Wert zwischenspeichern
}
```

Listing 5.3: Interrupt-Service-Routine für den A/D-Wandler, PORT A0

Die Interrupt-Funktionalität des MSP430 geht jedoch noch weiter, als bisher vorgestellt. Insgesamt drei verschiedene Interrupttypen werden bei der A/D-Wandlung unterschieden:

- **Interrupt-Modus**: A/D-Wandlung ist abgeschlossen und der Ergebniswert ist im jeweiligen Ergebnisregister ADC12MEMx gespeichert.
- **Overflow-Interrupt-Modus**: A/D-Wandlung ist abgeschlossen und der Ergebniswert ist im jeweiligen Ergebisregister ADC12MEMx gespeichert. Zuvor wurde das Ergebnisregister jedoch nicht ausgelesen.

- **Conversationtime-Overflow-Interrupt-Mdous**: Eine erneute A/D-Wandlung wurde angefordert, obwohl die laufende Wandlung noch nicht abgeschlossen ist.

Die drei unterschiedlichen Interrupttypen lassen sich mit den Registern ADC12IFG0 bis ADC12IFG15, ADC12OV und ADC12TOV abfangen. Die Flags ADC12IFGx befinden sich im Register ADC12IFG. Wird das Bit ADC12OVIE im Register ADC12CTL0, also dem Control-Register 0 gesetzt, so wird die Overflow-Interrupt-Funktionalität aktiviert. Ein Interrupt wird aber nur dann aufgerufen, wenn Interrupts global aktiviert sind. Ein Beispiel für die globale Aktivierung ist in Listing 5.4 gezeigt.

```
ADC12CTL0 &= ADC12OVIE;
_enable_interrupts ();          // Interrupts global aktivieren
```

Listing 5.4: Interrupts global aktivieren und Overflow-Interrupt initialisieren

Analog zum ADC12OVIE-Flag kann mit dem Bit ADC12TOVIE der Conversation-Time-Overflow-Interrupt-Modus aktiviert werden. Auch hierbei wird ein Interrupt nur dann aufgerufen, wenn Interrupts global aktiviert sind.

5.3.2 Der SD16_A-A/D-Wandler

Auf einigen Mikrocontrollertypen wie dem MSPF2013, der sich auf dem USB-Starter-Board befindet, ist weder der ADC10 noch der ADC12 implementiert. Stattdessen verfügen diese Controller über einen 16-Bit-Sigma-Delta-A/D-Wandler, den **SD16_A**. Die Funktionalität des A/D-Wandlers ist sehr groß und wird daher in diesem Abschnitt nur kurz dargestellt.

Aufbau und Funktion

Das Blockschaltbild des SD16_A ist in Bild 5.17 dargestellt. Der A/D-Wandler verfügt je nach MSP-Device über acht verschiedene Eingänge und zwei mögliche Referenzspannungen (externe und interne) sowie über eine Auflösung von 16 Bit. Beim MSPF2013 stehen vier unabhängige A/D-Quellen (A0 bis A3, A4 wird von A0 und A1 belegt) zur Verfügung, wobei jede Quelle über zwei unterschiedliche Eingänge Ax+ und Ax- (z.B. A0+ und A0-) verfügt. Die Pinbelegung ist dem Datenblatt des MSPF2013 zu entnehmen. Über einen Multiplexer werden wie beim ADC10/ADC12 die Signale an die SD16_A-Funktionseinheit geleitet.

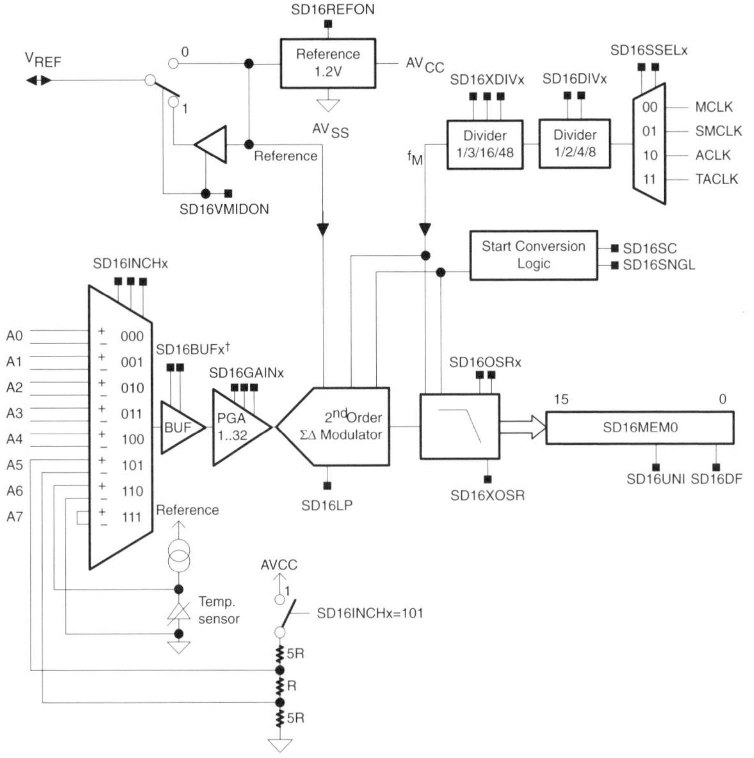

Bild 5.17: Blockschaltbild des SD16_A [Tex06c].

Im Register SD16CTL (Bild 5.18) kann die Taktquelle und der Software-Teiler für den SD16_A eingestellt werden. Wir werden hierbei nur auf die wichtigsten Bits und Flags eingehen.

Mit SD16SSELx wird die Taktquelle (MCLK = 00, SMCLK = 01 oder ACLK = 10) ausgewählt und mit SD16DIVx durch einen Software-Teiler (1 = 000, 3 = 001, 16 = 010, 48 = 011) geteilt. Mit SD16REFON kann der Referenzspannungsgenerator aktiviert (SD16REFON = 1) werden. Bei Verwendung einer externen Referenz kann der Generator deaktiviert werden um Energie zu sparen. Die interne Referenzspannung generiert eine Spannung von $1.2\,\mathrm{V}$, die sich in eine maximale positive Referenzspannung von $0.6\,\mathrm{V}$ und eine minimale negative Referenzspannung von $-0.6\,\mathrm{V}$ aufteilt. Ein weiteres Konfigurationsregister ist das SD16CCTL0, dessen Bitbelegung in Bild 5.19 dargestellt ist.

15	14	13	12	11	10	9	8
Reserved				SD16XDIVx			SD16LP
r0	r0	r0	r0	rw–0	rw–0	rw–0	rw–0

7	6	5	4	3	2	1	0
SD16DIVx		SD16SSELx		SD16 VMIDON	SD16 REFON	SD16OVIE	Reserved
rw–0	rw–0	rw–0	rw–0	rw–0	rw–0	rw–0	r0

Bild 5.18: SD16CTL-Registerbelegung

15	14	13	12	11	10	9	8
Reserved	SD16BUFx†		SD16UNI	SD16XOSR	SD16SNGL	SD16OSRx	
r0	rw–0	rw–0	rw–0	rw–0	rw–0	rw–0	rw–0

7	6	5	4	3	2	1	0
SD16 LSBTOG	SD16 LSBACC	SD16 OVIFG	SD16DF	SD16IE	SD16IFG	SD16SC	Reserved
rw–0	rw–0	rw–0	rw–0	rw–0	rw–0	rw–0	r–0

† Reserved in MSP430x20x3 devices

Bild 5.19: SD16CCTL0 Registerbelegung

Wichtig ist hierbei das Bit SD16UNI, womit der Unipolar- oder Bipolar-Modus aktiviert wird. Im Bipolar-Modus (SD16UNI = 0) wird die Differenz zwischen zwei Eingangssignalen (z.B. A0+ und A0-) ermittelt, demgegenüber wird im Unipolarmodus (SD16UNI = 0) nur das Eingangssignal bezogen zur Masse bestimmt. Mit den Bits SD16XOSR und SD16OSRx lässt sich die Oversampling-Rate einstellen. Wie schon in Kapitel 5.2.5 erwähnt basiert der Sigma-Delta-Wandler im Wesentlichen auf einem 1-Bit-A/D-Wandler mit Oversampling. Die Einstellungen für verschiedene Oversampling-Raten sind in Tabelle 5.8 aufgeführt. Darüber hinaus wird mit dem Bit SD16IE der Interrupt für die Berechnung eines A/D-Wertes aktiviert. Die eigentliche A/D-Wandlung wird wie beim ADC12 durch Setzen des Bits SD16SC gestartet.

SD12OSRx	SD12XOSR	Oversampling-Rate
00	0	256
01	0	128
10	0	64
11	0	32
00	1	512
01	1	1024

Tabelle 5.8: Bit-Einstellung gültiger Oversampling-Raten

Der gewünschte Eingang kann im Register SD16INCTL0 über die Bits SD16INCHx gewählt werden. Der Multiplexer verknüpft dann den jeweiligen Kanal (Tabelle 5.9) mit dem SD16_A-Wandler. Nur die Kanäle A0 bis A4 sind auf externe Pins herausgeführt. A5 bis A7 sind interne Kanäle und dienen der Kalibrierung. Das Ergebnis der A/D-Wandler steht im Register SD16MEM0.

Kanal	SD16INCHx
A0	000
A1	001
A2	010
A3	011
A4	100
A5 (Überwachen der Versorgungsspannung)	101
A6 (interner Temperatursensor)	110
A7 (Offset-Kalibrierung)	111

Tabelle 5.9: Bit-Einstellung des Multiplexer-Kanals

Dieser Abschnitt umfasst bei weitem nicht die volle Funktionalität des SD16_A und kann daher nur als Überblick dienen. Eine vollständige Beschreibung würde den Rahmen dieses Kapitels sprengen. Daher sei an dieser Stelle auf das Datenblatt der MSPx2xx-Familie verwiesen.

5.4 Verwendung der A/D-Wandler

Im vorherigen Abschnitt haben wir einen Überblick über die Einstellungsmöglichkeiten und die Initialisierung der A/D-Wandlung kennengelernt. Im Folgenden wollen wir uns etwas mehr mit dem konkreten Einsatz des A/D-Wandlers in der Praxis befassen. Angefangen mit einem einfachen Beispiel wird im zweiten Abschnitt dann eine komplexe Steuerung inklusive Interrupts und Energiesparmodus erklärt.

5.4.1 Einfaches Beispiel für die A/D-Wandlung mit dem ADC12

In diesem einfachen Beispiel werden wir die A/D-Wandlung in einer Endlosschleife ausführen. Daran lässt sich die Funktionalität des A/D-Wandlers sehr gut verdeutlichen. Für energieeffiziente Anwendungen eignet sich dieses Beispiel jedoch nicht, doch dazu mehr in Kapitel 5.4.2.
Zuerst müssen wir den A/D-Wandler und die Eingänge konfigurieren. Unser Beispielprozessor ist wieder der MSP430F1612. Der A/D-Wert soll am Port P6.0 (also Kanal A0) erfasst werden. Dazu muss im P6SEL-Register die Spezialfunktion für P6.0 aktiviert werden. Als Referenzspannung wird die interne $2.5\,\mathrm{V}$-Spannung gewählt. Wir dürfen natürlich nicht vergessen, den Referenzspannungsgenerator mit REFON zu aktivieren. Für eine optimierte Auflösung wählen wir die maximale Sample-and-Hold-Time aus ($SHT0\_15$).

```
#include <msp430x14x.h>
int main(void)
{
    WDTCTL = WDTPW + WDTHOLD;   // Watchdog-Timer deaktivieren
    P6SEL=BIT0;                 // P6.0 als A/D-Eingang
    P6IE =0x00;                 // Interrupts für P6 deaktivieren
                                // Initialisierung des ADC12

    // ADC12 deaktivieren, um Einstellungen zu ändern
    ADC12CTL0 = ~ENC;
    ADC12CTL0 = ADC12ON + SHT0_15 + REFON + REF2_5V;
    ADC12CTL1 = SHP;            // SHP benutzen, SH Time = 4
}
```

Listing 5.5: Initialisierung der A/D-Wandlung

Bisher haben wir nur den A/D-Wandler initialisiert. Beim ADC12 haben wir insgesamt 15 Ergebnisregister für die A/D-Wandler. Jedem Einzelnen können wir einen anderen Eingangskanal zuordnen.

Mit der Anweisung

```
ADC12CTL1 = SHP;                // SHP benutzen
```

haben wir gleichzeitig die Bits CSTARTADDx = 0 gesetzt. Damit legen wir fest, dass wir bei einer einzigen A/D-Wandlung das Ergebnis in das ADC12MEM0- Register speichern. Wir müssen nun den Kanal des Registers und die dazu gehörende Referenzspannung auswählen:

```
// ...

// Einstellungen für das A/D-Register auswählen
ADC12MCTL0 = SREF_1 + INCH_0;
```

Listing 5.6: Auswahl des A/D-Kanals und der Referenzspannung

Wir wählen dadurch als Referenzspannung die interne Referenzspannung mit den vorher initialisierten $2.5\,\mathrm{V}$ aus. Mit INCH_0 wird das ADC12MEM0-Register mit dem Kanal A0, also mit dem Port P6.0, verknüpft. Jetzt können wir kontinuierlich einzelne A/D-Werte in einer Endlosschleife erfassen.

```
#include <msp430x14x.h>
int main(void)
{
  int ad_wert;

  WDTCTL = WDTPW + WDTHOLD;   // Watchdog-Timer deaktivieren
  P6SEL=BIT0;                 // P6.0 als A/D-Eingang
  P1IE=0x00;                  // Interrupts für P1 deaktivieren

  // ADC12 deaktivieren, um Einstellungen zu ändern
  ADC12CTL0 = ~ENC;

  // Initialisierung des ADC12
  ADC12CTL0 = ADC12ON + SHT0_15 + REFON + REF2_5V;
  ADC12CTL1 = SHP;            // Pulse-Sample-Mode benutzen

  // Einstellungen für das A/D-Register auswählen
  ADC12MCTL0 = SREF_1;        // Kanal A0 (P6.0)

  // Einstellungen übernehmen und ADC12 starten
  ADC12CTL0 |= ENC;

  // Erfassung der A/D-Werte
  ADC12CTL0 |= ADC12SC;
  while(1)                    // Endlosschleife
```

```
  {
   ADC12CTL0 |= ADC12SC;            // Wandlung starten
   while(ADC12CTL0 & ADC12SC) {}// warte bis fertig
   ad_wert = ADC12MEM0;             // Ergebnis auslesen
  }
}
```

Listing 5.7: Initialisierung der A/D-Wandlung

Schließen wir jetzt einen Potentiometer, wie in Bild 5.20 gezeigt, an den richtigen Einganspin an, so können wir auf der Basis des eben entwickelten Programms die Spannung am Potentiometerabgriff messen. Da wir die 2.5 V-Referenzspannung auswählen, müssen wir die maximale Eingangsspannung durch einen Spannungsteiler auf $U_{max} = 3.3V \cdot {}^{10k}/_{(10k+3k3)} = 2.48V$ limitieren.

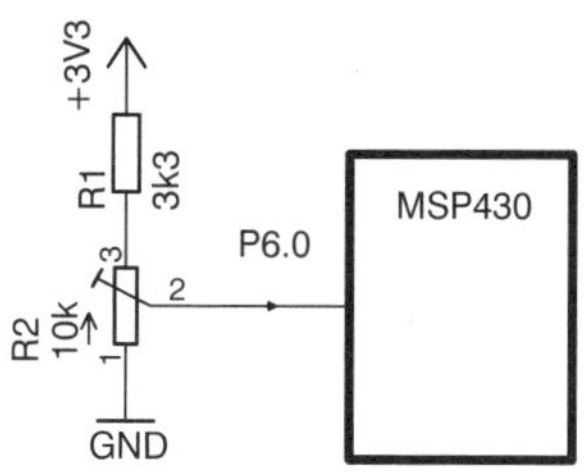

Bild 5.20: Spannungsteiler mit Poti und MSP430

Möchte man die Spannung in Millivolt ausgeben, so muss der Ergebniswert noch zusätzlich skaliert werden, wie in dem nun folgenden Beispiel. Numerisch korrekt müsste man $U_{AD} = AD_{Wert}/4095 * 2500$ berechnen. Dies beinhaltet jedoch eine Division, die umfangreich zu berechnen ist. Eine einfache Näherung ist dafür $U_{AD} = AD_{Wert} * (10/16 + 1/64)$. Damit erreicht man einen maximalen relativen Fehler von 2 ‰, der in etwa auch der maximalen Rechengenauigkeit der Integer-Arithmetik entspricht. Gleichzeitig spart man aber viele Rechenschritte, da die Division vom Compiler durch eine Shift-Operation ersetzt wird. Das Ergebnis kann mit dem Debugger durch Auslesen der Variablen U_ad kontrolliert werden.

```
// ....
  ad_wert = ADC12MEM0;
  // Umwandlung AD->Spannungswert [mV]
  u_ad = (ad_wert * 10) / 16 + (ad_wert) / 64;
// ....
```

Listing 5.8: Umrechnung des A/D-Wandler-Ergebnisses in Millivolt

5.4.2 Interruptgesteuerte A/D-Wandlung mit dem ADC12

Im folgenden Beispiel soll über einem Drehpoti die Blinkfrequenz einer an P1.0 angeschlossenen Low-Current-Diode eingestellt werden können. Die Schaltung ist in Bild 5.21 dargestellt.

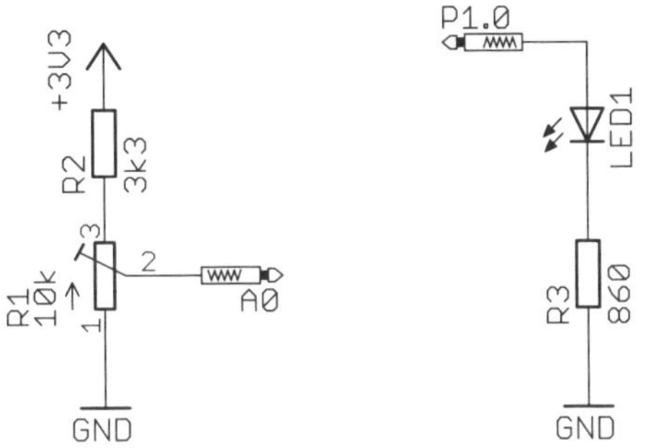

Bild 5.21: Anschluss des Drehpoti-Spannungsteilers an A0 (P6.0) und der Low-Current-LED an P1.0

Das Blinken der LED wird mit Hilfe des Timers A im Up-Mode realisiert. Dafür wird der Wert der A/D-Wandlung in das Register TACCR0 kopiert, mit dem die Überlauf-Schwelle des Timers und damit auch die Blinkfrequenz festgelegt wird. Der Timer inkrementiert das Zählregister, bis der Wert TACCR0 erreicht wurde und ruft dann einen Interrupt auf. In der Interrupt-Service-Routine des Timers A wird die LED dann getoggelt. Um das Programm energiesparend auslegen zu können, wählen wir für den Timer A als Taktquelle ACLK, die wir auch für das ADC12-Modul verwenden. Das komplette Beispielprogramm wird in Listing 5.9 vorgestellt. Bei niedrigen Spannungen über R_2 blinkt die LED so schnell, dass das Ergebnis nur mit einem Oszilloskop sichtbar ist.

```
#include  <msp430x16x.h>
int led;

#pragma vector=ADC12_VECTOR
__interrupt void ADC12_measure (void)
{
  TACCR0 = ADC12MEM0 + 1;        // A/D-Wert in TACCR0 speichern
  ADC12CTL0 |= ADC12SC;          // Konvertierung erneut starten
}
```

```
#pragma vector=TIMERA0_VECTOR
__interrupt void TIMERA_blink (void)
{
  led = ~led;                   // LED toggeln
  P1OUT = led;
}

void main(void) {
  WDTCTL = WDTPW + WDTHOLD; // Watchdog ausschalten
  led = 0;                  // Initialisiere LED-Ausgang
  P1DIR = BIT0;
  P1OUT = led;

  BCSCTL1&=~XTS;            // Wähle LF
  _BIC_SR(OSCOFF);          // Start LFXT1

  TACTL   = TASSEL_1;        // Wähle ACLK
  TACTL   |= MC_1;           // Up-Mode
  TACCTL0 = CCIE;           // Interrupt-Enable Cap/Comp
  TACCR0   = 4096;          // Initialisierung

  P6SEL=BIT0;               // P6.0 als A/D-Eingang
  P1IE=0x00;                // Interrupts für P1 deaktivieren

  ADC12CTL0 = ~ENC;         // Initialisierung des ADC12
  ADC12CTL0 = ADC12ON + SHT0_15 + REFON + REF2_5V;
  ADC12CTL1 = ADC12SSEL_1 + SHP;  // Pulse-Sample-Mode benutzen
      und
                            // ACLK verwenden
  ADC12MCTL0 = SREF_1;      // VREF+ und AVSS als Referenz
  ADC12IE = 0x01;           // Interrupt für ADC12 aktivieren
  ADC12CTL0 |= ENC;         // ADC12 starten
  _enable_interrupts ();    // Interrupts global aktivieren

  ADC12CTL0 |= ADC12SC;     // Konvertierung starten

  while(1) {
  LPM3;    // LPM3 auswählen Konvertierung läuft im Hintergrund
           // weiter, weil ACLK aktiv bleibt
  }
}
```

Listing 5.9: Beispielprogramm für das ADC12-Modul

5.4.3 Interruptgesteuerte A/D-Wandlung mit dem SD16_A

Wir werden im folgenden einfachen Beispiel über den Port P1.2 ein analoges Signal mit einem Interrupt einlesen und auswerten. Dafür definieren wir zunächst die Interrupt-Service-Routine (Listing 5.10).

```
#pragma vector=SD16_VECTOR
__interrupt void ADC16_interrupt (void)
{
  if (SD16MEM0 < 54613)       // Eingangsspannung größer
                              // kleiner 0,5 V?
    P1OUT &= ~0x01;           // LED aus
  else
    P1OUT |= 0x01;            // LED ein
}
```

Listing 5.10: Interrupt-Service-Routine für SD16_A

Eine LED am Port P1.0 soll bei einer Spannung über $0.5\,\mathrm{V}$ leuchten. Bei der Verwendung der internen Referenzspannung beträgt die maximale Eingangsspannung $0.6\,\mathrm{V}$, was einem A/D-Wert von 65535 entspricht. Den korrespondierenden A/D-Wert für den Grenzwert von $0.5\,\mathrm{V}$ berechnen wir durch die Multiplikation der Auflösung $^{65535}/_{0.6\,\mathrm{V}}$ mit $0.5\,\mathrm{V}$:

$$\frac{65535}{0.6\,\mathrm{V}} \cdot 0.5\,\mathrm{V} \quad \approx \quad 54613 \tag{5.18}$$

Nun fehlen noch die Einstellungen für den SD16_A. Zunächst wählen wir mit dem Register SD16CTL die Taktquelle aus und aktivieren den internen Referenzspannungsgenerator. Als Eingangskanal wird im Register SD16INCTL0 der Kanal A1 (A1+ = P1.2) ausgewählt. Für den unipolaren Betrieb (SD16CCTL0 = SD16UNI) wird A1 automatisch auf Masse gelegt. Gleichzeitig aktivieren wir die Interrupt-Funktion für denSD16_A im SD16CCTL0-Register. Die Einstellungen sind Listing 5.11 zu entnehmen.

```
SD16CTL = SD16REFON + SD16SSEL_1;// Referenzgenerator aktivieren
                                 // Taktquelle = SMCLK
SD16INCTL0 = SD16INCH_1;         // Kanal A1 auswählen
SD16CCTL0 =  SD16UNI + SD16IE;   // Interrupt aktiv, Unipolar
```

Listing 5.11: Einstellungen für den SD16_A

Die Referenzspannung kann für jeden Kanal unabhängig mit dem Register SD16AE festgelegt werden. Für den Kanal A1 muss daher SD16AE = SD16AE1 gesetzt werden. Alle anderen Kanäle werden darüber hinaus durch diese Zeile deaktiviert. Als komplettes Listing erhalten wir dann für das Interrupt-Beispiel mit dem SD16_A Listing 5.12.

```
#include  <msp430x20x3.h>

#pragma vector=SD16_VECTOR
__interrupt void ADC16_interrupt (void)
{
  if (SD16MEM0 < 54613)              // kleiner 0.5 V?
    P1OUT &= ~BIT0;                  // LED aus
  else
    P1OUT |= BIT0;                   // LED ein
}

void main(void)
{
  WDTCTL = WDTPW + WDTHOLD;            // Watchdog ausschalten
  P1DIR |= BIT0;                       // P1.0 als Augang (LED)
  SD16CTL = SD16REFON + SD16SSEL_1;// Referenzgenerator ON
                                       // Taktquelle = SMCLK
  SD16INCTL0 = SD16INCH_1;             // Kanal A1 auswählen
  SD16CCTL0 =  SD16UNI + SD16IE;       // Interrupt, unipolar
  SD16AE = SD16AE1;                    // A1 aktivieren, A1- = GND
  SD16CCTL0 |= SD16SC;                 // Nach den Einstellungen kann
                                       // ADC gestartet werden
  _BIS_SR(LPM0_bits + GIE);            // LPM0 und Interrupt global
}
```

Listing 5.12: Interrupt-Beispiel für den SD16_A

5.5 Aufgaben

1. Wozu benötigt man einen Anti-Aliasing Filter?
2. Gibt es auch digitale Anti-Aliasing Filter? Wann benötige ich diese?
3. Entwerfe einen Aliasing-Filter für einen 12-Bit-Wandler, der ein Signal mit $2\,\mathrm{kHz}$ abtastet, wobei die Signal-Nutzbandbreite bis $100\,\mathrm{Hz}$ geht.
4. Schreibe ein Programm, das mit acht LEDs einen Pegelmesser für ein Audio-Signal realisiert. Wie erhält man eine logarithmische oder eine lineare Anzeige?
5. Messe die schnellste Abtastrate, die du mit deinem MSP430 erreichen kannst.
6. Baue ein digitales Thermometer, das die Temperatur in ^{o}C messen kann. Verwende einen NTC. Dessen temperaturabhängiger Widerstand ist gegeben durch

   $R(T) = 100k\Omega \cdot e^{A+B/T+C/T^2+D/T^3}$.

   Mit A=-16.0349, B= 5459.339, C= -191141 und D=-3328322.
   Siehe auch das zugehörige Datenblatt [Vis05].

6 Das Comparator-A-Modul

Bei einigen Modellen der MSP430-Familie ist ein so genanntes Comparator-A-Modul enthalten. Ein Komparator ist ein Vergleicher mit zwei Eingängen. Ist der Plus-Eingang größer als der Minus-Eingang, so wird der Ausgang des Komparators logisch 1, ansonsten ist er logisch 0. Doch was kann man nun mit einem solchen Modul anfangen? Zum Beispiel kann man mit einem Komparator und einem Timer sowie ein wenig externer Beschaltung einen einfachen Single-Slope- oder Dual-Slope-Wandler konstruieren (vgl. Kapitel 5.2.3). Als weiteres Beispiel kann man einen kapazitiven Näherungsschalter bauen [Tex07f]. Zu dessen Realisierung muss man z.B. eine Kapazität messen. Die Umsetzung dieser Projekte ist in den Beispielen dieses Kapitels ausgeführt, doch zunächst wollen wir uns mit dem grundsätzlichen Aufbau des Moduls befassen. Das Blockdiagramm des Comparator-A-Moduls ist in Bild 6.1 skizziert.

6.1 Konfiguration und Initialisierung

Das Modul vergleicht die Spannungspegel des positiven (CA0) und negativen Eingangs (CA1). Beim MSP430F1612 sind diese mit den Pins P2.3 und P2.4 verbunden. Das Flag CAOUT im Register CACTL2, das in Bild 6.2 dargestellt ist, entspricht dem Ausgang des Komparators. Es ist HIGH, wenn der Spannungspegel am positiven Eingang größer als der am negativen Eingang ist. Über Software-Schalter können die Eingänge mit den Pins verbunden werden. Die Bits P2CA0 bzw. P2CA1 sind hierfür zuständig. Sind sie HIGH, so sind die Komparator-Eingänge verbunden. Auf das Bit CAF kommen wir später noch zurück.
Der Comparator A wird mit einem weiteren Register, dem Comparator-A-Control-Register 1 (CACTL1) konfiguriert, das in Bild 6.3 dargestellt ist. Hierbei beachtenswert sind vor allem die Bits CAREF, mit dem die Referenzspannung V_{CAREF} festgelegt wird, CARSEL, das festlegt, welchem der beiden Eingänge die Referenzspannung zugeordnet wird und CAON, mit dem der Comparator A aktiviert und deaktiviert werden kann.

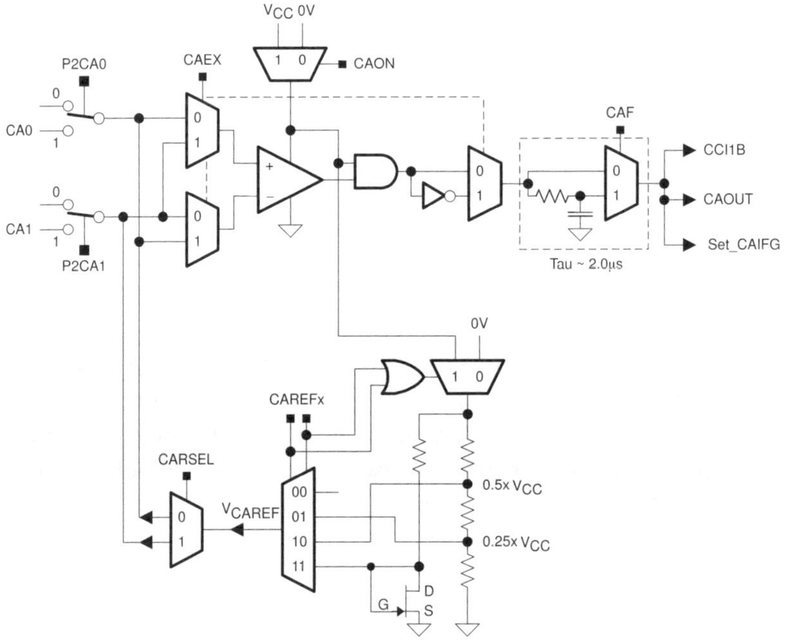

Bild 6.1: Blockschaltbild des Comparator-A-Moduls [Tex06c]

7	6	5	4	3	2	1	0
Unused				**P2CA1**	**P2CA0**	**CAF**	**CAOUT**
rw-(0)	rw-(0)	rw-(0)	rw-(0)	rw-(0)	rw-(0)	rw-(0)	r-(0)

Bild 6.2: Bitbelegung des Comparator-A-Control-Registers CACTL2

Mit dem Bit CAEX können die Eingänge des Comparator-A-Moduls während der Programmlaufzeit vom Entwicklerprogramm intern vertauscht werden. Je nach Status des Bits CAEX ergibt sich dann für das Flag CARSEL folgende Zuordnung (Tabelle 6.1):
Die Referenzspannung selbst wird intern mit einem Referenzspannungsgenerator erzeugt. Zur Auswahl stehen hierfür die Referenzspannungen $0.25 \cdot V_{CC}$ (CAREF = 01), $0.5 \cdot V_{CC}$ (CAREF = 10) und eine Diode als Referenz (CAREF = 11). Wenn man beide Eingänge des Komparators verwendet, so wird eine Referenzspannung nicht benötigt, weil das Modul dann bipolar betrieben wird. Um Energie zu sparen, kann dann der Referenzspannungsgenerator mit CAREF = 00 ausgeschaltet werden.

7	6	5	4	3	2	1	0
CAEX	CARSEL	CAREFx		CAON	CAIES	CAIE	CAIFG
rw–(0)	rw–(0)	rw–(0)	rw–(0)	rw–(0)	rw–(0)	rw–(0)	rw–(0)

Bild 6.3: Bitbelegung des Comparator-A-Control-Registers CACTL1

CARSEL	CAEX	Zuweisung der Referenzspannung
0	0	V_{CAREF} wird dem positiven Eingang zugewiesen
0	1	V_{CAREF} wird dem negativen Eingang zugewiesen
1	0	V_{CAREF} wird dem negativen Eingang zugewiesen
1	1	V_{CAREF} wird dem positiven Eingang zugewiesen

Tabelle 6.1: Zuordnung der Referenzspannung für die Comparator-A-Eingänge in Abhängigkeit von CARSEL und CAEX.

Eine Besonderheit des Comparator-A-Moduls ist der integrierte RC-Filter, der mit dem Bit CAF $= 1$ im Register CACTL2 aktiviert werden kann. Wenn die Spannungsdifferenz der beiden Komparator-Eingänge klein ist, so kann das analoge Eingangssignal durch Rauschen soweit überlagert werden, dass das CAOUT-Bit vielfach zwischen HIGH und LOW wechselt. Eine sinnvolle Interpretation des Comparator-A-Ausgangs ist dann gegebenenfalls nicht möglich. Für diesen Fall kann mit dem internen RC-Filter der Eingang vorgefiltert werden. Bild 6.4 skizziert den Unterschied des Ausgangssignals der analogen Umwandlung ohne und mit Vorfilter für eine kleine Differenz ΔU am Eingang.

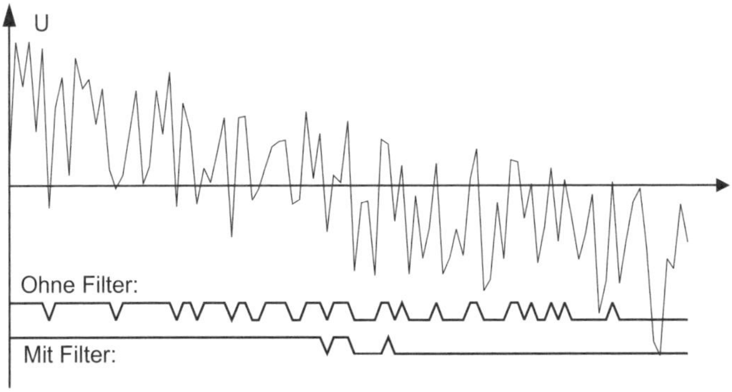

Bild 6.4: Einfluss des internen RC-Filters auf das Comparator-A-Ausgangssignal bei Eingangssignal in der Nähe der Schaltschwelle und überlagertem Rauschen

Die drei noch fehlenden Bits CAIES, CAIE und CAIFG sind für die Interrupts des Comparator-A-Moduls zuständig. Mit dem CAIE-Bit wird die Interrupt-Funktionalität aktiviert. CAIES legt fest, ob der Interrupt bei steigender (CAIES=0) oder fallender Flanke ausgelöst wird, CAIFG ist das eigentliche Interrupt-Flag.
Es existiert noch ein weiteres Register, das CAPD- (Comparator-A-Port-Disable) Register. Parallel zu den Eingängen des Komparators liegen die CMOS-Puffer der digitalen Schaltlogik der Portpins. Werden nun analoge Spannungen an die CMOS Puffer angelegt, können dort kleine parasitäre Ströme fließen, speziell in der Nähe der Schaltschwelle des digitalen Gatters. Um genaue Messungen am analogen Komparator zu ermöglichen, können die Gatter des entsprechenden Pins mit den jeweils zugehörigen Bits des CAPD-Registers abgeschaltet werden. Das Setzen von CAPD3 schaltet somit das digitale Gatter von Portpin P2.3 ab.

6.2 Einfacher 8-Bit Single-Slope-A/D-Wandler

Wir verwenden den Comparator A nun für ein Millivolt-Meter. Dazu muss der Mikrocontroller zunächst nach Bild 6.5 beschaltet werden. Die Funktionsweise eines Single-Slope-A/D-Wandlers haben wir ja in Kapitel 5.2.3 kennengelernt. Für die A/D-Wandlung wird der Kondensator über den Widerstand durch Setzen des Pins P1.0 auf HIGH geladen. Damit steigt die Spannung über dem Kondensator, die über den Pin P2.3 am positiven Eingang des Comparator-A-Moduls ausgewertet

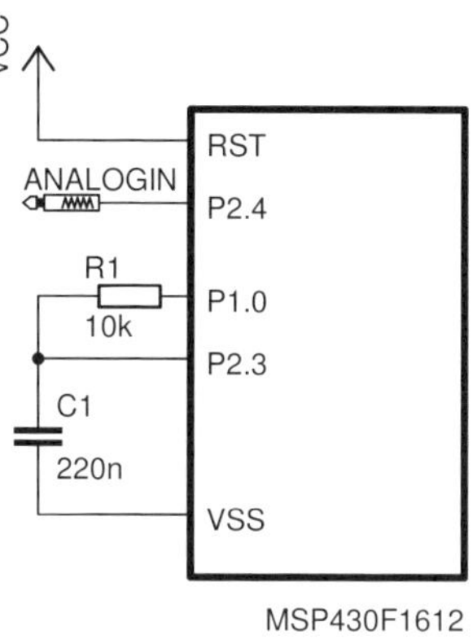

Bild 6.5: Beschaltung des MSP430F1612 für ein Millivolt-Meter

werden kann. An den negativen Eingang (Pin P2.4) wird das analoge Eingangssignal angeschlossen. So lange der Ausgang des Komparators (das Bit CAOUT) 0 ist, ist die Spannung über der Kapazität kleiner als das analoge Eingangssignal. Währenddessen wird mit dem Timer A die Zeit zum Aufladen des Kondensators gemessen. Wenn CAOUT den Zustand auf 1 wechselt, ist die Spannung über dem Kondensator gerade etwas größer als die analoge Eingangsspannung, und der Timer A wird gestoppt. Mit dem Ergebnis aus dem Zählregister des Timers A kann nun der A/D-Wert und damit die Eingangsspannung bestimmt werden. Während

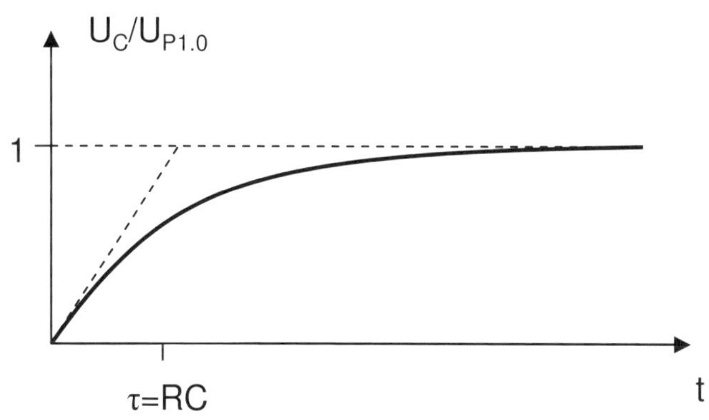

Bild 6.6: Exponentieller Verlauf der Spannung über dem Kondensator U_C normiert auf die maximale Spannung $U_{P1.0}$ aufgetragen über der Zeit t.

der A/D-Wandlung muss sichergestellt sein, dass sich das analoge Eingangssignal nicht ändert. Dies ist notwendig, da wir keine Sample-and-Hold-Schaltung vorgesehen haben. Als einfachste Maßnahme sollte zumindest ein Tiefpassfilter am analogen Eingang vorgesehen werden, dessen Grenzfrequenz deutlich unterhalb der längsten Wandlungszeit ($f_g \ll 1/2\pi T_{max} \approx 13Hz$) liegt.
Für eine genaue Berechnung des Spannungswertes müssen wir berücksichtigen, dass die Spannung über dem Kondensator und die Zeit in einem nichtlinearen Zusammenhang stehen (Bild 6.6):

$$\frac{U_C(t)}{U_{P1.0}} = 1 - \mathrm{e}^{-\frac{t}{\tau}} \quad \text{mit} \quad \tau = R \cdot C \tag{6.1}$$

Eine Möglichkeit wäre, die Exponentialfunktion mit einer Reihenentwicklung über i zu approximieren und auf dem MSP in C zu implementieren:

$$\frac{U_C(t)}{U_{P1.0}} = 1 - \sum_{i=0}^{\infty} \frac{\left(-\frac{t}{\tau}\right)^i}{i!} = -\frac{t}{\tau} - \frac{\left(\frac{t}{\tau}\right)^2}{2} + \frac{\left(\frac{t}{\tau}\right)^3}{6} + \dots \tag{6.2}$$

Da uns auch hier die Festkomma-Arithmetik stark limitiert, wollen wir auf eine weitere Möglichkeit der Implementierung komplexer Funktionen zurückgreifen: eine sogenannte Look-Up-Tabelle. In dieser sind zu (allen) möglichen Eingangswerten der Funktion die Ausgangswerte vorberechnet und im Speicher abgelegt.
Wir werden nun einen A/D-Wandler mit einer Auflösung von 8 Bit entwickeln. Die kleinste messbare Spannung beträgt dann bei einer maximalen Amplitude von $3.3\,\mathrm{V}$ etwa $13\,\mathrm{mV}$. Wir stellen nun Gleichung 6.1 nach t um und berechnen die Zeiten für die 256 Spannungsschritte:

$$U(n) = n * 0.01289 \tag{6.3}$$

$$T(n) = -\tau\, ln(1 - \frac{U(n)}{3{,}3V}) \tag{6.4}$$

$$= -10000 \cdot 220 \cdot 10^{-9}\, ln(1 - \frac{n}{256}) \tag{6.5}$$

Diese Tabelle werden wir in unserem Code als Look-Up-Tabelle verwenden. Zudem müssen wir noch die Zeiten in die Zählerstände des Timers A mit Bezug zur realen Zählerfrequenz umrechnen. In unserem Beispiel soll diese Frequenz $1\,\mathrm{MHz}$ betragen.

$$T_{Timer}(n) = T(n)/0.000001 \tag{6.6}$$

Im Listing 6.1 ist die Look-Up-Tabelle für die Auswertung des Comparator-A-Eingangs implementiert.

```
#include <msp430x16x.h>

int adc_messen()
{
    int t, ad_wert, i;

    // LookUp-Tabelle als const, damit die Daten im Flash stehen
    const int LookUp[256] = {0, 9, 17, 26, 35, 43, 52, 61, 70,
       79, 88, 97, 106, 115, 124, 133, 142, 151, 160, 170,
        ... hier stehen noch die anderen Werte ...
        8653, 9143, 9773, 10661, 12172};

    CACTL1 |= CAON;                       // Komparator einschalten

    // zuerst müssen wir einen definierten Ausgangszustand
    // herstellen und den Kondensator entladen.
    CACTL2 = P2CA0 + CAF;
    t = 0;
    P1OUT = 0x00;
    while(t < 32000) {
        t++;
    }

    // Messung vorbereiten
    CACTL2 = P2CA0 + P2CA1 + CAF; // verbinde Eingänge
    TAR = 0;

    // jetzt die Messung beginnen
    P1OUT = 0x01;    // Kondensator laden
    TACTL |= MC_2;    // Timer starten

    // Warte, so lange die Spannung über dem Kondensator
    // nicht größer als die Messspannung ist
    while(!(CACTL2 & CAOUT) && (t < 13000)) {
        t = TAR;
    }

    TACTL &=~ MC_2; // Timer stoppen
    t = TAR;        // gemessene "Zeit" speichern
    ad_wert = 0;    // AD-Wert aus der Look-Up-Tabelle bestimmen
    while((t > LookUp[ad_wert]) && (ad_wert < 256))
        { ad_wert++; }
    return ad_wert;
}
```

```
int main ( void )
{
    int i;
    int ergebnis;

    WDTCTL  = WDTPW | WDTHOLD;  // Watchdog-Timer ausschalten

    BCSCTL2 |= DIVS_3; Timer-Clock langsamer

    // Timer A konfigurieren
    TACTL = TASSEL_2;           // Auswahl der SMCLK als Quelle
    TACTL |= TACLR;             // Rücksetzen des Zählers

    // Comparator A konfigurieren
    CACTL2 = P2CA0 + P2CA1 + CAF;
    CACTL1 |= CAON;
    CACTL2 = P2CA0 + CAF;
    CACTL1 |= CAON;

    // P2.3 als positiver und P2.4 als negativer Eingang
    P2DIR = 0x00;
    P2SEL = BIT3+BIT4;

    // Port P1.0 konfigurieren
    P1DIR = BIT0;
    P1OUT = 0x00;

    // Endlosschleife, A/D-Wert mit Debugger überprüfen
    while(1) {
        ergebnis = adc_messen();
    }
}
```

Listing 6.1: Einfacher 8-Bit-Single-Slope-A/D-Wandler

6.3 Kapazitiver Schalter

Ein weiteres Anwendungsbeispiel für das Comparator-A-Modul ist die Vermessung einer Kapazität mittels eines Kapazitäts-Frequenz-Umsetzers. Wie in der Application-Note "PCB-Based Capacitive Touch Sensing With MSP430" [Tex07f] beschrieben, kann hierdurch ein berührungsloser Schalter realisiert werden, wie sie ähnlich auch in einem modernen PDA eingesetzt werden.

Bringt man auf einer Leiterplatte zwei Kontakte ringförmig zueinander an, so bilden diese eine, wenn auch kleine, Kapazität. Der Wert der Kapazität ist hierbei durch verschiedene Faktoren, wie Geometrie, Material, Isolationslack oder auch Verbindungsmedium bestimmt. Gerade dieses Verbindungsmedium kann vom Benutzer durch Auflegen eines Fingers deutlich verändert werden, Bild 6.7.

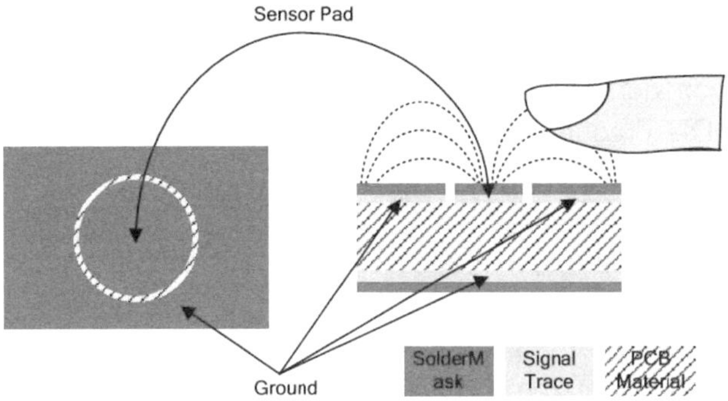

Bild 6.7: Finger und Leiterbahn bilden eine Kapazität, aus [Tex07f]

Eine Möglichkeit die Kapazität zu vermessen, ist sie in einem Oszillator als frequenzbestimmendes Element zu verschalten und dann die resultierende Frequenz des Oszillators zu messen. Für den Aufbau des Oszillators kann zum Beispiel der Komparator des MSP mit etwas zusätzlicher Programmlogik und wenigen externen Bauteilen verwendet werden, wie es in Bild 6.8 gezeigt ist.

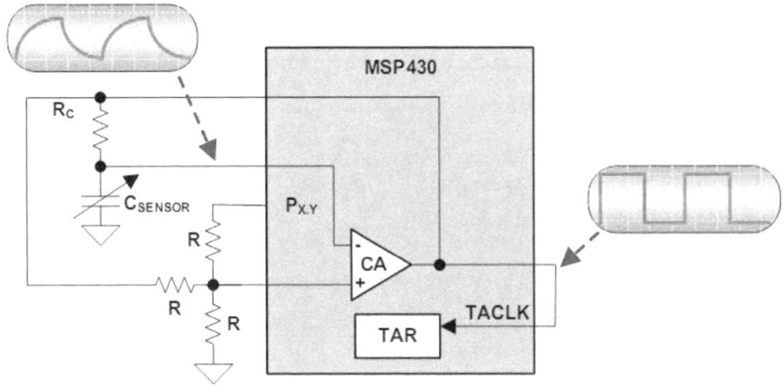

Bild 6.8: Schaltbild des grundsätzlichen Aufbaus, aus [Tex07f]

Zum Verständnis der Schaltung fangen wir in einem Schaltzustand an. Der Kondensator ist entladen, der Pin P.X steht auf HIGH. Damit beträgt die Vergleichsspannung am positiven Komparatoreingang 2/3 VCC. Der Ausgang des Komparators ist somit auch HIGH und der Kondensator wird geladen. Überschreitet die Kondensatorspannung die Referenzspannung, schaltet der Komparator um. Damit geschieht zweierlei: Zum einen wird der Kondensator wieder entladen, zum anderen wechselt auch die Referenzspannung und beträgt nun 1/3 VCC. Die beiden Zustände (laden/entladen) wechseln sich periodisch ab, und eine von der Kapazität und deren Vorwiderstand abhängige Frequenz stellt sich ein. Die Frequenz kann nun, wie wir es im Kapitel 4 ja schon gelernt haben, mit Hilfe des Timer-A-Moduls relativ einfach gemessen werden.

Auf der Software-Ebene müssen wir zunächst den Komparator, den Portpin und den Timer gemäß unserer Vorgaben initialisieren. Im Komparator-Interrupt zählen wir einfach jede steigende Signalflanke hoch. Der Timer definiert unsere Torzeit, das heißt in welchem Referenzintervall wir die Anzahl der Flankenwechsel zählen. Die Schalterauswertung selbst ist dann nur noch der Vergleich mit einem zuvor festgelegten Referenzwert.

```
#include <msp430x16x.h>

int i;                  // globale Zählvariable
int Frequenz;           // Messergebnis
int Schaltschwelle      // experimentell bestimmte Schaltschwelle

// Comparator-A-Interrupt-Service-Routine
#pragma vector=COMPARATORA_VECTOR
__interrupt void COMPARATORA(void)
{
  i++;                  // Laufzähler hochzählen
}

// Timer-A-Interrupt-Service-Routine
#pragma vector=TIMERA0_VECTOR
__interrupt void TIMERA0(void)
{
  Frequenz = i;         // Auswertung Messung
  i=0;
  if (Frequenz > Schaltschwelle) {
    P1OUT |=  BIT0; // LED an
  }
  else {
```

```
    P1OUT &= ~BIT0; // LED aus
  }
}

int main ( void )
{
 WDTCTL = WDTPW | WDTHOLD;       // Watchdog-Timer ausschalten

 // Timer A konfigurieren
 TACTL   = TASSEL_2;             // Auswahl der SMCLK als Quelle
 TACTL  |= TACLR;                // Rücksetzen des Zählers
 TACCTL0= CCIE;                  // Cap/Comp-Interrupt aktivieren
 TACCR0 = 32767;                 // von 0 bis 32767 zählen

 // Comparator A konfigurieren
 CACTL2 = P2CA0 + P2CA1 + CAF; // verbinde Ausgänge und Filter
 CACTL1|= CAON + CAIE;          // Anschalten und Interrupt
 P2DIR  = BIT2;                 // CA Ports konfigurieren
 P2SEL  = BIT2+ BIT3+BIT4;

 P6DIR  = BIT6;                 // Steuerausgang Referenz
 P6OUT  = BIT6;                 // Port setzen

 P1DIR  = BIT0;                 // LED Ausgang
 P1OUT  = 0x00;


 _enable_interrupts();          // los gehts
 TACTL |= MC_1;                 // Timer starten
 while(1) {} // Hauptprogramm, hier gibt es nichts zu tun
}
```

Listing 6.2: Realisierung eines kapazitiven Schalters

6.4 Aufgaben

1. Beschreibe die Funktionsweise eines Komparators.
2. Konstruiere mit einer einfachen Reflexlichtschranke einen Schließkontakt mit einstellbarer Schaltschwelle.
3. Bei der Konstruktion des Single-Slope-A/D-Wandlers wurde eine Kompensation der nichtlinearen Ladungskurve des Kondensators vorgenommen. Wie könnte man die externe Beschaltung erweitern, so dass man dies nicht mehr benötigt?
4. Erweitere den Single-Slope-A/D-Wandler zum Dual-Slope-A/D-Wandler.
5. Schreibe ein einfaches Programm, das den positiven Eingang des Komparators mit der Referenzdiode vergleicht und bei Überschreiten in einer Interruptroutine immer einen Zähler inkrementiert.
6. Wie könnte man dieses Beispiel um eine Schalthysterese erweitern?

7 Analoge Ausgänge

In Kapitel 2 haben wir die digitalen I/O-Ports des MSP430 kennengelernt, mit denen man digitale Signale ein- und ausgeben kann. Mit einigen dieser Ports kann man als Spezialfunktion analoge Signale erfassen (vgl. Kapitel 5). Wiederum andere Ports eignen sich als analoge Ausgänge, also Kontakte, an denen man eine analoge Spannung generieren und abgreifen kann. Die analogen Ausgänge unterliegen dabei wie die analogen Eingänge der Einschränkung, dass das Ausgangssignal (also die Ausgangsspannung) nur werte- und zeitdiskret vorliegt. Der MSP430 verfügt über prinzipiell zwei verschiedene Typen von analogen Ausgängen.
Die so genannten **D/A-Ports** sind analoge Ausgänge, an denen eine Spannung zwischen einer minimalen und einer maximalen Spannung mit einer Auflösung von 12-Bit (das entspricht 4096 Quantisierungsschritten) erzeugt werden kann. Nicht jeder Mikrocontroller-Typ verfügt über die D/A-Ports, die logisch im **DAC12**-Block zusammengefasst werden.
Mit Hilfe des Timers lassen sich pulsweitenmodulierte Signale an digitalen Ausgängen erzeugen. Mit Hilfe dieser so genannten **PWM-Ports** ist es ebenfalls möglich analoge Signale zu erzeugen.

7.1 Grundlagen der D/A-Wandlung

Zu Beginn wollen wir uns jedoch erst mit ein paar Grundlagen der Digital/Analog-Wandlung beschäftigen. Bei der Umwandlung eines zeit- und wertediskreten Signals wird dieses unter idealisierten Bedingungen als Impulsfolge ausgegeben, Bild 7.1. Unter Verwendung eines idealen Rekonstruktionsfilters (idealer Tiefpass) entsteht dann aus der Überlagerung der Impulsantworten das analoge Ausgangssignal. Da in der realen Welt allerdings die Erzeugung eines Delta-Impulses nicht gelingt (unendlicher Energiegehalt) werden Impulse endlicher Länge mittels eines Haltegliedes für einen Abtastzeitraum konstant ausgegeben, Bild 7.2.
Das zugehörige Frequenzspektrum des Nutzsignals und der Frequenzgang des Halteglieds ist in Bild 7.3 links zu sehen. Der Frequenzgang des realen Ausgangssignals am Ausgang des Mikrocontrollers entspricht somit der Überlagerung beider

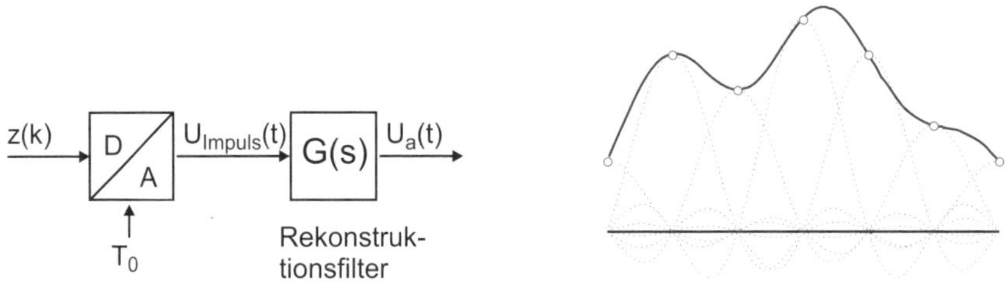

Bild 7.1: Idealisierte D/A-Wandlung und zugehörige Impulsfolge nach Rekonstruktionsfilter

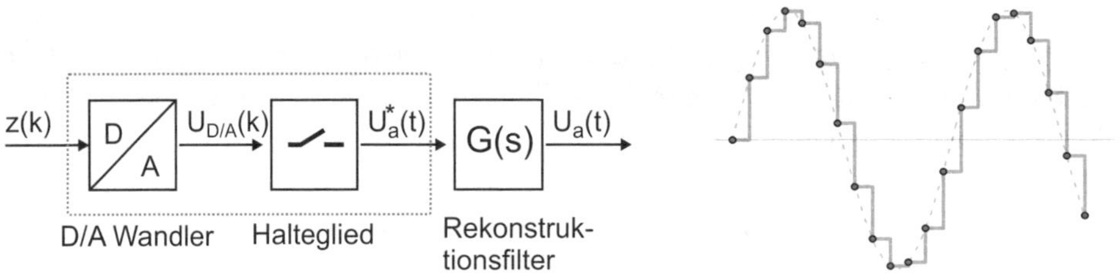

Bild 7.2: Reale D/A-Wandlung und Ausgangssignal nach dem Halteglied

Frequenzgänge, was durch eine Multiplikation im Frequenzbereich beschrieben werden kann. Das entstehende Spektrum ist im Basisfrequenzbereich verzerrt und es entstehen zusätzliche Signalanteile an den Spiegelfrequenzen (um $\omega_0 \ldots n \cdot \omega_0$).

Zur präzisen Rekonstruktion ist zuallererst ein Tiefpassfilter erforderlich, der genau diese störenden Signalanteile an den Spiegelfrequenzen wegfiltert. Der Entwurf dieses Tiefpassfilters erfolgt mit der gleichen Methodik, mit der auch Aliasing-Filter für analoge Eingänge entworfen werden. Zusätzlich beeinflusst das Halteglied auch den Frequenzgang im Nutzsignalband (Dämpfung der höheren Nutzsignalfrequenzen). Dies kann durch ein geeignetes Hochpass-Kompensationsfilter korrigiert werden, Bild 7.3 rechts.

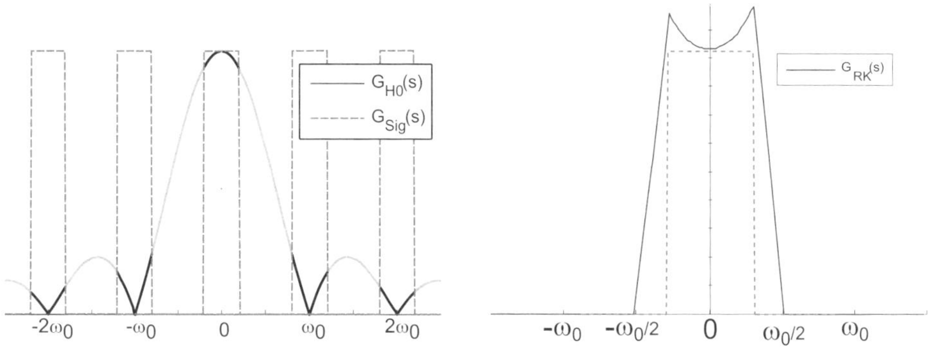

Bild 7.3: Reale D/A-Wandlung links: Spektrum des Nutzsignals und Frequenzgang des Halteglieds. Rechts: Frequenzgang des kompensierenden Rekonstruktionsfilters

So weit zur signaltheoretischen Betrachtung. Was wir jetzt noch benötigen, ist ein elektrischer Umsetzer, der aus einer digitalen (abstrakten) Zahl in einem Digitalrechner eine analoge Spannung erzeugen kann. Nach [TSG02] kann man prinzipiell drei Verfahren der Umsetzung unterscheiden: Parallelverfahren, Wägeverfahren und Zählverfahren. Deren grundsätzlicher schaltungstechnischer Aufbau ist in Bild 7.4 gezeigt.

Beim Parallelverfahren werden alle möglichen Ausgangsspannungen parallel erzeugt und die richtige durch einen 1:N Multiplexer ausgewählt, siehe Bild 7.4a). Erwartungsgemäß erfordert diese Realisierung einen extrem großen Aufwand an Bauelementen, die sich in Komplexität und Preis der Umsetzung widerspiegeln. Aus diesem Grunde wird ein solcher Wandler kaum in käuflichen D/A-Wandlern eingesetzt. Vorteil ist die strenge Monotonie der analogen Ausgangswerte, denn die zum nächstkleineren Zahlenwert gehörende Ausgangsspannung ist konstruktionsbedingt immer kleiner als die vorhergehende.
Bei Zähl- oder Zeitmittelwertverfahren wird in Relation zum digitalen Wert eine Referenzspannung in zeitlicher Folge an- und ausgeschaltet, Bild 7.4b). Ein nachfolgendes Filter (hier angedeutet durch einen RC-Tiefpass) glättet die entstehenden Oszillationen und stellt den Ausgangswert her. In der Literatur wird dieses Verfahren auch als Pulsweitenmodulation (PWM) beschrieben. Oftmals wird diese Art der D/A-Umsetzung in Zusammenhang mit schaltenden Leistungshalbleitern (z.B. Mosfets) verwendet, da so die entstehende Verlustleistung extrem gering

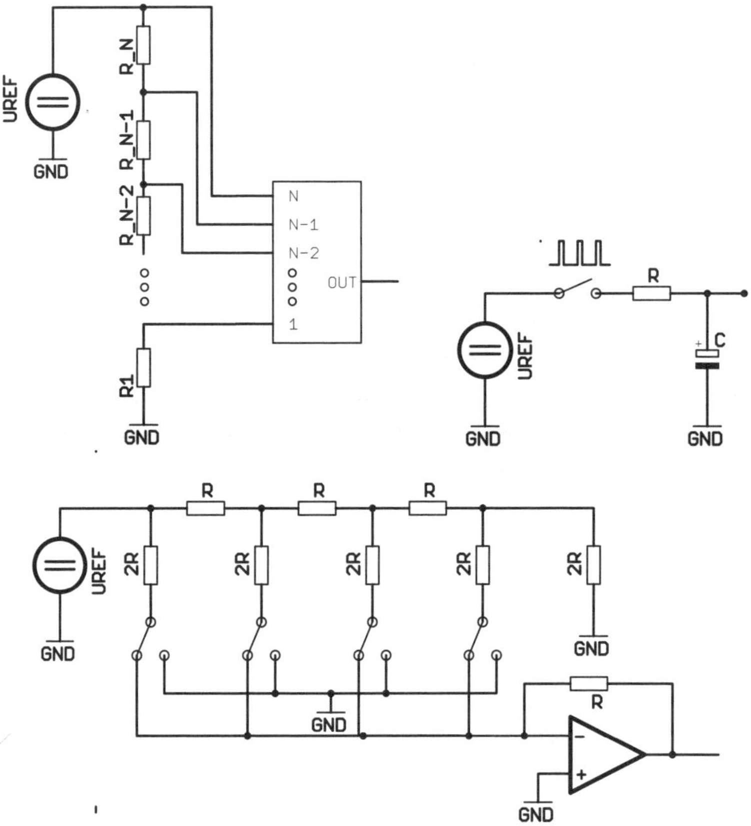

Bild 7.4: Verschiedene Prinzipien der D/A-Wandlung: a)Parallelverfahren, b)Zählverfahren, c)Wägeverfahren

gehalten werden kann. In Verbindung mit den häufig vorkommenden induktiven Lasten in Kombination mit deren Massenträgheit (z.B. Motoren, Lautsprecher) kann man oft auf die explizite Implementierung des Tiefpassfilters verzichten. Beschränkender Faktor bei diesem Verfahren ist die erreichbare Abtastrate. Um die nötigen Diskretisierungsstufen erzeugen zu können, sind schnelle Zähler erforderlich. So benötigt man für einen 16-Bit-Umsetzer bei einer Abtastfrequenz von $10\,\mathrm{kHz}$ immerhin einen Zähler mit $655\,\mathrm{MHz}$.

Anstelle eines PWM-basierten Ausgangssignals kann man auch binäre Rauschfolgen zum Beispiel aus einem Sigma-Delta-Modulator auf den Schalter ausgeben. Das Prinzip ist ähnlich dem der Sigma-Delta-A/D-Wandlung (siehe Kapitel 5.1),

bei der eine Sigma-Delta-Modulationsstufe aus einem Wert eine Impulsfolge formt. Beim D/A-Wandler ist das Eingangssignal des Modulators das digitale Signal. Der Integrator sowie der Komparator sind digital realisiert. Die Ausgangs-Binärfolge wird dann einfach über den digitalen Schalter ausgegeben. Der anschließende Tiefpass ist analog realisiert. Vorteil dieser Umsetzung ist das auch hier auftretende "Noise-Shaping", was den erreichbaren Signal-Störabstand im Zusammenspiel mit dem Oversampling günstig beeinflusst. Solche D/A-Wandler sind mittlerweile in vielen CD-Spielern oder anderen digitalen Audioquellen weit verbreitet. Sie werden dort oft als 1-Bit-D/A-Wandler bezeichnet. Bei Verwendung als Lastausgang besteht bei dieser Art der Implementierung aber das Problem entsprechend schnell schaltende Leistungshalbleiter zu finden.
Als letztes Prinzip haben wir das Wägeverfahren, Bild 7.4c). Dies basiert darauf, dass alle Spannungen von $\frac{1}{1..2^n} \cdot U_{ref}$ erzeugt werden und selektiv über einen Summationsverstärker aufsummiert werden können. Deshalb werden für einen n-Bit-Wandler auch genau n Schalter benötigt. Im Bild werden die verschiedenen Spannungen über ein so genanntes R-2R Leiternetzwerk aus einer Referenzspannung erzeugt.In einem solchen Netzwerk beträgt die Spannung am nächsten Knotenpunkt immer die Hälfte der Spannung des vorigen. D/A Wandler dieses Typs sind im DAC12-Modul des MSP integriert.

7.2 D/A-Ports

Mikrocontroller-Typen, auf denen der DAC12-Block implementiert ist, verfügen über zwei D/A-Ports (DAC0 und DAC1). Es handelt sich dabei um Spezialfunktionen von digitalen I/O-Ports. Auf dem MSP430F1612 belegt DAC0 den Port P6.6 und DAC1 den Port P6.7. Der genaue Anschluss hängt von der gewählten MSP430-Variante ab und ist dem jeweiligen Datenblatt zu entnehmen.

7.2.1 Übersicht

Jeder D/A-Port kann sowohl im 8-Bit- als auch im 12-Bit-Modus arbeiten. Die Steuerung der beiden D/A-Ports übernehmen insgesamt vier interne Register. Dabei stehen pro D/A-Port jeweils ein Kontrollregister und ein Datenregister zur Verfügung. Im Datenregister steht der Ausgabewert des D/A-Wandlers. Das Kontrollregister (DAC12_xCTL), das in Abbildung 7.5 dargestellt ist, dient zur Initialisierung des D/A-Ports und zur Einstellung der Laufzeitparameter.

15	14	13	12	11	10	9	8
Reserved	DAC12SREFx		DAC12RES	DAC12LSELx		DAC12 CALON	DAC12IR
rw-(0)	rw-(0)	rw-(0)	rw-(0)	rw-(0)	rw-(0)	rw-(0)	rw-(0)

7	6	5	4	3	2	1	0
DAC12AMPx			DAC12DF	DAC12IE	DAC12IFG	DAC12ENC	DAC12 GRP
rw-(0)	rw-(0)	rw-(0)	rw-(0)	rw-(0)	rw-(0)	rw-(0)	rw-(0)

Bild 7.5: DAC12-Kontrollregister DAC12_xCTL

Die grau unterlegten Flags sind nur zugänglich, wenn das Bit DAC12ENC gesetzt ist. Das ist eine Sicherungsfunktion, wie wir sie auch schon bei den analogen Eingängen kennengelernt haben.

Referenzspannung

Jeder D/A-Port lässt sich mit einer eigenen Referenzspannung konfigurieren. Dabei kann man entweder auf eine externe Referenzspannung oder auf eine der internen Referenzspannungen ($1.5\,\mathrm{V}$ oder $2.5\,\mathrm{V}$) zurückgreifen. Die Referenzspannung wird mit Hilfe der Bits DAC12SREFx nach Tabelle 7.1 festgelegt.

SREFx	Referenzspannung
00	V_{REF+}
01	V_{REF+}
10	V_{eREF+} (extern)
11	V_{eREF+} (extern)

Tabelle 7.1: Wahl der Referenzspannung

Die interne Referenz leitet sich von der ADC12-Referenz ab und muss daher aktiviert und konfiguriert werden. Mit der nachfolgenden Codezeile wird beispielsweise die $2.5\,\mathrm{V}$-Referenzspannung ausgewählt:

```
ADC12CTL0 = REF2_5V + REFON;
```

Listing 7.1: Initialisierung der ADC12-Referenzspannung

Referenzspannung und Ausgangsspannung des DAC12 sind über einen Input- und einen Output-Buffer miteinander verknüpft. Die Puffer sorgen für eine stabile Betriebsfunktion. In der Dynamik schnell ausgelegte Puffer benötigen mehr Strom als langsam ausgelegte Puffer. Mit den DAC12AMPx-Flags lässt sich die Dynamik und damit der Stromverbrauch der Puffer einstellen (Tabelle 7.2).

AMPx	Input-Buffer	Output-Buffer
000	ausgeschaltet	DAC12 ausgeschaltet
001	ausgeschaltet	DAC12 ausgeschaltet
010	langsam	langsam
011	langsam	mittel
100	langsam	schnell
101	mittel	mittel
110	mittel	schnell
111	schnell	schnell

Tabelle 7.2: Auswahl der Puffer-Einstellungen

Durch die Wahl der Puffer-Einstellungen (DAC12AMPx $>$ 0) wird der I/O-Port direkt als D/A-Port ausgewählt. Die Initialisierung der Spezialfunktion ist nicht nötig.

Wahl des Verstärkungsfaktors

Die Amplitude des Ausgangssignals ist abhängig von der gewählten Referenzspannung und einem Verstärkungsfaktor, der mit dem Bit DAC12IR ausgewählt werden kann. Ist DAC12IR gesetzt, so ist die Amplitude gleich der Referenzspannung. Wenn das Bit allerdings gelöscht ist, so entspricht die Amplitude dem dreifachen der Referenzspannung. Da der MSP430 aber mit einer Versorgungsspannung von $3.3\,\mathrm{V}$ betrieben wird, geht das Ausgangssignal bei $3.3\,\mathrm{V}$ in Sättigung. Alle Signalanteile mit einer größeren Amplitude werden abgeschnitten. Abbildung 7.6

verdeutlicht den Signalverlauf für beide Fälle (links: DAC12IR $= 1$ und rechts: DAC12IR $= 0$).

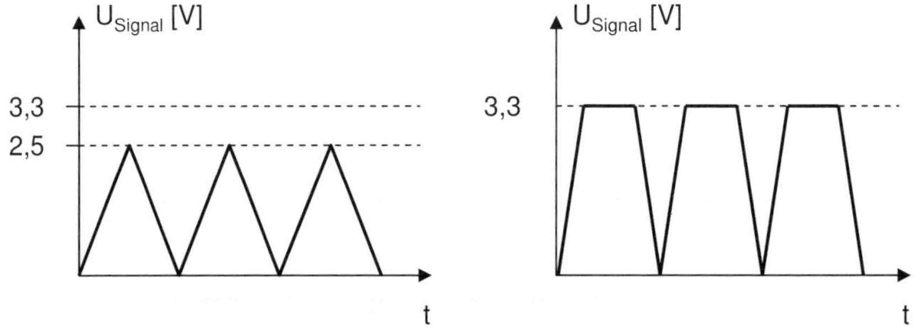

Bild 7.6: Dreiecksspannung mit einer Amplitude von $1 \cdot V_{REF}$ (links) und einer Amplitude von $3 \cdot V_{REF}$ (rechts).

Kalibrierung

Auf Grund von Fertigungsschwankungen und Temperatureffekten kann die analoge DAC-Ausgangsspannung einen positiven oder negativen Offset haben, wie es in Bild 7.7 gezeigt ist. Der Absolutwert der Abweichung kann z.B. bei dem MSP430F1612 bis zu $21\,\mathrm{mV}$ betragen. Um dies zu kompensieren, verfügt das DAC12-Modul über einen internen Kalibriermechanismus.
Die Kalibrierung wird durch Setzen des Bits DAC12CALON gestartet. Nach der Kalibrierung wird das Bit automatisch vom Mikroprozessor gelöscht. Damit kann man feststellen, ob die Kalibrierung erfolgreich ausgeführt wurde. Während des Kalibriervorgangs sollte der DAC12 nicht angesteuert werden. Nach der Kalibrierung beträgt der Offset maximal $2.5\,\mathrm{mV}$.
Die Wahl der Puffer-Einstellung hat Auswirkungen auf die Zeit, die der Controller für die Kalibrierung benötigt. Bei einem langsam ausgelegten Puffer benötigt der Controller etwa $100\,\mathrm{ms}$. Für einen schnell ausgelegten Puffer werden nur $6\,\mathrm{ms}$ benötigt.
Die Funktionalität der weiteren Bits und Flags im Kontrollregister ist dem Datenblatt zu entnehmen. Da sie teilweise vom verwendeten Modell abhängen und zum anderen für die Konzeption üblicher DAC12-Anwendungen keine große Bedeutung haben, sollen sie hier nicht weiter berücksichtigt werden.

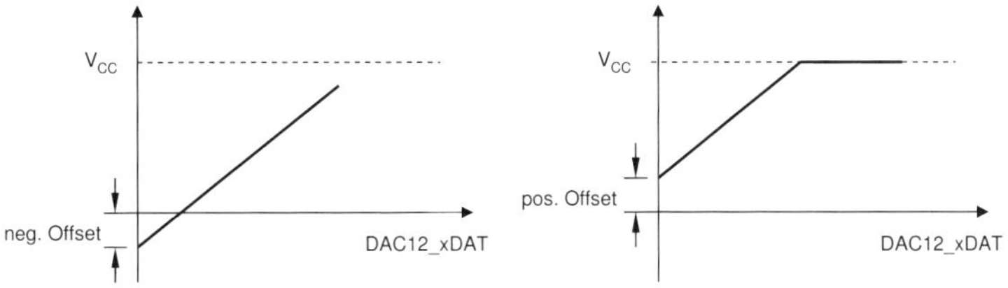

Bild 7.7: Negativer oder positiver Offset der analogen Ausgangsspannung [Tex06c].

Einfaches Beispielprogramm

Wir haben nun einige Informationen über die Initialisierung eines D/A-Ports erfahren und können nun ein einfaches Beispielprogramm entwickeln. Das Programm aus Listing 7.2 soll eine Dreiecksspannung mit einer Amplitude von 2.5 V ausgeben. Dazu wird der DAC12 initialisiert und dann einfach die entsprechende Wertefolge ausgegeben.

```
#include <msp430x16x.h>
 int i;

int main( void )
{
  WDTCTL   = WDTPW | WDTHOLD;                  // Watchdog ausschalten
  ADC12CTL0 = REF2_5V + REFON;                 // Interne Referenz-
                                               // spannung auf 2.5 V
                                               // DAC12 initialisieren
  DAC12_0CTL = DAC12IR + DAC12AMP_5 + DAC12ENC;

  while(1) {                                   // "Signalgenerator"
                                               // starten
    for(i = 0; i < 4095; i = i + 50) {
      DAC12_0DAT = i;
    }
    for(i = 4095; i > 0; i = i - 50) {
      DAC12_0DAT = i;
    }
  }
}
```

Listing 7.2: Einfaches D/A-Wandler-Beispielprogramm

7.2.2 Ansteuerung von Lasten

Bei der Ausgabe analoger Spannungen ist natürlich wichtig, welche Last daran angeschlossen werden soll. Lasten bis maximal $500\,\mu\mathrm{A}$ können direkt durch den MSP betrieben werden. Bei höheren Strömen muss der Steuerkreis mit DAC12 und Mikrocontroller vom Lastkreis getrennt werden. Hierzu gibt es mehrere Möglichkeiten:
Eine einfache Möglichkeit den Steuer- vom Lastkreis zu trennen, ist die Verwendung einer Transistortreiberstufe oder einer Darlington-Schaltung. In Kapitel 2.3.3 haben wir diese ja schon eingeführt und man kann prinzipiell auch eine Schaltung wie in Bild 2.5 verwenden. Nachteilig ist, dass beide Schaltungen ein relativ stark nichtlineares Verhalten von U_{in}/U_{aus} aufweisen. Normalerweise ist ein lineares Übertragungsverhalten erforderlich, weshalb man lieber gleich auf eine Operationsverstärkerschaltung zurückgreifen sollte. Einfache Lasten bis $20\,\mathrm{mA}$ können mit den meisten Standard-Typen (z.B. LM358 LM324 TL084 uA741) direkt betrieben werden. Bei größeren Strömen bis $200\,\mathrm{mA}$ kann man zum Beispiel auf einen OPA551 oder einen AD815 zurückgreifen. Der Anschluss erfolgt dann beispielsweise als ganz normale nichtinvertierende Operationsverstärkerschaltung, siehe Abbildung 7.8. Mit einem Verstärkungsfaktor > 1 können auch höhere Ausgangsspannungen als die Versorgungsspannung des MSP erreicht werden. Immer vorausgesetzt natürlich, der Operationsverstärker wird mit einer entsprechend größeren Versorgungsspannung betrieben.

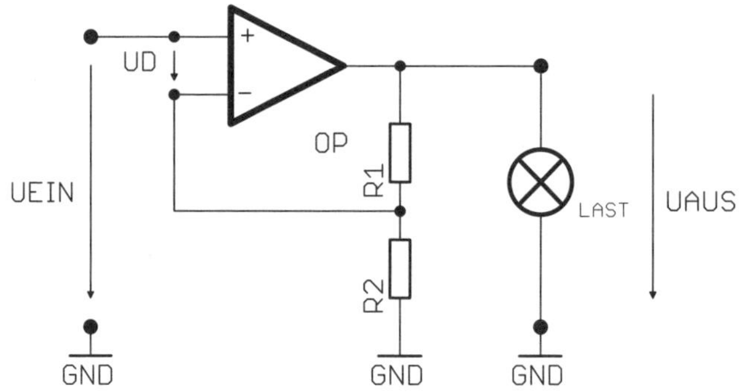

Bild 7.8: Nichtinvertierende Operationsverstärkerschaltung zum Treiben einer Last

Besteht die Notwendigkeit, Ströme größer als 10..20 mA abzugeben, kann man eine Schaltung wie in Bild 7.9 gezeigt verwenden. Die hier gezeigte Schaltung linearisiert die Ausgangskennlinie des Transistors durch die Rückführung über den Operationsverstärker. Im Prinzip ist es gleich, ob man dort einen FET oder einen Bipolartransistor einsetzt. Entscheidend ist eher die Dimensionierung der Verlustleistung und der maximal erlaubte Strom durch den Transistor.

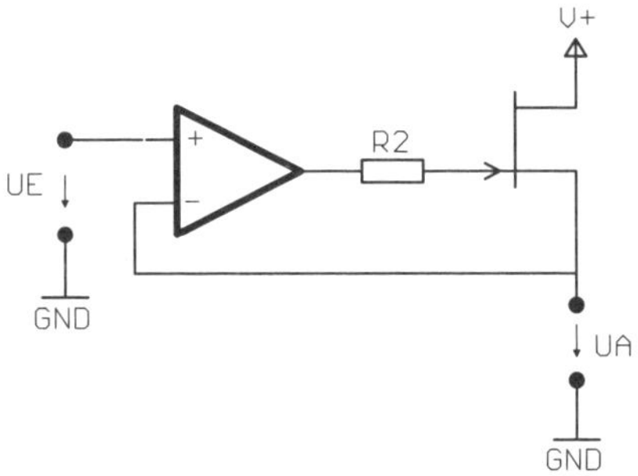

Bild 7.9: Operationsverstärkerschaltung mit einem FET als Leistungsausgang

7.3 Selbstbau D/A-Wandler

Leider haben ja nicht alle MSP430-Varianten einen eingebauten D/A-Wandler. Natürlich kann man dann extern einen dezidierten D/A-Wandler der einschlägig bekannten Firmen anschließen, aber diese Präzision ist manchmal ja gar nicht notwendig. Man kann mit wenigen und einfachen Bauteilen einen simplen D/A-Wandler konstruieren, vorausgesetzt man hat noch ein paar digitale Portpins frei. Die Idee dazu stammt von Jesper Hansens Mini DDS Projekt [Han08], obwohl er da sicher nicht der Erste war. Bild 7.10 zeigt den zugehörigen Schaltplan.

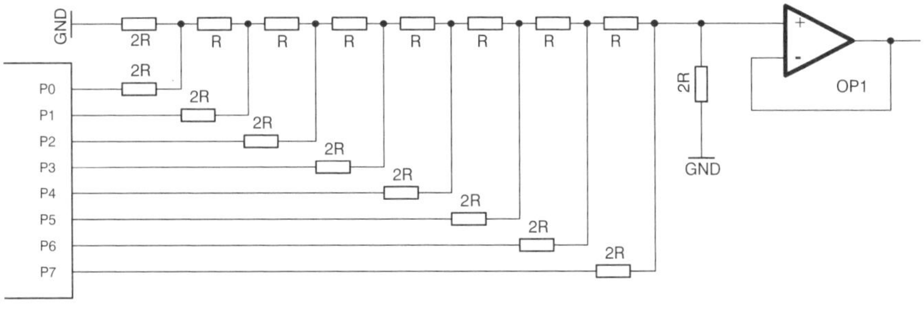

Bild 7.10: "Selbstbau" D/A-Wandler mit einem Digitalport

Das Verwendete R-2R-Leiternetzwerk wird im Gegensatz zu dem in Bild 7.4c) gezeigten "invers" betrieben. Je nach Toleranz der Widerstände kann man recht brauchbare Ergebnisse erzielen. Natürlich ist die erreichbare Genauigkeit nur eingeschränkt mit den Laser-abgeglichenen Widerständen in DAC-IC's vergleichbar. Widerstände in der Größenordnung von R $= 10$ kΩ haben sich in der Anwendung bewährt. Bei dem R-2R Leiternetzwerk hat man prinzipbedingt einen relativ hohen Innenwiderstand der Signalquelle, so dass, wie auch im Bild gezeigt, ein Impedanzwandler nachgeschaltet werden sollte.

```
int adWert;
WDTCTL  = WDTPW | WDTHOLD;           // Watchdog ausschalten
P1DIR = 0xFF;                        // P1.0 - P1.7 als Ausgang
P1SEL = 0x00;                        // Normale I/O-Funktion
while(1) {                           // "Signalgenerator" für
 adWert++;                           // Sägezahn
 if (adWert > 255){adWert = 0;}      // 8-Bit-Überlauf des Zählers
 P1OUT = adWert;                     // Ausgabe Analogwert
}
```

Listing 7.3: Einfacher "Selbstbau" D/A-Wandler

7.4 PWM-Ports

Wie wir in der Einleitung ja schon erörtert haben, ist die Ausgabe pulsweitenmodulierter Signale eine Möglichkeit den Übergang von der digitalen in die analoge Welt zu realisieren. Dies wird durch die meisten Prozessoren der MSP430-Serie direkt durch das Timer-Modul unterstützt. Der MSP430F1612 verfügt beispielsweise über zwei I/O-Pins, P1.1 (TA0) und P1.2 (TA1), die eine direkte PWM-Funktionalität besitzen [Tex00b].

7.4.1 Übersicht

Bei einem pulsweitenmodulierten Signal wird eine Periode T_0 in N Zeitabschnitte unterteilt. Dabei entspricht N der Anzahl der Quantisierungsstufen zur Auflösung des analogen Signals. Man ist so in der Lage innerhalb einer Periode die Ausgangsspannung so vieler Zeitabschnitte wie gewünscht auf den HIGH-Pegel (zum Beispiel $3.3\,\mathrm{V}$) zu setzen. In den restlichen Zeitabschnitten ist die Ausgangsspannung gleich dem LOW-Pegel ($0\,\mathrm{V}$). Der Spannungsmittelwert einer Taktperiode entspricht dann dem gewünschten analogen Ausgangssignal. Abbildung 7.11

verdeutlicht den zeitlichen Verlauf eines pulsweitenmodulierten Signals mit einer Auflösung von 2 Bit (das entspricht vier Quantisierungsstufen).

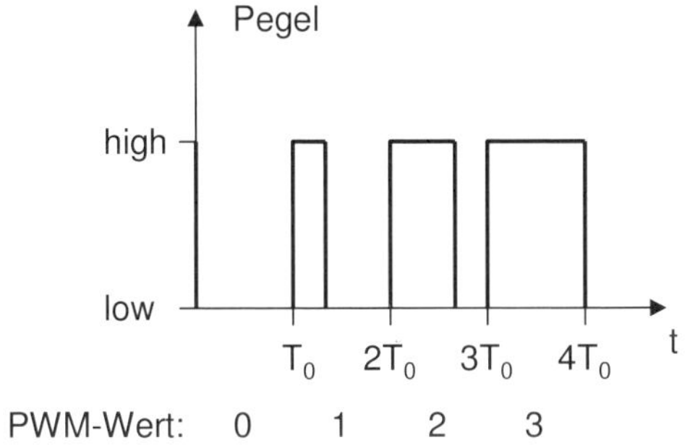

Bild 7.11: Zeitlicher Verlauf eines 2-Bit-pulsweitenmodulierten Signals. Der PWM-Wert wird in diesem Beispiel in jeder Periode T_0 inkrementiert.

In der Mikrocontroller-Schaltungstechnik arbeitet man oft mit pulsweitenmodulierten Signalen, da diese Signale einfach zu erzeugen sind. Echte Digital/Analog-Wandler, wie sie zum Beispiel bei den D/A-Ports eingesetzt werden, sind aufwendiger in der Konzeption und nur die wirklich großen und teuren Modelle der MSP430-Serie haben diese integriert. Oftmals benötigt man aber auch keine wirklich "glatten" analogen Spannungen. Will man beispielsweise mit einem Mikrocontroller einen Gleichstrommotor ansteuern, so reicht ein pulsweitenmoduliertes Signal auf Grund der Trägheit des Rotors aus, um die Drehzahl des Motors einzustellen. Auch die Helligkeit einer LED lässt sich mit einem pulsweitenmodulierten Signal einstellen. Das Auge ist zu träge, um ein Flackern der LED bei einer ausreichend kurzen Periodendauer des PWM-Signals wahrzunehmen. Stattdessen sieht man je nach PWM-Wert unterschiedliche Helligkeitsstufen.

Einfaches Beispielprogramm

Listing 7.4 zeigt ein einfaches Beispielprogramm unter Verwendung des Timers A (vgl. Kapitel 4.1). Zunächst müssen wir dafür den Port 1 konfigurieren. Die Pins P1.1 und P1.2 mit ihrer Sonderfunktion TA0 und TA1, die für die Bereitstellung des pulsweitenmodulierten Signals zur Verfügung stehen, werden dafür als Ausgänge definiert. Um die Sonderfunktion zu aktivieren, müssen wir darüber hinaus auch die entsprechenden Bits im Function-Select-Register P1SEL setzen.

Nun konfigurieren wir den Timer. Als Taktquelle wird die Sub-Main-Clock SMCLK mit dem Vorteiler 2 gewählt. Damit wird der Timer A mit einer Frequenz von etwa $500\,\text{kHz}$ betrieben. Der Timer soll so konfiguriert werden, dass er bis zum Wert TACCR0 hochzählt. Ist diese Grenze erreicht, so soll der Port TA0 getoggelt, also invertiert werden. Mit dem Befehl TACTL | = MC0 wird der Timer A dafür in den Up-Modus gesetzt. Mit TACCTL0 = OUTMOD_4 wird der Ausgabe-Modus des Portpins ausgewählt. Die PWM-Frequenz ergibt sich dann zu:

$$f_{PWM} = \frac{f_{PWM,Takt}}{2^8} = 1953,125\,\text{Hz} \tag{7.1}$$

Am Pin P1.1 können wir die halbe Frequenz davon messen.
Das eigentliche PWM-Signal soll an Pin P1.2 abgreifbar sein. Dafür müssen wir zuerst den Ausgang aktivieren und mit dem Timer verbinden. Wir laden nun unsere Digitalzahl in das TACCR1-Register und setzen den OUTMOD = 7. Damit ist, solange der Timer-Wert kleiner als TACCR1 ist, der Ausgang HIGH, wechselt ab TACCR1 zu LOW und wird erst wieder HIGH, wenn der Timer-Wert TACCR0 erreicht und der Timer wieder von 0 beginnt. Nachlesen kann man das auch gut in der Abbildung 4.9 in Kapitel 4.1.
Die Signale des Beispiels lassen sich am besten mit einem Oszilloskop (oder der Soundkarte des PCs) verfolgen. Alternativ kann man die Helligkeit einer angeschlossenen LED in Abhängigkeit von der PWM beobachten. Der dem PWM-Signal entsprechende digitale Wert wird dabei in der Variable dutyCyclePercent abgelegt und in der WHILE-Schleife jeweils um 1% erhöht.

```
#include <msp430x16x.h>
int main( void )
{
  int i;
  int dutyCyclePercent = 0;       // Duty-Cycle

  WDTCTL  = WDTPW | WDTHOLD;      // Watch-Dog ausschalten

  P1DIR   = BIT1 | BIT3;          // PWM-Port initialisieren
  P1SEL   = BIT1 | BIT3;

  TACTL   = TASSEL_2 | ID_1;      // SMCLK/2 als PWM-Frequenz
  TACCTL0 = OUTMOD_4;             // Toggle wenn TACCR0
  TACCTL1 = OUTMOD_7;             // RESET/SET-Mode

  TACCR0  = 256;
  TACTL  |= MC_1;                 // Timer im UP-Mode starten
```

```
  while( 1 )
  {
    TACCR1 = dutyCyclePercent * TACCR0 / 100;
    dutyCyclePercent += 1;     // Duty-Cycle um 1 erhöhen
    if( dutyCyclePercent > 100 )
      { dutyCyclePercent = 0; }
  }
}
```

Listing 7.4: Einfaches Beispielprogramm zur PWM-Ausgabe

7.4.2 Dimensionierung des Ausgangsfilters

Manchmal benötigt man eine "glatte" analoge Spannung. Wenn die D/A-Ports schon für andere Anwendungen verwendet werden oder nicht vorhanden sind, so kann man mit Hilfe eines passiven oder aktiven Filters aus einem pulsweitenmodulierten Signal eine "glatte" analoge Spannung ohne Oberwellen erzeugen. Dabei sollte jedoch berücksichtigt werden, dass die Ausgangsspannung immer noch werte- und zeitdiskret vorliegt. Gleichzeitig sollte man beachten, dass bei der Verwendung eines aktiven und vor allem bei der Verwendung eines passiven RC-Filters immer eine (wenn auch teils geringe) Restwelligkeit im Signal messbar ist. Auf der anderen Seite verringert man durch den Ausgangsfilter die erreichbare Dynamik des Ausgangssignals.

Passiver RC-Filter

Das passive RC-Filter, das in Bild 7.12 dargestellt ist, zeigt einen Tiefpassfilter. Das Ausgangssignal kann an der Klemme u_A abgegriffen werden. Dabei sollte man darauf achten, dass eine angeschlossene Last die Schaltung und damit auch die Filtereigenschaften verändern kann.

Die Wahl der passenden Bauteilgrößen für den Widerstand R und die Kapazität C ist entscheidend für die Güte der erzeugten Ausgangsspannung. Dazu müssen wir zunächst die Grenzfrequenz der Schaltung 7.12 bestimmen. Mit Hilfe der

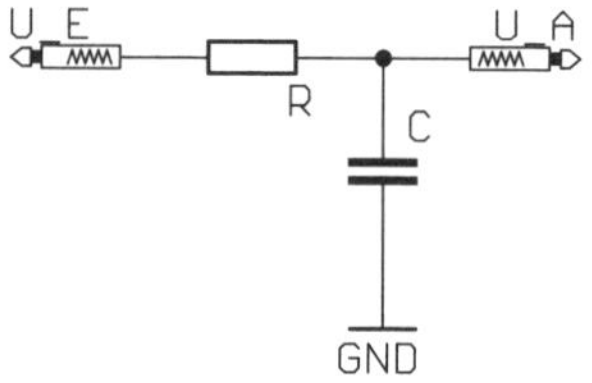

Bild 7.12: Passives RC-Filter zur Erzeugung einer glatten analogen Ausgangsspannung

Spannungsteilerregel erhalten wir:

$$u_A = u_E \cdot \frac{\frac{1}{j\omega C}}{\frac{1}{j\omega C} + R} \tag{7.2}$$

$$\Rightarrow \frac{u_A}{u_E} = \frac{1}{1 + j\omega RC} \tag{7.3}$$

Die Grenzfrequenz f_G ist als die Frequenz definiert, bei der der Betrag der Übertragungsfunktion von u_A/u_E um $3\,\mathrm{dB}$ (also das $1/\sqrt{2}$-fache) abgefallen ist. Dann wird

$$f_G = \frac{1}{2\pi CR}. \tag{7.4}$$

Die PWM-Frequenz unseres Programmierbeispiels beträgt etwa $1950\,\mathrm{Hz}$. Wählen wir beispielsweise $C_1 = 100\,\mathrm{nF}$ und $R_1 = 100\,\mathrm{k\Omega}$, so erhalten wir eine Grenzfrequenz des Filters von etwa $f_G = 16\,\mathrm{Hz}$. Somit hat unser Filter an der PWM-Frequenz eine Dämpfung von etwa $20\,\mathrm{dB}$. Misst man mit einem Oszilloskop das Ausgangssignal, würde man trotzdem eine recht hohe Restwelligkeit, die man häufig auch *Ripple* nennt, von bis zu $V_{Ripple} = 42\,\mathrm{mV}$ feststellen. Mit Hilfe der Faustformel

$$V_{Ripple} \approx \frac{V_{CC}}{4 \cdot f_{PWM} \cdot R \cdot C} \tag{7.5}$$

lässt sich die Größe der Restwelligkeit in erster Näherung gut abschätzen. Die Gleichung 7.5 lässt sich nicht analytisch herleiten, weil die Restwelligkeit vom PWM-Wert (also vom Duty-Cycle) abhängt. Bei einem PWM-Wert von 0 oder 255 ist die Restwelligkeit gerade 0, weil das PWM-Signal dann genau der entsprechenden analogen Ausgangsspannung $0\,\mathrm{V}$ bzw. $3.3\,\mathrm{V}$ entspricht. Die größte

Restwelligkeit erhält man bei einem Duty-Cycle-Wert von $50\,\%$, was einem PWM-Wert von 128 entspricht. Mit einer Auflösung von 8 Bit bei einer maximalen Spannung von $3.3\,\mathrm{V}$ würden wir theoretisch eine Spannung mit einer Genauigkeit von etwa $13\,\mathrm{mV}$ auflösen können. Durch die Wahl der Bauteile des passiven Tiefpasses haben wir also die Auflösung um mehr als den Faktor 3 verschlechtert. Um die Genauigkeit und damit auch die Güte der analogen Ausgangsspannung zu verbessern, müssen wir also entweder einen höheren Widerstands- oder Kapazitätswert wählen. Mit $C = 100\,\mathrm{nF}$ und $V_{CC} = 3.3\,\mathrm{V}$ und Restwelligkeit maximal $V_{Ripple} = 10\,\mathrm{mV}$ erhalten wir für den Widerstand

$$R = \frac{V_{CC}}{4 \cdot f_{PWM} \cdot V_{Ripple} \cdot C} = 423,1\,\mathrm{k\Omega}. \tag{7.6}$$

Für R käme also ein Widerstand von rund $470\,\mathrm{k\Omega}$ in Frage. Dabei verändert sich jedoch auch die Grenzfrequenz zu $f_G = 3.38\,\mathrm{Hz}$. Unter Umständen beschränkt dies den Dynamikbereich des Ausgangssignals zu sehr. Für sich schnell ändernde analoge Spannungen eignet sich dieser passive Tiefpass somit nicht.

Aktives Filter

Um eine höhere Bandbreite des Analogsignals bei gleichzeitiger Dämpfung der Welligkeit zu erhalten, kann man Tiefpässe höherer Ordnung verwenden. Da passive Tiefpässe jedoch nicht sehr gut hintereinander geschaltet werden können, bietet sich ein universelles Koeffizientenglied wie die in Abbildung 7.13 dargestellte so genannte "Sallen-Key-" Schaltung an. Mit dieser Schaltung können komplexe

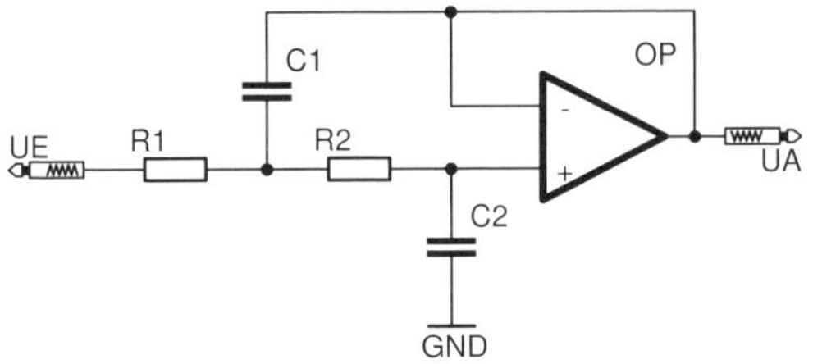

Bild 7.13: Aktiver "Sallen-Key" Tiefpass 2. Ordnung

Filter, wie zum Beispiel Bessel- oder Butterworth-Filter realisiert werden. Die genaue Berechnung der Koeffizienten dafür würde aber an dieser Stelle den Rahmen

unseres Buches sprengen. Sehr gut ist dies beispielsweise in dem schon mehrfach zitierten Buch [TSG02] beschrieben.
Die Übertragungsfunktion des Filters ist gegeben durch:

$$G(s) = \frac{u_A(s)}{u_E(s)} = \frac{1}{C_1 C_2 R_1 R_2 s^2 + C_2(R_1 + R_2)s + 1} \tag{7.7}$$

Für einen einfachen Filter 2. Ordnung können bei einer PWM-Frequenz von etwa $1950\,\mathrm{Hz}$ $R_1 = R_2 = 33\,\mathrm{k\Omega}$ und $C_1 = C_2 = 470\,\mathrm{nF}$ gewählt werden.

7.5 Ansteuerung von DC-Motoren über PWM

Bei der Ansteuerung von Gleichstrommotoren über PWM ist oft kein aktiver oder passiver Filter erforderlich, weil die rotierende träge Masse und die Induktivität des Rotors ein Tiefpassverhalten verursachen. Für den Betrieb eines DC-Motors ist eine Schaltung zur Trennung des Last- vom Steuerkreis erforderlich, da der MSP430 ja keine großen Lasten direkt treiben kann. Außerdem möchte man Motoren im Allgemeinen ja auch mit einer höheren Spannung als $3.3\,\mathrm{V}$ betreiben. Die Application-Note SLAA120 von Texas Instruments [Tex00a] schlägt für den Betrieb eines DC-Motors mit Hilfe der Timer-A-PWM-Funktion die Schaltung aus Abbildung 7.14 vor.
Mit dem TPS77133 wird eine strombegrenzte Spannungsversorgung des MSP430 realisiert. Neben dem MSP430 als Steuereinheit ist der NPN-Darlington-Transistor FZT603 das wichtigste Bauteil, über den der Motor angesteuert wird. Der Transistor kann einen Dauergrenzstrom von $2\,\mathrm{A}$ und einen Impulsstrom von bis zu $6\,\mathrm{A}$ liefern. Der Stromverstärkungsfaktor B beträgt bei einem Laststrom von $I_{C,Max} = 2\,\mathrm{A}$ etwa 10000. Damit wird der Ausgangspin des MSP mit maximal $0.2\,\mathrm{mA}$ belastet:

$$I_{MSP,Max} = \frac{I_{C,Max}}{B} = \frac{2\,\mathrm{A}}{10000} = 0,2\,\mathrm{mA} \tag{7.8}$$

Im Dauerbetrieb beträgt $U_{CE} = 1\,\mathrm{V}$ bei $2\,\mathrm{A}$ Laststrom. Das verursacht eine Verlustleistung im Transistor von $2\,\mathrm{W}$. Alternativ könnte man auch einen MOSFET-Treiber, wie einen BUZ71 einsetzen. Damit würde der Ausgangsport bei einer niedrigen PWM-Frequenz von $1950\,\mathrm{Hz}$ noch weniger belastet als bei einer Darlington-Schaltung und die Verlustleistung bei einem $RD_{ON} = 0.1\,\Omega$ auf $0.2\,\mathrm{W}$ verringert.

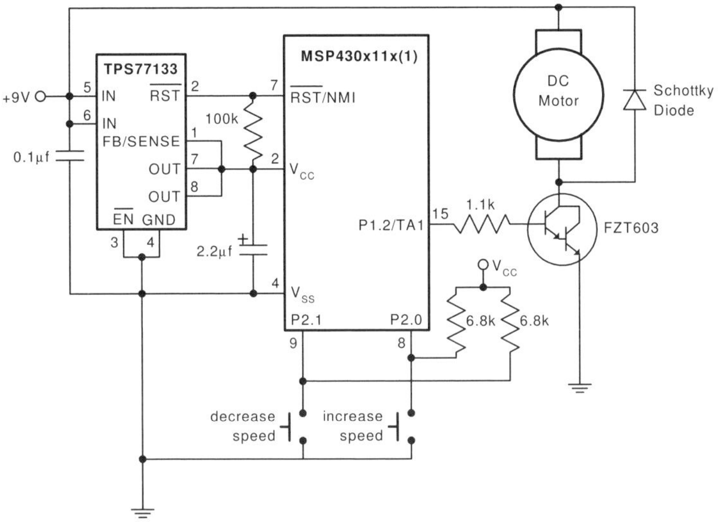

Bild 7.14: Beschaltung eines DC-Motors mit PWM-Ansteuerung [Tex00a].

Die Schottky-Diode parallel zum Motor dient als Freilaufdiode. Die Induktivität der Rotorwindungen führt nach dem Abschalten des Transistors (in den PWW Pausen) zu einer Selbstinduktion, um den Stromfluss aufrechtzuerhalten. Dabei kommt es zu hohen Spannungsspitzen, die den MSP und die restliche Schaltung beschädigen können. Durch die Durchlassspannung der Diode wird diese Spannungsspitze aber auf die Dioden-Durchlassspannung begrenzt. Man verwendet anstatt einer normalen Silizium-Diode gerne eine Schottky-Diode, da sich diese durch ein schnelles Schaltverhalten auszeichnen. Die Durchlassspannung von Schottky-Dioden liegt modellabhängig im Bereich von $0.6V$ bis $0.85V$. In Kapitel 2.3.3 haben wir bei der Ansteuerung eines Relais schon einmal eine Freilaufdiode verwendet, da ein Relais ja ebenfalls eine Induktivität aufweist.

7.6 Programmbeispiele

7.6.1 Sinussignal mit einem D/A-Port

Das nachfolgende Beispiel baut auf das Programmierbeispiel 7.2 auf, das wir in Kapitel 7.2 schon kennengelernt haben. Jetzt wird allerdings anstatt eines Dreiecksignals ein Sinussignal am Ausgang erzeugt. Da der MSP430 keine negativen

Spannungen erzeugen kann, wurde der Sinus um einen Offset von 2000 (entspricht etwa $1\,\mathrm{V}$) verschoben, um so auch die negative Halbwelle generieren zu können.

```
#include <msp430x16x.h>
int i,c;   // counter
int sina[32] = {0, 100, 200, 299, 397, 495, 591, 686, 779, 870,
                959, 1045, 1129, 1210, 1288, 1363, 1435, 1503,
               1567, 1627, 1683, 1735, 1782, 1826, 1864, 1898,
               1927, 1951, 1971, 1985, 1995, 2000};
               // Wertetabelle Sinus 1/4 Periode
int main( void )
{
 WDTCTL  = WDTPW | WDTHOLD;             // Disable watchdog timer
 ADC12CTL0 = REF2_5V + REFON;           // Internal 2.5V ref on
 DAC12_0CTL = DAC12IR + DAC12AMP_5 + DAC12ENC;

 while( 1 ) {                           // endless loop
  for(c = 0; c < 255; c++)
  {
   switch( c/32 ) // Unterscheide welche 1/4 Periode
   {
    case 0: DAC12_0DAT = 2000 + sina[c%32];     break;
    case 1: DAC12_0DAT = 2000 + sina[31-c%32];  break;
    case 2: DAC12_0DAT = 2000 - sina[c%32];     break;
    case 3: DAC12_0DAT = 2000 - sina[31-c%32];  break;
   }
   // Pause für Einstellung Frequenz
   for(i = 0; i < 1000; i++){}
  }
 }
}
```

Listing 7.5: Sinussignal mit einem D/A-Port

Das Programm führt nach der Initialisierung eine Endlosschleife aus, in der am Ausgang das Sinussignal aus einer Wertetabelle „sina“ erzeugt wird. Für die Interpolation vieler nichtlinearer Funktionen sind Wertetabellen, wie in diesem Beispiel, platzsparender und effektiver als andere Methoden. Man könnte den Sinus natürlich auch über eine Taylorreihenentwicklung oder durch Verwenden der math.h-Bibliothek berechnen. Das ist allerdings nur dann sinnvoll, wenn man eine besonders hohe numerische Genauigkeit auf Kosten von Rechen- und Speicherkapazität erreichen will.

7.7 Aufgaben

1. Welche kleinste Amplitudenstufe lässt sich mit dem integrierten D/A-Wandler realisieren. Welchem Signal-Störabstand entspricht dies?

2. Entwerfe einen vollautomatischen Tester, um die Kennlinie eines Bipolartransistors aufzunehmen. Dazu soll der Basisstrom über den D/A-Wandler vorgegeben werden und der Kollektorstrom mit dem A/D-Wandler gemessen werden. Welche externe Beschaltung braucht man noch?

3. Schreibe ein Programm, das mit einem digitalen I/O-Port eines Sigma-Delta-D/A Wandler realisiert. Welche Abtastfrequenzen lassen sich erreichen? Entwerfe dazu auch den nötigen analogen Ausgangsfilter.

4. Schreibe ein Programm, das eine Servoregelung eines Gleichstrommotors realisiert. Als Sensor steht eine analoge Spannung von 0..1V für die Position von $0..360^o$ zur Verfügung. Als Leistungsendstufe haben wir eine H-Brücke mit den Ansteuersignalen L/R und PWM.

5. Welche PWM-Frequenz muss ein Class-D-Audio-Verstärker, der 16-Bit-Auflösung hat, mindestens haben?

8 Schnittstellen für die Kommunikation

Die Kommunikationsschnittstellen eines Mikrocontrollers sind wichtige Komponenten des Gesamtsystems. Eine Vielzahl externer Komponenten werden in der Regel nicht direkt angesteuert, sondern über eine Schnittstelle bzw. ein Bus-System angekoppelt. Die Zahl der Schnittstellen-Standards ist dabei so unterschiedlich wie ihre Implementierung. In der Kommunikation auf der Ebene der Mikrocontroller, also z.B. zwischen verschiedenen Controllern oder mit einem PC-Host-System, kommt auch heute noch oft die schon betagte asynchrone serielle RS232-Schnittstelle zum Einsatz. Sie wird auf vielen Typen der MSP430-Serie direkt in Hardware unterstützt und ist somit extrem einfach umzusetzen. Auf unterer Entwurfsebene für die Kommunikation von Low-Level-Komponenten mit dem Mikrocontroller haben sich andere Schnittstellen wie der SPI-Bus oder die I^2C-Schnittstelle etabliert. Auch diese sollen im Folgenden näher beleuchtet werden. Das Kapitel gliedert sich in zwei Teile. Die ersten Unterkapitel beschäftigen sich mit der Definition und Erklärung der eben genannten Kommunikationsstandards, ohne deren Kenntnis eine Implementierung oder Fehlersuche extrem schwierig ist. Der hintere Teil des Kapitels beschäftigt sich mit der Umsetzung auf dem MSP.

Ein Großteil von Peripheriekomponenten für den I^2C- oder SPI-Bus sind für eine Versorgungsspannung von $5\,\mathrm{V}$ ausgelegt. Entsprechend ist damit auch der HIGH-Pegel der Signale. Man sollte aber niemals eine Spannung von mehr als $3.6\,\mathrm{V}$ an die Eingänge des MSP430 anschließen, da dieser sonst zerstört wird. Aus diesem Grund muss man beim Betrieb von $5\,\mathrm{V}$-Bausteinen die Ein- oder Ausgangsports des MSP430 entsprechend extern beschalten. Die dafür vorgesehenen Anpassungsnetzwerke werden in Kapitel 9.4 vorgestellt. Gleiches gilt auch für die RS2323-Schnittstelle, deren Pegel durch eine vorgeschaltete Treiberschaltung erst erzeugt werden müssen. Auch dies wird später in Kapitel 9.4.5 erklärt.

8.1 Schnittstellen für Peripheriekomponenten

In vielen Projekten benötigt der Mikrocontroller Schnittstellen, um mit der Außenwelt oder der Peripherie in Verbindung zu treten. Dabei kann es sich um eigenständige Geräte oder Komponenten handeln, die Messwerte, Einstellungen oder andere Informationen mit dem Mikrocontroller austauschen. In diesem Falle bedarf es meist eines mehr oder minder komplexen Übertragungsprotokolls, um beispielsweise verschiedene Teilnehmer des Kommunikationskanals zu differenzieren oder komplexe Datenstrukturen zu übertragen.
Eine andere Geräteklasse sind Hardware-orientierte Module wie beispielsweise A/D-Wandler, Speicher, Echtzeituhren oder Porterweiterungen, die die Hardware-Fähigkeiten des Systems erweitern, aber keine eigene Informationsverarbeitung besitzen. Hier kommt es dann eher darauf an, eine möglichst einfache Anbindung der Komponente an die Mikrocontroller-interne Speicherstruktur zu schaffen, die aber gegebenenfalls dafür mit größerem Datendurchsatz ausgestattet sein muss.
Da die Anzahl der Schnittstellen begrenzt ist, werden oftmals so genannte Bus-Systeme verwendet. Von einem Bus-System spricht man dann, wenn alle Komponenten die gleichen Signalleitungen verwenden und durch eine Protokoll- oder Steuerlogik festgelegt wird, welche der Komponenten im Moment die Leitungen verwenden darf.
Bei der Datenübertragung unterscheidet man prinzipiell parallele und serielle Datenübertragung. Während bei paralleler Übertragung für jedes Datenbit eine eigene Leitung zur Verfügung steht, wird bei einer seriellen Datenübertragung die Information sequentiell übertragen. Beispiele für eine serielle Datenübertragung sind der I^2C-Bus, der SPI-Bus sowie das RS232-Protokoll. Die im MSP430 integrierten Kommunikationsmodule implementieren genau diese und sollen in den folgenden Kapiteln vorgestellt werden. Natürlich kann man mit dem MSP430 auch eine parallele Datenübertragung realisieren, aber dies setzt man direkt mit den digitalen I/O-Ports um. Eine spezielle Unterstützung definierter Kommunikationsstandards gibt es hier nicht, und das jeweilige Kommunikationsprotokoll muss "von Hand" umgesetzt werden.

8.1.1 Die RS232-Schnittstelle

Die RS232-Schnittstelle ist und bleibt die beliebteste Schnittstelle für Elektronikprojekte, wenn es darum geht Informationen zum PC zu übertragen. Sie ist gut in die meisten Betriebssysteme eingebunden, wird ohne spezielle Treiber un-

terstützt, es gibt viele einfache Programme, die eingehende Daten anzeigen (z.B. Hyperterminal) und bis vor kurzem hatte auch jeder PC eine solche Schnittstelle. Glücklicherweise sind auch heute noch USB-RS232-Adapter für kleines Geld zu bekommen, so dass die RS232-Schnittstelle zumindest im Embedded-Sektor ihre Bedeutung behalten wird. Ursprünglich einmal zur Kommunikation über Telefonleitungen mit unglaublichen 300 Baud verwendet, kann man bei kurzen Leitungslängen mittlerweile ganz ordentliche Datenraten von 115200 Baud und mehr erreichen.
Zur Umsetzung der Kommunikation werden insgesamt drei Leitungen benötigt. Zwei Datenleitungen (Send und Receive) sowie eine Masseverbindung. Die Logikpegel der Schnittstelle sind -12 V und +12 V, wobei letzterer einer logischen 1 entspricht. Im Gegensatz zu SPI und I²C fehlt aber eine Taktleitung. Beim asynchronen Protokoll der Schnittstelle werden vielmehr das Timing (bzw. die Datenrate) und weitere Festlegungen des Protokolls im Vorhinein vereinbart. Zum Start des Datenrahmens wird zur Synchronisierung ein Start-Bit gesendet. Danach folgen die sieben oder acht Datenbits, wobei das niederwertigste Bit (LSB - Least Significant Bit) zuerst gesendet wird. Darauf folgt das Parity-Bit und der Frame wird mit 1, 1.5 oder 2 Stopp-Bits beendet. Ein Beispiel einer vollständigen Übertragungssequenz ist in Bild 8.1 zu sehen.

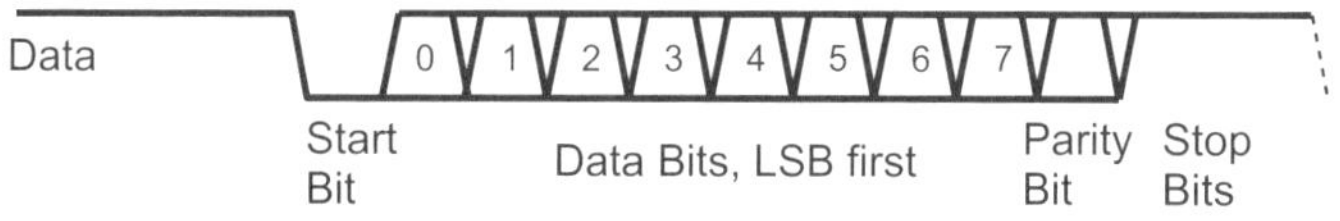

Bild 8.1: Übertragungssequenz eines RS232-Telegramms. Gezeigt sind die logischen Pegel. Auf der Signalleitung ist ein dazu invertiertes Signal zu messen.

Da in der Frühzeit der Digitalrechner auch die Telefonleitungen nur in eine Richtung Daten übertragen konnten bzw. die Endgeräte nicht schnell genug waren, gleichzeitig Sende- und Empfangsbetrieb zu realisieren, wurde die Datenübertragung mitunter nur im Halb-Duplex, d.h. abwechselnd nur in eine Richtung betrieben. Zur Koordinierung dieses Betriebs besitzt die RS232-Schnittstelle Mechanismen, beide Kommunikationsteilnehmer zu koordinieren (sog. Handshake). Beim Software-Handshake werden Beginn und Ende eines Datenpaketes durch ein Steuerzeichen (meist 0x11 für den Beginn und 0x13 für das Ende) markiert. Alternativ sendet der Empfänger diese Steuerzeichen um anzuzeigen ob er empfangsbereit ist oder micht. Allerdings setzt das natürlich voraus, dass diese Zeichen dann nicht mehr in den Nutzdaten verwendet werden dürfen. Als dritte Möglichkeit besitzt die RS232-Schnittstelle auch Statusleitungen, die für ein Hardware-Handshake verwendet werden können. Die Leitungen CTS (Clear to Send) und RTS (Request to send) wurden dafür vorgesehen. Bild 8.2 zeigt die typischen 9-Pol-Sub-D-Stecker einer RS232-Schnittstelle und Tabelle 8.1 die zugehörige Pinbelegung.

Bild 8.2: Steckverbinder einer 9-poligen RS232-Schnittstelle

Abkürzung	Bezeichnung	Pin	Richtung
DCD	Data Carrier Detect	Pin 1	IN
RxD	Receive Data	Pin 2	IN
TxD	Transmit Data	Pin 3	OUT
DTR	Data Terminal Ready	Pin 4	OUT
GND	Ground = Masse	Pin 5	
DSR	Data Set Ready	Pin 6	IN
RTS	Request to Send	Pin 7	OUT
CTS	Clear to Send	Pin 8	IN
RI	Ring Indicator	Pin 9	IN

Tabelle 8.1: Pinbelegung und Funktion der RS232-Schnittstelle

Die Pegel der RS232-Schnittstelle sind invertiert. Das heißt ein logischer HIGH-Pegel wird durch ein Signal von $-12\,\mathrm{V}$ repräsentiert, ein logischer LOW-Pegel entspricht einem Pegel von $+12\,\mathrm{V}$. Demgegenüber folgen die Ausgangssignale des MSP430 dem normalen Pegelschema mit VCC als HIGH-Pegel und GND als LOW-Pegel. Realisierungen einer geeigneten Pegelwandlerschaltung finden sich in Kapitel 9.4.5

8.1.2 Inter-Integrated-Circuit-Bus

Der *Inter-Integrated-Circuit-Bus* (kurz I^{2}C, gesprochen *I-square-C*) ist ein von der Firma Philips entwickelter serieller Datenbus, der mit einer Takt- und einer Datenleitung arbeitet. Da I^{2}C eine Bezeichnung von Philips bzw. des Nachfolgers NXP ist, verwenden einige Hersteller auch die Bezeichnung TWI für *Two-Wire-Interface*. Das zugehörige Patent ist 2006 abgelaufen, so dass mittlerweile lizenzfrei alle Hersteller dieses Protokoll nutzen können. Eine Vielzahl von Komponenten, wie Temperatur- oder Beschleunigungssensoren, EEPROM-Speicher oder Echtzeituhren können mit dem Bus angesteuert werden. Grundsätzliche Informationen sind beispielsweise auf der Hersteller-Homepage [NXP09] zu finden. Neben der eigentlichen Spezifikation [PS00] bietet auch das dort angebotene I^{2}C-Manual [PS03] wertvolle Hintergrundinformationen.

Aufbau des Bus-Systems

Wie schon erwähnt sind für den Betrieb des Busses neben der Versorgungsspannung und dem Masseanschluss im Wesentlichen nur zwei Leitungen erforderlich. Die Taktleitung wird als Serial-Clock, kurz SCL, und die Datenleitung als Serial-Data (SDA) bezeichnet. Ein typischer Aufbau eines I^{2}C-Netzwerks ist in Bild 8.3 dargestellt.

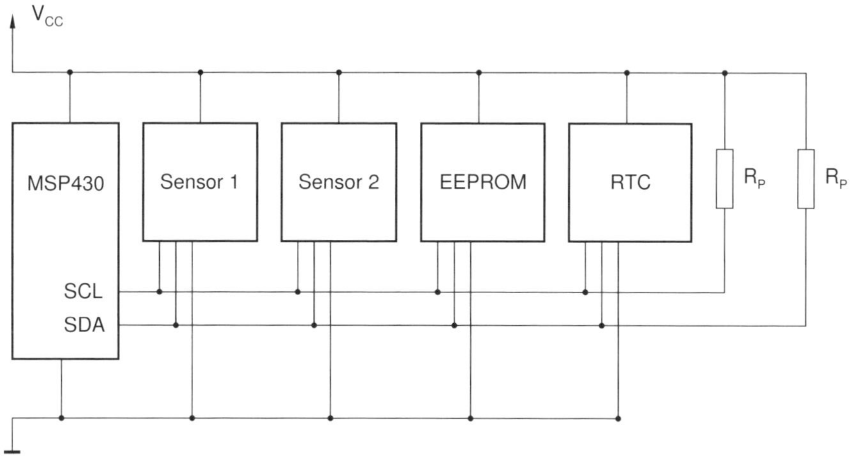

Bild 8.3: Typischer Aufbau eines I^{2}C-Netzwerks.

Die Widerstände R_P sind Pull-Up-Widerstände. Um bei Signalkollisionen keine Kurzschlüsse zu verursachen, hat ein I²C-Knoten nur einen Open-Kollektor-Ausgang. Das heißt, er kann die Datenleitung nur aktiv auf Masse schalten. Der HIGH-Signalpegel entsteht bei hochohmiger Stellung aller Ausgangstransistoren durch die Pull-Up-Widerstände. Die Dimensionierung dieser Widerstände hängt von verschiedenen Faktoren, wie parasitären Kapazitäten, Längswiderstand der Leitung, Leitungslänge und beabsichtigter Übertragungsgeschwindigkeit ab. Üblicherweise ist ein Pull-Up-Widerstand im Bereich von $10\,\mathrm{k\Omega}$ bis $1\,\mathrm{M\Omega}$ ausreichend. Den Aufbau dieses Netzwerks bezeichnet man als Master-Slave-Netzwerk, wobei der Mikrocontroller den Master und die Sensoren, das EEPROM und die Echtzeituhr RTC die Slave-Komponenten darstellen. Es gibt noch andere Strukturen, wie Multi-Master-Systeme, auf die wir hier nicht näher eingehen. Beim Master-Slave-Netzwerk wird die Taktleitung nur vom Master gesteuert. Die Datenleitung ist bidirektional. Das heißt, der Informationsaustausch erfolgt sowohl vom Master (MSP430) als auch von den Slaves gemeinsam über SDA.
Wie in der Abbildung zu erkennen ist, wird ein vom Mikrocontroller gesendeter Befehl von allen Slaves empfangen, da sich ja alle Komponenten eine Daten- und eine Taktleitung teilen. Aus diesem Grund verfügt jede Slave-Komponente im Netzwerk über eine eindeutige Adresse, die zu Beginn des Datenaustauschs vom Master quasi als Aktivierungsbefehl gesendet werden muss. Je nach Spezifikation des I²C-Busses ist die Adresse 8 oder 10 Bit breit. In der Regel ist in der Komponente eine feste 4 Bit breite Stammadresse implementiert. Mit herausgeführten Pins (häufig „A0“ bis „A2“ genannt) kann man weitere drei Bits festlegen. Damit lassen sich also $2^3 = 8$ verschiedene Komponenten mit der gleichen Stammadresse unterscheiden. Das niederwertigste Bit, das LSB, definiert, ob auf die Komponente lesend (LSB $= 1$) oder schreibend (LSB $= 0$) zugegriffen werden soll. Einige Komponenten verfügen nicht über herausgeführte Pins. Ihre Adresse ist (bis auf die Zugriffsart lesend oder schreibend) fest implementiert. Um dennoch unterschiedliche Komponenten des gleichen Typs im selben Bus unterscheiden zu können, gibt es unterschiedliche Ausführungen dieser Bausteine mit unterschiedlichen fest einprogrammierten Adressen. Die genaue Spezifikation ist dabei dem jeweiligen Datenblatt des Bausteins zu entnehmen.

Spezifikationen

Die ursprüngliche inoffizielle Spezifikation aus den 1980iger Jahren sah eine 8 Bit breite Adresse mit einer maximalen Datenrate von $100\,\mathrm{kBit/s}$ vor. Die heute verfügbaren Komponenten lassen sich in der Regel alle über diesen Standard ansprechen. 1992 veröffentliche Philips die Spezifikation 1.0, die neben einer 10-Bit-Adresse nun auch einen schnelleren $400\,\mathrm{kBit/s}$-Modus vorsah. Dabei wurde die Abwärtskompatibilität beibehalten. Die aktuelle Spezifikation 2.1 aus dem Jahr 2000 sieht einen Hochgeschwindigkeits-Modus mit einer Datenrate von $3.4\,\mathrm{MBit/s}$ vor. Für die meisten Anwendungen reicht aber die ursprüngliche Spezifikation aus, auf die wir hier näher eingehen werden. Prinzipiell sollte beachtet werden, dass diese Datenraten nur maximale Richtwerte sind. Die eigentliche Bus-Geschwindigkeit legt der Master fest und die Slave-Komponenten müssen in dem vorgegebenen Takt antworten. Aus diesem Grund ist der I^2C-Bus sehr einfach auf einem Mikrocontroller per Software zu implementieren.

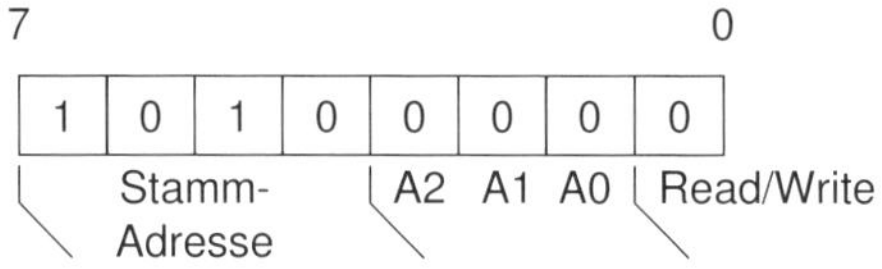

Bild 8.4: Aufbau einer I^2C-Adresse.

Bild 8.4 verdeutlicht die Zusammensetzung einer typischen Adresse im I^2C-Bus. Wir gehen dabei von einer 4 Bit breiten Stammadresse und drei frei wählbaren Adressbits A0 bis A2 aus. Das unterste Bit, das LSB, legt den Zugriffsmodus (1: lesend, 0: schreibend) fest.

Daten- und Informationsfluss

Das Ablaufdiagramm in Bild 8.5 verdeutlicht den Datenfluss für den Fall eines typischen Informationsaustausches. Dieser findet in einem Datenrahmen statt, der durch eine Start-Stopp-Bedingung eingeleitet und terminiert wird. Das Ablaufdiagramm könnte zum Beispiel die Auswertung der Temperatur mit einem I^2C-Temperatursensor beschreiben. Damit der Sensor die Temperatur erfassen kann, muss der Master einen Befehl zur Messung der Temperatur senden. Der Zugriff erfolgt dabei schreibend, sonst könnte der Master der Slave-Komponente keinen Befehl senden. Nachdem die Adresse gesendet wurde, besteht ausschließlich eine logische Verbindung zwischen Master und dem entsprechenden Slave. Der Mikrocontroller kann nun den Befehl zur Messung der Temperatur senden und danach

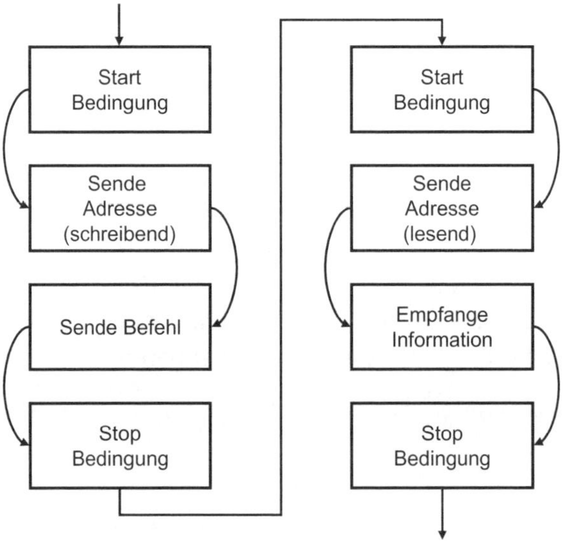

Bild 8.5: Ablaufdiagramm eines typischen Informationsaustausches über den I^2C-Bus.

mit der Stopp-Bedingung die Kommunikation terminieren. Das ist erforderlich, weil auf die Slave-Komponente nun lesend (also mit einer anderen Adresse) zugegriffen wird, um die Temperatur zu lesen. In diesem Fall sendet der Master nach einer Start-Bedingung die Adresse der Slave-Komponente inkrementiert um 1 (lesender Zugriff). Der Master kann nun mit dem Senden von Taktimpulsen den Messwert einlesen. Mit der Stopp-Bedingung wird auch dieser Informationsaustausch terminiert und der Bus in den ursprünglichen Zustand versetzt. Der Ablauf

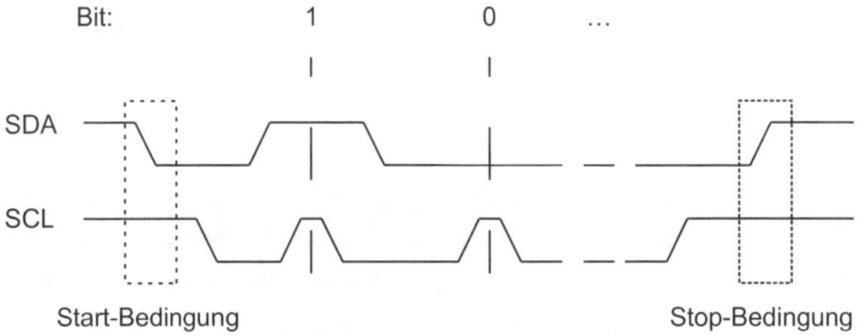

Bild 8.6: Übertragung von Bits mit Hilfe der Daten- und Taktleitung.

der Übertragung von Bits ist in Bild 8.6 skizziert. Start- und Stopp-Bedingungen sind wichtig, damit alle Komponenten auf den Beginn und das Ende eines Datenaustausches synchronisieren können und auf die Adresse des Bausteins warten. Vor Beginn der Übertragung sind Daten- und Taktleitung auf HIGH gesetzt. Bei der Start-Bedingung wird zunächst die SDA-Leitung und anschließend die SCL-Leitung auf den LOW-Pegel gezogen. Die Stopp-Bedingung läuft genau umgekehrt ab. Hier wird zunächst SCL und dann SDA auf HIGH gesetzt. Die Übertragung von Bits erfolgt, indem je nach Zustand des zu übertragenen Bits (0 oder 1) die SDA-Leitung auf LOW oder HIGH gesetzt wird. Mit einem kurzen Puls der SCL-Leitung wird das Bit dann gesendet. Analog dazu wird beim Empfangen die SCL-Leitung kurz auf HIGH gesetzt und der Zustand der SDA-Leitung erfasst.

Die Übertragung von Informationen erfolgt in Bytesequenzen aus jeweils acht Bits. Jedes Byte wird bei der Übertragung vom Master zum Slave durch ein Acknowledge-Signal bestätigt. Dabei sendet der Master einen neunten Taktimpuls über die SCL-Leitung. Die Signalleitung SDA muss dann vom Slave auf dem LOW-Pegel liegen. Ein fehlendes Acknowledge-Signal weist auf einen Fehler in der Kommunikation hin. Zum Beispiel könnte ein Takt während der Übertragung nicht korrekt empfangen worden sein. In diesem Fall muss die Übertragung mit der Stopp-Bedingung abgebrochen und erneut durchgeführt werden.

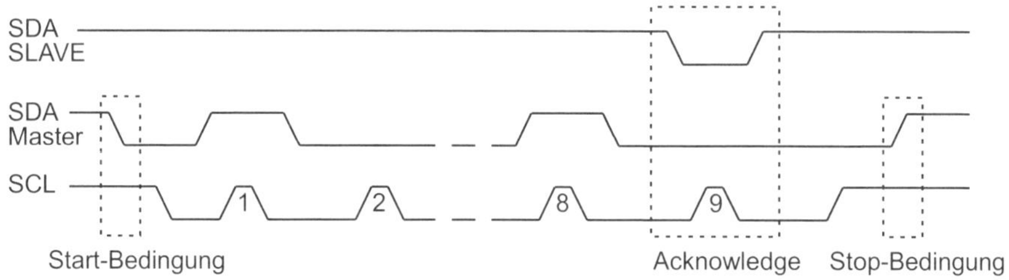

Bild 8.7: Übertragung mit Acknowledge-Signal.

Die Übertragung eines Bytes mit Start- und Stop-Bedingung und Acknowledge-Signal ist in Bild 8.7 dargestellt. Während der Übertragung der ersten acht Bits ist der SDA-Port des Slaves als Eingang definiert und der SDA-Port des Masters als Ausgang. Nach dem achten Bit ändert sich diese Einstellung, so wird der Master-Port zum Eingang und der Slave-Port zum Ausgang, damit der Master das Acknowledge-Signal empfangen kann.

8.1.3 Synchronous-Peripheral-Interface-Bus

Der *Synchronous-Peripheral-Interface-Bus*, kurz SPI (oft auch *Serial-Peripheral-Interface-Bus* genannt) ist ein ursprünglich von Motorola entwickeltes Bus-System. Im Vergleich zu I^2C ist der ebenfalls auf dem Master-Slave-Netzwerk basierende SPI-Bus weit weniger spezifiziert und lässt der Anpassung an eigene Protokolle mehr Spielräume. Ein großer Teil der Bausteine, die mit dem I^2C-Bus angesprochen werden können, sind auch in einer SPI-kompatiblen Bauweise erhältlich. Ein Betrieb von SPI-Bausteinen an einem I^2C-Bus und umgekehrt ist dabei allerdings nicht möglich.

Aufbau des Bus-Systems

Vom Master geht wie beim I^2C-Bus eine Taktleitung SCK aus, allerdings erfolgt der Datenaustausch auf der Datenleitung nicht bidirektional. Das heißt, dass der Master eine Leitung zum Senden (*MOSI = Master OUT - Slave IN*) und eine Leitung zum Empfangen (*MISO = Master IN - Slave OUT*) benötigt. Mitunter ist eine Leitung zum Senden nicht erforderlich, wenn der Master Daten nur empfangen soll. Wir kommen darauf später noch zurück. Ein weiterer Unterschied zum I^2C-Bus ist das Fehlen einer Adresse zur Auswahl einer bestimmten Slave-Komponente.

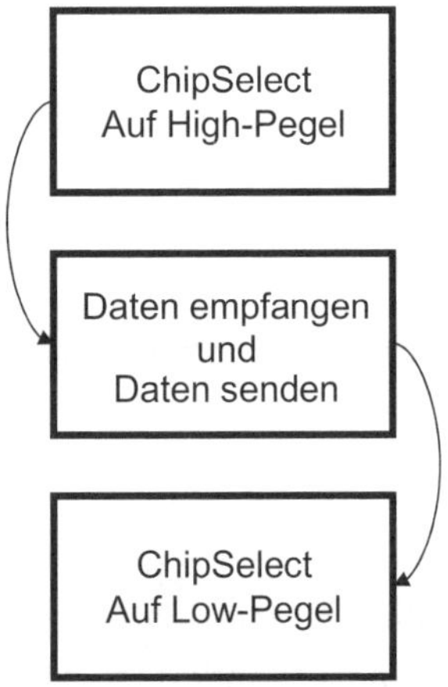

Bild 8.8: Flussdiagramm des Informationsaustausches über den SPI-Bus

Die Ansteuerung bzw. Auswahl eines oder mehrerer Slaves erfolgt in Hardware über eine oder mehrere Chip-Select-Leitungen (kurz CS, oft auch Slave-Select, dann mit der Abkürzung SS). Der Informationsaustausch eines Masters mit einer angeschlossenen Slave-Komponente ist in Bild 8.8 dargestellt. Um die Informationsübertragung einzuleiten, muss die Chip-Select-Leitung vom LOW- auf den HIGH-Pegel gezogen werden (bei einigen SPI-Komponenten ist es genau umgekehrt, hier sollte das Datenblatt genau beachtet werden). Damit wird die Kommunikation initiiert. Die Datenübertragung erfolgt dann gleichzeitig in beide Richtungen, wobei die Übertragung mit der Taktleitung vom Master gesteuert wird. Hierbei kann der Slave sofort mit der Datenübertragung beginnen (zum Beispiel mit einem AD-Wert). Mitunter muss aber auch erst ein Kommando an den Slave übertragen werden, so dass dieser weiß, welche Funktion gewünscht ist. Die Kommunikation kann aus beliebig vielen aufeinanderfolgenden Bytesequenzen bestehen. Nach Abschluss der Kommunikation schaltet der Master die Chip-Select-Leitung wieder auf den LOW-Pegel.

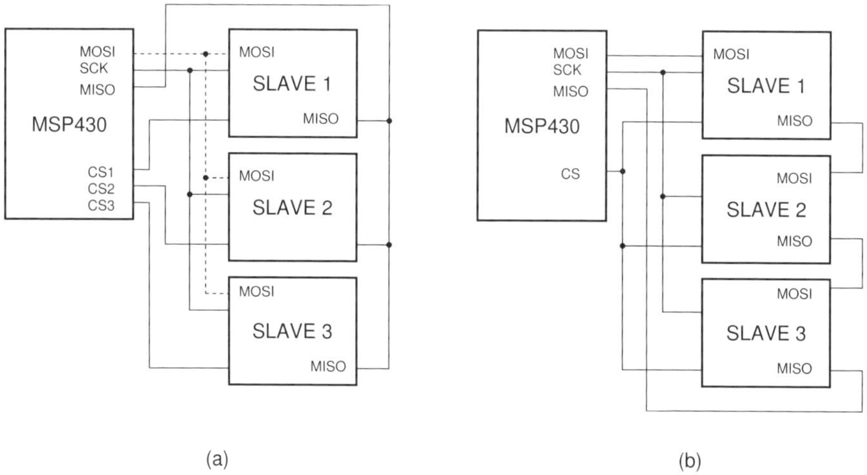

Bild 8.9: (a) Stern- und (b) Kaskaden- Netzwerk-Topologie

Der SPI-Bus lässt sich in zwei Netzwerk-Topologien verschalten: Stern- und Kaskaden-Verbindung, die in Bild 8.9 dargestellt sind. Dabei ist SCK die serielle Taktleitung, CS bzw. CS1 bis CS3 die Chip-Select- Leitungen, MISO die Master-In-Slave-Out und MOSI die Master-Out-Slave-In-Leitung. Bei der Stern-Topologie kann jeder Slave einzeln angesteuert werden. Im Gegensatz dazu werden bei der

Kaskadierung alle Slaves gleichzeitig aktiviert. Die Übertragung der Informationen zum Master erfolgt dann von Slave zu Slave, bis zum letzten Slave in der Kette, der die Daten an den Master weiterleitet.

Daten- und Informationsübertragung

Wie schon erwähnt ist der SPI-Bus auf Protokollebene nicht so detailliert spezifiziert, wie beispielsweise das I^2C-Protokoll. Daher ist der Daten- und Informationsfluss abhängig von der gewählten Slave-Komponente. Insgesamt haben sich vier sogenannte SPI-Modes durchgesetzt, die sich im Timing des Protokolls unterscheiden. Dazu werden zwei Bezeichnungen eingeführt: CKPL und CKPH. Während CKPL die Polarität der Clock-Leitung in Übertragungspausen kennzeichnet, bezeichnet CKPH die Phase des Clock-Signals, ob der Signalwechsel der Clock-Leitung am Anfang oder in der Mitte des Datenframes erfolgt. Nachfolgendes Bild 8.10 zeigt das Timing des SPI-Übertragungsprotokolls in den verschiedenen Übertragungsmodi. Dabei muss die Datenübertragung auch nicht zwingend schon nach acht Bits zu Ende sein, sondern kann auch beliebige Bitfolgenlängen dauern. Einzig die Registerlängen von Master und Slave müssen diese aufnehmen können, sonst ginge Information verloren.

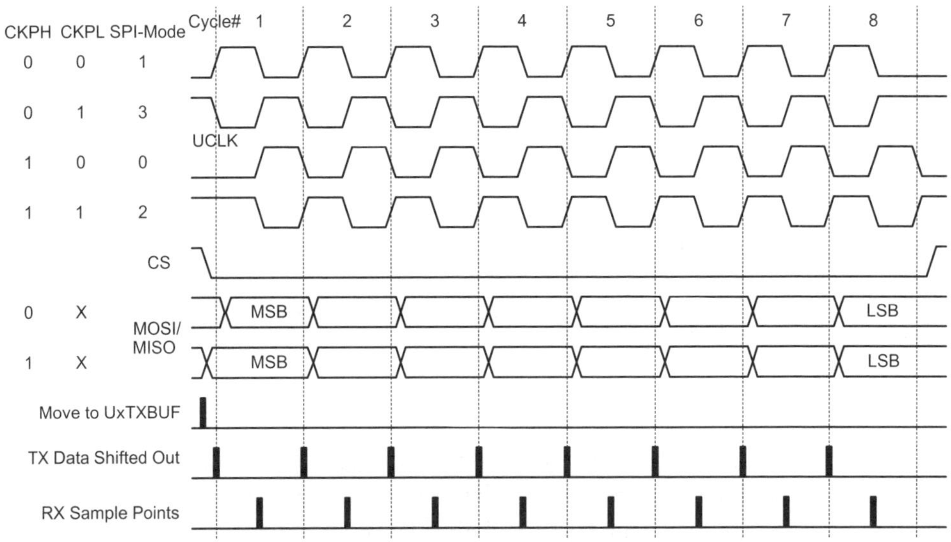

Bild 8.10: Daten- und Informationsübertragung des SPI-Protokolls, nach [Tex06c]

Stellvertretend für einen typischen Datenaustausch betrachten wir in diesem Abschnitt die Auswertung eines analogen Messsignals mit dem ADS7816, einem 12-Bit-SPI-A/D-Wandler.
Der Chip befindet sich bei einem am Eingang $\overline{CS}$ anliegenden HIGH-Pegel im Ruhemodus. Sobald der Master den $\overline{CS}$-Eingang des A/D-Wandlers auf Masse zieht, beginnt der Chip mit der Erfassung und Wandlung des analogen Signals. Während dieser so genannten Sample-Phase wird der analoge Messwert erfasst. Die zeitliche Steuerung erfolgt mit Hilfe der Taktflanken der seriellen Clock-Leitung durch den Master. Das Ende der Sample-Zeit wird dem Master durch einen LOW-Pegel der MISO-Leitung (bzw. der DOUT-Leitung, also der Datenleitung vom Slave zum Master) angezeigt. Danach wird bei jedem weiteren Taktflankenpuls über die MISO-Leitung das 12 Bit breite digitale Ergebnis der A/D-Wandlung gesendet. Dabei beginnt die Übertragung mit dem MSB. Jetzt setzt der Master die $\overline{CS}$-Leitung wieder auf den HIGH-Pegel, um den Chip in den Ruhemodus zu versetzen. Ein Ablaufschema der Daten- und Informationsübertragung ist in Bild 8.11 dargestellt. An Hand dieses Beispiels wird ersichtlich, dass im Gegensatz zum I^2C-Bus nicht bei jedem SPI-Device eine Leitung zum Übertragen von Befehlen vom Master zum Slave benötigt wird, andererseits auch das SPI-Übertragungsprotokoll sehr gerätespezifisch interpretiert werden kann und muss, um den notwendigen Logikaufwand in der Peripherie so gering wie möglich zu halten.

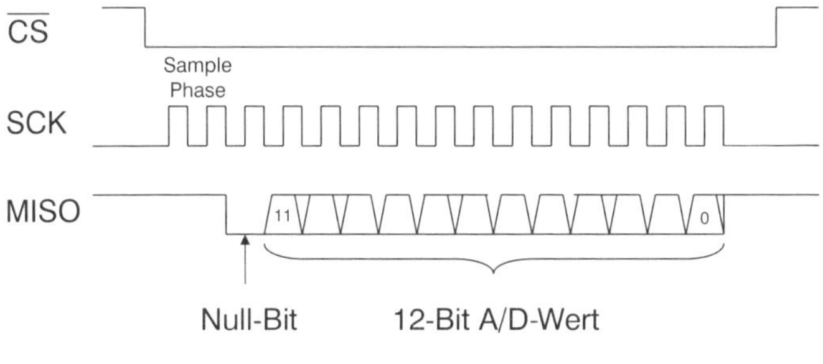

Bild 8.11: Daten- und Informationsübertragung eines SPI-A/D-Wandlers

8.2 Das USART-Modul des MSP430

Der MSP430 verfügt je nach Modell über eine Reihe von hardwareseitig im Chip implementierten Schnittstellen, wie I^2C, SPI oder RS232, die das Handling des Kommunikationsprotokolls eigenständig übernehmen, ohne dass die Funktionalität im Einzelnen durch den Anwender selbst programmiert werden muss. Ein weiterer Vorteil ist, dass dafür auch keine CPU-Ressourcen benötigt werden, so dass die Kommunikationsprozesse im Hintergrund ablaufen können. Diese gesamte Funktionalität wird im USART-Modul, dem *Universal Synchronous/Asynchronous Reciver/Transmitter* zusammengefasst. Insgesamt gibt es modellabhängig maximal zwei unabhängig von einander arbeitende USART-Schnittstellen, USART0 und USART1. Damit kann man zum Beispiel gleichzeitig mit einem PC über die serielle Schnittstelle kommunizieren und Messergebnisse von I^2C- oder SPI-Bausteinen erfassen. USART0 belegt beim MSP430F1612 die Pins P3.1 (SIMO0 und SDA), P3.2 (SOMI0), P3.3 (UCLK0 und SCL), P3.4 (UTXD0) und P3.5 (URXDO). Die Pins P3.6 (UTXD1), P3.7 (URXD1), sowie P5.1 (SIMO1), P5.2 (SOMI1) und P5.3 (UCLK1) werden von der Schnittstelle USART1 belegt.
Es gibt eine Reihe von Registern, die für die Steuerung der Schnittstellenparameter verwendet werden. Um den Rahmen des Buchs nicht zu sprengen, können an dieser Stelle nur die wichtigsten Register beschrieben werden, die für einfache Anwendungen konfiguriert werden müssen. Detaillierte Informationen finden sich wie immer im zugehörigen "MSP430 family user guide", z.B. [Tex06c]. Als weitere Spezialität vereint ja die USART-Schnittstelle drei verschiedene Betriebsarten unter einem Dach, so dass die Register, je nach gewähltem Betriebsmodus, unterschiedliche Funktionen haben. Für die Auswahl des Modus ist im gleich näher beschriebenen UxCTL-Register das Bit SYNC vorgesehen. Ist das Bit gelöscht, so arbeitet die Schnittstelle im asynchronen RS232-Modus. Wenn das Bit dagegen gesetzt ist, arbeitet die Schnittstelle im SPI-Modus, wobei der I^2C-Modus als eine Sonderform des SPI-Modus betrachtet wird. Wir kommen darauf später noch zurück.

8.2.1 UART- oder RS232-Modus

UxCTL-Register

Mit dem UxCTL-Register (USART-Control-Register) legen wir den Arbeitsmodus, also das Schnittstellenprotokoll fest. Die vollständige Belegung des UxCTL-

Registers im USART-Modus ist in Bild 8.12 dargestellt. Wir müssen dabei beachten, dass sich die Belegung der einzelnen Bits je nach ausgewähltem Schnittstellenmodus unterscheidet. In diesem Unterkapitel gilt natürlich die Belegung des USART-Modus.

7	6	5	4	3	2	1	0
PENA	PEV	SPB	CHAR	LISTEN	SYNC	MM	SWRST
rw–0	rw–0	rw–0	rw–0	rw–0	rw–0	rw–0	rw–1

Bild 8.12: Bitbelegung des UxCTL-Registers im USART-Modus

Das Bit PENA legt fest, ob das Parity-Bit gesendet (PENA $= 1$) oder nicht gesendet werden soll (PENA $= 0$). Mit PEV legt man fest, ob die Übertragung mit gerader (PEV $= 1$) oder ungerader Parität (PEV $= 0$) arbeiten soll. Ist das Bit SPB gelöscht, wird ein Stopp-Bit, andernfalls zwei Stopp-Bits gesendet. Einige Schnittstellen arbeiten mit 7-Bit- Worten. Mit dem Bit CHAR kann der Entwickler festlegen, ob die Übertragung auf 7-Bit- (CHAR $= 0$) oder 8-Bit- (CHAR $= 1$) Worten basieren soll.

Mit dem SWRST-Bit kann ein Software-Reset für den USART eingeleitet werden. Das Bit sollte immer gesetzt werden, wenn man die Konfigurationen der Schnittstelle ändern möchte. Nachdem die Einstellungen an den Registern vorgenommen wurden, muss man das Bit löschen, um die Schnittstelle nutzen zu können. Die Bedeutung der weiteren Bits ist dem Datenblatt zu entnehmen.

USART Transmit- und Baud-Rate-Control-Register

Im UxTCTL-Register, dem Transmit-Control-Register wird mit den Bits SSELx die Taktquelle für die Sendeeinheit der seriellen Schnittstelle definiert. Dafür stehen zwei Bits bereit, deren Bedeutung in Tabelle 8.2 gelistet ist. Bei der Auswahl von UCLKI muss der Takt extern erzeugt werden und am entsprechenden Pin (z.B. P3.3 respektive P5.3 beim MSP43016xx) zur Verfügung stehen.

Es bietet sich an, die Auxiliary-Clock (soweit mit Quarz bestückt, vgl. Kapitel 3.2.3) als Taktquelle zu wählen. Damit kann die serielle Schnittstelle auch im Low-Power-Modus LPM3 verwendet werden. Der DCO eignet sich nur bedingt

SSELx	Taktquelle
00	UCKLI
01	ACLK
10	SMCLK
11	SMCLK

Tabelle 8.2: Auswahl der Taktquelle für die serielle Sendeeinheit

als Taktgeber für die Baudrate, da dessen Frequenz nicht absolut festgelegt werden kann und so potentiell Synchronisationsfehler entstehen können. Wenn man doch auf den DCO als Taktquelle angewiesen ist (zum Beispiel bei fehlendem Schwingquarz) muss dieser für den Betrieb einer asynchronen Schnittstelle genau kalibriert werden (Kapitel 3.1.2).

7	6	5	4	3	2	1	0
Unused	CKPL	SSELx		URXSE	TXWAKE	Unused	TXEPT
rw–0	rw–0	rw–0	rw–0	rw–0	rw–0	rw–0	rw–1

Bild 8.13: Bitbelegung des UxTCTL-Registers

Die Belegung der Bits des UxTCTL-Registers ist in Bild 8.13 dargestellt. Neben den SSELx-Bits, ist auch das TXEPT-Bit wichtig. Es gibt an, ob im Ausgabe-Pufferspeicher UxTXBUF noch Daten auf die Übertragung warten (TXEPT = 0) oder ob der Puffer leer ist (TXEPT = 1). Bei der Initialisierung der seriellen Schnittstelle sollte das Bit TXEPT gesetzt werden, weil der Transmit-Puffer Ux-TXBUF leer ist und das SWRST-Bit für die Initialisierung gesetzt wurde. Auf die Bedeutung der übrigen Bits wird an dieser Stelle nicht näher eingegangen, weil sie für die im Folgenden realisierten Beispiele nicht wichtig sind. Für weitergehende Informationen sei daher auf das Datenblatt des MSP430 verwiesen.
Aus der Frequenz der Taktquelle wird mit Hilfe des Baudrate-Control-Registers die Baudrate für eine Übertragung gewählt. Die beiden 8 Bit breiten Register UxBR0 und UxBR1 werden dabei intern als 16 Bit breites Kontrollregister verarbeitet, das den Teilerfaktor des Systemtaktes angibt. Bild 8.14 verdeutlicht den Aufbau der beiden Register. Das MSB ist demnach das achte Bit in UxBR1.

UxBR0, USART Baud Rate Control Register 0

7	6	5	4	3	2	1	0
2^7	2^6	2^5	2^4	2^3	2^2	2^1	2^0
rw	rw	rw	rw	rw	rw	rw	rw

UxBR1, USART Baud Rate Control Register 1

7	6	5	4	3	2	1	0
2^{15}	2^{14}	2^{13}	2^{12}	2^{11}	2^{10}	2^9	2^8
rw	rw	rw	rw	rw	rw	rw	rw

Bild 8.14: Bit-Belegung des UxBR0- und UxBR1-Registers

Üblicherweise ist die Taktrate kein ganzzahliges Vielfaches der Baudrate, so dass es zu Fehlern in der zeitlichen Zuordnung der Bitposition im Datenrahmen kommen kann. Im Extremfall entstehen so Übertragungsfehler (natürlich nur bei UART-Betrieb als asynchrone Schnittstelle). Um dies kompensieren zu können, existiert das Modulationsregister UxMCTL, dessen Bitbelegung in Bild 8.15 dargestellt ist. Mit diesem kann für jedes Bit einzeln dessen Position im Datenrahmen noch leicht verschoben werden.

7	6	5	4	3	2	1	0
m7	m6	m5	m4	m3	m2	m1	m0
rw	rw	rw	rw	rw	rw	rw	rw

Bild 8.15: Bitbelegung des Modulations-Registers UxMCTL

Die Übertragungsrate berechnet sich dann zu:

$$BAUD\ Rate = \frac{BRCLK}{UxBR + \frac{1}{n}\sum_{i=0}^{n-1} m_i} \tag{8.1}$$

Der individuelle Timingfehler jedes Bits ist gegeben durch:

$$Fehler_{Bit\,j}\,[\%] = \frac{BAUD\ Rate}{BRCLK} \cdot \left((j+1)\,UxBR + \sum_{i=0}^{j} m_i \right) - (j+1) \tag{8.2}$$

Die Berechnung der besten Bitbelegung des Modulationsregisters in Abhängigkeit von der Baudrate ist ein iterativer Prozess. Zum Glück finden sich dafür im Internet eine Reihe von Tools (zum Beispiel: `http://mspgcc.sourceforge.net/baudrate.html`), die das Leben vereinfachen.

Viele Anwendungen arbeiten beispielsweise mit einer Baudrate von 9600 Bps. Bei der Wahl eines 32.768 kHz-Schwingquarzes über die Taktquelle ACLK ergeben sich dann die in Listing 8.1 definierten Einstellungen.

```
U0BR0  = 0x03;
U0BR1  = 0x00;
U0MCTL = 0x29;
```

Listing 8.1: kHz]Einstellung der Baud-Rate 9600 für f_{osc}= 32.768 kHz

Module-Enable-Register

Mit den beiden Module-Enable-Registern ME1 und ME2, deren Bitbelegung in Bild 8.16 dargestellt ist, kann man getrennt die Sende- und Empfangseinheit der beiden USARTs ein- und ausschalten.

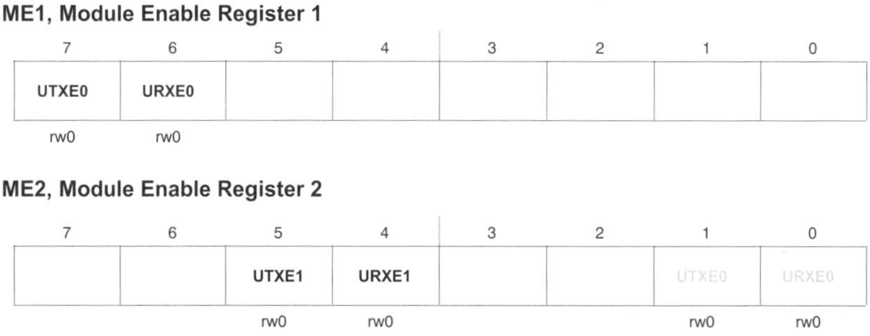

Bild 8.16: Bitbelegung der Module-Enable-Register M1 und ME2

Mit UTXE0 kann die Sendeeinheit und mit URXE0 die Empfangseinheit von USART0 aktiviert werden, wenn das jeweilige Bit gesetzt ist. Diese Bits sind allerdings bei den MSP430x12xx-Typen im Register ME2 abgelegt. Analog dazu kann man mit UTXE1 und URXE1 die Sende- und Empfangseinheit von USART1 aktivieren oder deaktivieren.

8.2.2 Implementierung der seriellen RS232-Schnittstelle

Bei der seriellen RS232-Schnittstelle erfolgt im Gegensatz zum I^2C- oder SPI-Bus die Übertragung asynchron, das heißt die Übertragung zwischen den Teilnehmern wird nicht über eine Taktleitung des PCs oder des Mikrocontrollers synchronisiert. Somit werden nur zwei Pins des Mikrocontrollers belegt. Einer wird für das Senden (TxD) und einer für das Empfangen (RxD) von Daten benötigt. Die Abwicklung des eigentlichen Datenverkehrs erfolgt durch die eingebaute Hardware des USART-Moduls. Ein Datenaustausch mit dem USART-Modul erfolgt in beide Richtungen über einen Puffer. Zum Senden muss man die zu sendenden Bits in den Speicher UxTXBUF schreiben, ankommende Daten landen im Puffer UxRXBUF. Da der Informationsaustausch ohne gemeinsame Taktleitung erfolgt, müssen einige Einstellungen zwischen den beiden Geräten, die über die serielle Schnittstelle kommunizieren, im Vorhinein vereinbart werden. Dazu gehört zum Beispiel die Baudrate oder die Art der Fehlerkorrektur. Dafür stellt jede USART-Schnittstelle neben den beiden Pufferspeichern noch sechs weitere Register zur Verfügung.

Konfiguration der Schnittstelle

Mit den im vorherigen Abschnitt eingeführten Registern werden wir nun die serielle Schnittstelle für den UART-Betrieb konfigurieren. Es ist wichtig, sich dabei an die Reihenfolge der Initialisierung der Register zu halten. Die Listings 8.2 und 8.3 können daher als Rahmenkonfiguration angesehen werden, die bei speziellen Anforderungen an die Schnittstelle angepasst werden kann.

Für die Schnittstelle USART0 sind beim MSP4301612 die bidirektionalen Pins P3.4 (UTXD0) und P3.5 (URXD0) vorgesehen. Wenn unsere Anwendung eine Zeichenkette über die Schnittstelle senden will, muss somit P3.4 als Ausgang definiert und das entsprechende Bit im Function-Select-Register gesetzt werden. Wenn wir über die serielle Schnittstelle Daten empfangen wollen, muss das Bit für P3.5 im Function-Select-Register gesetzt werden. P3.5 muss darüber hinaus als Eingang definiert werden.

Zeichenkette senden

Wir definieren P3.4 als Ausgang und setzen das entsprechende Bit im Function-Select-Register:

```
P3SEL  = 0x10;
P3DIR  = 0x10;
```

Listing 8.2: Portkonfiguration

Jetzt konfigurieren wir die eigentliche Schnittstelle, wie wir es im vorherigem Abschnitt kennengelernt haben:

```
U0CTL = SWRST;              \\ SWRST setzen, um Schnittstelle
                            \\ konfigurieren zu können
U0CTL |= CHAR;              \\ 8-Bit pro Datenbyte
U0TCTL = SSEL_1 | TXEPT;    \\ Wähle ACLK als Taktquelle und
                            \\ Setze TXEPT
U0BR0  = 0x03;              \\ Stelle Baudrate ein ...
U0BR1  = 0x00;
U0MCTL = 0x29;
ME1   |= UTXE0;             \\ Sendeeinheit von USART0 aktivieren
U0CTL &= ~SWRST;            \\ SWRST löschen; nun sind wir bereit
```

Listing 8.3: Konfiguration der Schnittstelle

Im Anschluss definieren wir nun eine nullterminierte Zeichenkette *SendString*. C terminiert die Zeichenkette automatisch mit Null. Damit ist sichergestellt, dass bei der Ausgabe auch nur die von uns gewünschte Länge übertragen wird. Die Ausgabe erfolgt nämlich byteweise, also Zeichen für Zeichen. Ohne eine Terminierung würde unser Programm nicht das Ende des Strings erkennen und immer weiter Zeichen ausgeben. Das würde sich auf dem PC durch die Ausgabe von vielen Leerzeichen oder Symbolen bemerkbar machen.

```
char sendString[14] = "Hello World!";
```

Listing 8.4: Definition der Zeichenkette für die Ausgabe

Für die Ausgabe müssen wir die Zeichenkette Byte für Byte und damit Zeichen für Zeichen in den Pufferspeicher TXBUF0 schreiben. Die Übertragung des Zeichens erfolgt dann vom MSP430 automatisch. Dabei müssen wir nur beachten, dass die Übertragungsgeschwindigkeit endlich ist. Ein neues Zeichen kann also nur in den Puffer geschrieben werden, wenn er leer ist und damit das vorher gesendete Zeichen übertragen wurde. Dafür lesen wir den Status UTXIFG0 im IFG1-Register aus. Für die Ausgabe unseres Strings ergibt sich folgendes Programmstück:

```
\\ String ausgeben bis zur Nullterminierung
while( sendString[i] != 0 )
{
  while(!(IFG1 & UTXIFG0));   \\ warte bis Puffer leer ist
  TXBUF0 = sendString[i];     \\ Byte in Puffer schreiben
  i++;                        \\ nächstes Zeichen
}
```

Listing 8.5: Ausgabe eines Strings

Zeichenkette empfangen

Zum Empfangen einer Zeichenkette können wir einen großen Teil des Programms aus Listing 8.3, wie die Einstellung der Taktquelle und die Initialisierung der seriellen Schnittstelle, verwenden. Jetzt müssen wir jedoch die Empfangseinheit im Register ME1 aktiveren sowie Pin P3.5 als Eingang definieren:

```
ME1     |= URXE0;

P3SEL   |=  0x20;   // P3.5 Special function
P3DIR   &= ~0x20;   // als input
```

Listing 8.6: Aktivierung der Empfangseinheit der seriellen Schnittstelle

Die von der seriellen Schnittstelle empfangene Zeichenkette werden wir in ein CHAR-Array speichern, das wir am Anfang des Programms definieren müssen. Als maximale Länge wählen wir 20 Zeichen.

```
char    reciveString[20];
```

Listing 8.7: Definition eines CHAR-Arrays zum Einlesen einer Zeichenkette

Jedes empfangene Zeichen wird im Pufferspeicher U0RXBUF abgelegt und kann dann in das CHAR-Array abgelegt werden. Wir definieren uns, dass das Ende der übertragenen Zeichenkette mit dem Zeichen \r (Return-Zeichen) markiert wird. Beim Einlesen der Zeichenkette müssen wir also auf das Zeichen \r warten und gleichzeitig sicherstellen, dass die maximale Länge (hier 20 Zeichen) nicht überschritten wird. Da ein C-String im Speicher immer mit Null terminiert werden muss, müssen wir am Ende der Zeichenkette \0 anhängen. In Listing 8.8 wird eine mögliche Routine zum Einlesen einer Zeichenkette vorgestellt.

```
i = 0; // Index auf 0 setzen (String-Anfang)
do
{
```

```
    while( ( IFG1 & URXIFG0 ) == 0 ); // Warte auf Zeichen
    reciveString[i] = U0RXBUF;         // Zeichen einlesen
    i++;                               // Index inkrementieren
}
while( i < sizeof( reciveString ) && reciveString[i - 1] != '\r
    ' );
// Teste, ob das Zeichen \r zur Terminierung der Zeichenkette
// empfangen wurde, oder die maximale Länge des Strings
// erreicht ist.

// Das letzte Zeichen wird entfernt und durch \0 ersetzt,
// um einen gültigen C-String zu erhalten
i--;
reciveString[i] = '\0';
```

Listing 8.8: Routine zum Einlesen einer Zeichenkette

8.2.3 Implementierung des SPI-Bus

Für eine typische SPI-Bus-Anwendung müssen wir mindestens eine Chip-Select-Leitung (auch Slave-Select-Leitung genannt), eine Taktleitung, eine Datenleitung für eingehende Informationen und gegebenenfalls noch eine Datenleitung für ausgehende Daten definieren. Als USART-Einheit wählen wir nun USART1, so kann der SPI-Bus beispielsweise gleichzeitig mit der seriellen Schnittstelle über USART0 betrieben werden.

Die Taktleitung CLK ist für Pin P5.3 festgelegt. Der Pin muss somit als Ausgang definiert werden. Die Master-Out-Slave-In-Leitung (MOSI), also die Leitung, die Daten vom Master zum Slave sendet, wird mit Pin P5.1 kontaktiert. Wie bei der Taktleitung muss auch dieser Pin als Ausgang definiert werden. An Pin P5.2 wird die Master-In-Slave-Out-Leitung (MISO) angeschlossen. Über diese Leitung empfängt der Master Informationen und Daten vom Slave. Der Pin muss also als Eingang arbeiten. Der Pin für die Chip-Select-Leitung (CS-Leitung) ist prinzipiell frei wählbar und sollte für den SPI-Master als Ausgang definiert werden. Listing 8.9 verdeutlicht die Initialisierung der für den SPI-Bus benutzten Pins. Wir gehen davon aus, dass der an die CS-Leitung angeschlossene SPI-Chip bei einem Pegelwechsel von HIGH auf LOW aktiviert wird.

```
P5SEL  = BIT1;  // MOSI
P5SEL |= BIT2;  // MISO
P5SEL |= BIT3;  // CLK
P5DIR  = BIT1;  // MOSI als Ausgang definieren
```

```
P5DIR &= ~BIT2;  // MISO als Eingang definieren
P5DIR |=  BIT3;  // CLK als Ausgang definieren
// Initialisiere nun die Chip-Select-Leitung
P5DIR |= BIT0;   // P5.0 = CS als Ausgang
P5OUT |= BIT0;   // CS auf HIGH-Pegel setzen,
```

Listing 8.9: Initialisierung der Pins für den SPI-Bus

7	6	5	4	3	2	1	0
Unused	Unused	I2C†	CHAR	LISTEN	SYNC	MM	SWRST
rw0	rw0	rw0	rw0	rw0	rw0	rw0	rw1

Bild 8.17: Bitbelegung des U1CTL-Registers im SPI-Modus

Nun muss die Schnittstelle für den Betrieb im SPI-Modus konfiguriert werden. Um Einstellungen an den Registern ändern zu können, muss dazu wie beim asynchronen RS232-Modus aus dem vorherigen Kapitel das SWRST-Bit im USART-Control-Register gesetzt werden, hier U1CTL, da wir die zweite Schnittstelle verwenden. Erst wenn SWRST gesetzt ist, können wir die weiteren Einstellungen vornehmen. Mit dem Bit SYNC legen wir fest, dass der SPI-Modus verwendet werden soll. Die Datenlänge eines Datenrahmens beim Senden und Empfangen legen wir mit dem Bit CHAR auf acht Datenbits fest. Mit dem Bit MM definieren wir den MSP430 als Master-Controller. Wir könnten den MSP auch als Slave-Controller definieren und damit einen eigenen SPI-Baustein entwickeln. Auf diese Besonderheit gehen wir hier aber nicht weiter ein.
Wie im vorherigen Kapitel müssen wir auch nun wieder die Taktquelle und eine Clock-Frequenz auswählen. Für den Betrieb wählen wir die Sub-Main-Clock SMCLK mit einer Taktfrequenz von $8\,\mathrm{MHz}$. Dafür setzen wir das Bit SSEL1 im Register U1TCTL. Mit den Registern U1BR0 und U1BR1 legen wir auf Basis unserer Taktquelle die Clock-Frequenz für die SPI-Schnittstelle fest. Die gewünschte Frequenz stellt sich aus der Frequenz der Taktquelle dividiert durch die Summe aus U1BR0 und U1BR1$*$256 ein. Der Divisionsfaktor darf dabei nicht kleiner als 2 sein. Das Modulationsregister U1MCTL wird im SPI-Modus nicht benötigt und kann daher auf 0 gesetzt werden.
Die SPI-Schnittstelle lässt sich im so genannten 3-Pin- oder 4-Pin-Modus betreiben. Im 4-Pin-Modus wird zusätzlich Pin STE1 (P5.0) verwendet, um den Zugriff auf den Bus zu koordinieren und so einen Multi-Master-Betrieb zu ermöglichen. Bei einfacher Busstruktur benötigen wir diese Funktionalität allerdings nicht. Mit

den Bits CKPH und CKPL definieren wir die Phasenverschiebung zwischen Taktsignal und Pulsfolge für den Taktausgang der SPI-Schnittstelle sowie deren Polarität. Dies verändert den so genannten SPI-Mode, wie wir ihn schon zuvor in Abschnitt 8.1.3, Bild 8.10 kennengelernt haben.
Die gesamte Initialisierung wird in Listing 8.10 vorgestellt. Für die Aktivierung der Schnittstelle muss nun noch das USPIE1-Bit (SPI-Enable) im Register ME2 und das SWRST-Bit im U1CTL-Register gelöscht werden.

```
U1CTL    = SWRST;        // SWRST setzen
U1CTL   |= CHAR;         // 8 Datenbits
U1CTL   |= SYNC;         // SPI-Modus
U1CTL   |= MM;           // Controller ist Master
U1TCTL   = SSEL_2;       // Wähle SMCLK als Taktquelle
U1TCTL  |= STC;          // 3-Pin-Modus
U1TCTL  |= CKPH;         // SPI Mode 0
U1BR1    = 0x00;         // SPI-Frequenz einstellen:
U1BR0    = 0x14;         // ... 400 kHz
U1MCTL   = 0x0000;       // Laut MSP-Datenblatt auf 0 setzen
ME2      = USPIE1;       // SPI-Modul aktivieren
U1CTL   &= ~SWRST;       // Konfiguration damit abgeschlossen
```

Listing 8.10: Initialisierung der SPI-Schnittstelle

Die Schnittstelle ist damit initialisiert und kann für den Empfang oder das Senden von Daten verwendet werden. Für die folgenden Beispiele verwenden wir das SPI-EEPROM 93LC46A von Microchip. Es hat den Vorteil, dass es direkt mit dem MSP verbunden werden kann, weil es mit einer Versorgungsspannung von minimal $2.5\,\mathrm{V}$ betrieben werden kann. Zudem hat ein EEPROM im Gegensatz beispielsweise zu einem typischen A/D-Wandler die Möglichkeit, sowohl Daten zu senden als auch zu empfangen. Damit können wir mit dem gleichen Baustein sowohl den Empfang als auch das Senden von Daten über die SPI-Schnittstelle vorstellen.

Für den Betrieb wählen wir als Chip-Select-Pin P5.0, der mit dem Pin 1 (CS) des EEPROMs verbunden wird. Als serieller Taktgeber dient Pin UCLK1 (P5.3), der mit dem Eingang CLK des EEPROMs verbunden wird. Der Pin DI des EEPROMs wird mit dem Pin MOSI, also P5.1 und der Pin DO des EEPROMs mit MISO, also P5.2 kurzgeschlossen. Die von der Bauform abhängige Pinbelegung des EEPROMs ist dessen Datenblatt zu entnehmen [Mic10].
Um das EEPROM zu aktivieren, muss die Chip-Select-Leitung (hier P5.1) auf den HIGH-Pegel gesetzt werden. Das eigentliche Senden eines Bytes an den Chip ist denkbar einfach. Dazu muss das zu sendende Byte in den Sendepuffer, hier

U1TXBUF gespeichert werden. Selbst wenn wir nur etwas empfangen wollen, muss auch ein Dummy-Wert gesendet werden, da beide Vorgänge immer gleichzeitig durchgeführt werden und nur durch das Schreiben in den Sendepuffer die Übertragung gestartet wird. Beim nachfolgenden Übertrag des Sendebytes vom Eingabepuffer in das interne Shift-Register (aus diesem wird gesendet) wird UTXIFG1 gesetzt. Zu diesem Zeitpunkt könnten wir ein neues Byte in den Sendepuffer schreiben. Die Übertragung des ersten Bytes ist aber erst abgeschlossen, wenn auch die Antwort eingegangen ist, also URXIFG1 gesetzt ist. Unsere universelle Sende-Empfangsroutine ist in Listing 8.11 gezeigt.

```
char ReadWriteSPI(char sendChar)
{
  IFG2  &= ~(URXIFG1|UTXIFG1);  // Flags löschen
  U1TXBUF = sendChar;           // Byte senden
  while((IFG2 & UTXIFG1) == 0); // Warte bis TX übertragen
  while((IFG2 & URXIFG1) == 0); // Warte bis RX fertig
  return U1RXBUF;               // empfangenen Wert zurück
}
```

Listing 8.11: Senden/Empfangen eines Bytes per SPI

Das EEPROM kennt eine Reihe von Befehlen, mit denen es sich steuern lässt. Beispielhaft werden wir hier den Befehl ERAL (Löschen des kompletten Speichers), WRITE (Schreiben eines Bytes) und READ (Lesen eines Bytes) kennenlernen. Die Befehle für das EEPROM sind immer 10 Bit lang, wobei bei einigen Befehlen wie ERAL nur die ersten fünf Bit entscheidend sind. Die restlichen Bits werden ignoriert. Das MSB des Befehls ist dabei immer 1, gefolgt vom Opcode, dem eigentlichen Befehl und einer 7 Bit breiten Adresse für den Offset im Speicher, auf den der Befehl angewendet werden soll. Da die Übertragung im MSP immer nur byteweise erfolgt, muss der Befehl so in eine Bytefolge eingetragen werden, dass restliche Bytes am Schluss mit Nullen aufgefüllt werden.
Die Bitfolge für ERAL lautet 10010XXXXX (das X verdeutlicht, dass diese Bits vom EEPROM ignoriert werden). In hexadezimaler Schreibweise entspricht das der Zahl 0x1200. Listing 8.12 verdeutlicht das Löschen des kompletten EEPROMs. Der ERAL-Zyklus beginnt mit fallender Flanke der CS-Leitung. Vor der Ausführung des ERAL-Befehls befindet sich die DO-Leitung im HIGH-Z-Status. Um den Ready/Busy-Status abfragen zu können, muss CS nach mindestens 250ns und vor Ende des ERAL-Zyklus wieder gesetzt werden. Die DO-Leitung wird dann vom EEPROM auf Masse gezogen und wieder gesetzt sobald der ERAL-Zyklus beendet ist.

```
P5OUT = 0x01;               // EEPROM aktivieren

ReadWriteSPI (0x12 << 3);// ERAL HIGH Byte
ReadWriteSPI (0x00);        // ERAL LOW Byte

P5OUT &=~ 0x01;         // Löschvorgang starten
P5OUT =0x01;            // CS setzen um den Ready/Busy-Status
                        // abfragen zu können

while (!(P5IN & 0x04)) ; // Warte bis Löschvorgang fertig
P5OUT = ~0x01;              // EEPROM deaktivieren
```

Listing 8.12: ERAL-Befehl

Jetzt wollen wir ein Byte in den Speicher an Adresse 100 (= 0x64) speichern. Der Befehl in Bit-Schreibweise dafür lautet 101 A6 A5 A4 A3 A2 A1 A0, gefolgt vom Datenbyte, wobei A6-A0 der Offset im Speicher, in diesem Beispiel also 100 ist. Damit benötigen wir zum Senden insgesamt 18 Bit, also aufgerundet 3 Byte. Als Beispielwert werden wir die Zahl 123 in den Speicher schreiben. Zunächst müssen wir uns um die Berechnung der Bytefolge kümmern (Listing 8.13).

```
char b1, b2, b3;        // Bytes, die gesendet werden
char adresse;           // Variable für die Adresse
char wert;              // Variable für den Wert

adresse = 100;
wert = 123;
adresse &= ~BIT7;       // Adresse auf 7 Bit Beschneiden
b1 = 0x05 << 5;         // Write Befehl (101 = 0x05)
                        // um 5 Bit nach links verschieben
b1 |=(adresse >> 2); // die oberen 5 Adressbit in b1
b2 = (adresse << 6); // die unteren 2 linksbündig in b2
b2 |=(wert >> 2);       // die oberen 6 Bit rechtsbündig in b2
b3 = (wert << 6);       // die restlichen 2 Bit von Wert in b3
```

Listing 8.13: Berechnung der Bytefolge für die Übertragung

Jetzt können wir, wie in Listing 8.14 gezeigt, b1, b2 und b3 an das EEPROM senden. Wie beim ERAL-Befehl detektieren wir mit dem Zustand des DO-Pins, ob der Vorgang vom EEPROM quittiert wird.

```
P5OUT = 0x01;           // EEPROM aktivieren
ReadWriteSPI (b1);      // b1 senden
ReadWriteSPI (b2);      // b2 senden
ReadWriteSPI (b3);      // b3 senden
```

```
P5OUT &=~ 0x01; // Schreibzyklus starten
P5OUT =0x01;    // CS setzen um den Ready/Busy-Status
                //  abfragen zu können

while(!(P5IN & 0x04)); // Warte bis fertig
P5OUT = ~0x01;         // EEPROM deaktivieren
```

Listing 8.14: Wert in EEPROM speichern

Mit dem READ-Befehl können wir die soeben gespeicherte Zahl aus dem EEPROM lesen. Der Befehl setzt sich aus der Bitfolge 110 (= 0x06), gefolgt von der 7 Bit breiten Adresse der Speicherzelle zusammen. Nachdem das EEPROM nach zehn Takten den READ-Befehl erkannt hat, sendet es über den DO-Pin eine Dummy-Null gefolgt von dem 8 Bit breiten Wert der Speicherzelle. Ähnlich wie zuvor ergibt sich daraus ein über Bytegrenzen verteiltes Befehls- und Datenbyte. Das Schema des READ-Befehls wird in Listing 8.15 verdeutlicht.

```
P5OUT = 0x01;              // EEPROM aktivieren
adresse = 100;
adresse &= ~BIT7;          // auf 7 Bit Beschneiden
ReadWriteSPI ((0x06 << 5) | (adresse >> 2));
b1=ReadWriteSPI(adresse << 6);
b2=ReadWriteSPI(0x00); // 0x00 Dummybyte
Data=(b1<<3) |(b2>>5); // Data wieder zusammensetzen
P5OUT = ~0x01;             // EEPROM deaktivieren
```

Listing 8.15: READ-Befehl

8.2.4 Implementierung des I^{2}C-Bus

Der I^{2}C-Bus (oft auch *TWI* für *Two-Wire-Interface* genannt) lässt sich wie eine SPI-Schnittstelle auf jedem MSP430-Mikrocontroller per Software implementieren. Einige neuere MSP-Typen, wie die MSP430x15x- und MSP430x16x-Baureihe, verfügen schon über eine Hardware-I^{2}C-Bus-Implementierung. Anders als bei der asynchronen Schnittstelle oder dem SPI-Interface unterstützt nur der USART0 den I^{2}C-Bus. Es kann also keine weitere I^{2}C-Bus-Schnittstelle mit dem USART1 betrieben werden.

Das I^{2}C-Modul unterstützt neben der 7-Bit-Adressierung (+ 1 Bit für Schreib-/Lese-Modus) der Standard-Bausteine, darunter viele EEPROMs oder Echtzeituhren, auch die 10-Bit-Adressierung nach dem I^{2}C-Standard 1.0. Die Datenrate beträgt im normalen Modus $100\,\mathrm{kbps}$ und kann im Fast-Mode auf bis zu $400\,\mathrm{kbps}$

erhöht werden. Die SCL-Leitung (Serial Clock) ist beim MSP430F1612 mit dem Pin P3.3 und die SDA-Leitung (Serial Data) mit Pin P3.1 verbunden. In der Initialisierung müssen die beiden Pins also vor Gebrauch konfiguriert werden:

```
P3SEL |= 0x0a;
```

Listing 8.16: Initialisierung der Pins für SDA und SCL

Für den Betrieb der Schnittstelle müssen die Bits im Datenrichtungsregister nicht gesetzt werden. Diese Aufgabe übernimmt das I^{2}C-Modul automatisch, zumal die SDA-Leitung bidirektional betrieben wird. Wie bei allen Schnittstellen ist auch beim I^{2}C-Bus die Reihenfolge der Prozessschritte zur Initialisierung des Moduls wichtig.

7	6	5	4	3	2	1	0
RXDMAEN	TXDMAEN	I2C	XA	LISTEN	SYNC	MST	I2CEN
rw0	rw0	rw0	rw0	rw0	rw0	rw0	rw1

Bild 8.18: Bitbelegung des U1CTL-Registers im I^{2}C-Modus

Das Datenblatt gibt an, dass für die Aktivierung der Sonderfunktion der Pins P3.1 und P3.3 das Bit I2C und SYNC im Register U0CTL gesetzt werden muss. Bild 8.18 zeigt die dann geltende Registerbelegung des UxCTL-Registers im I^{2}C-Modus.

```
U0CTL |= I2C + SYNC;
```

Listing 8.17: USART0 für den I^{2}C-Modus konfigurieren

Jetzt kann im I2CTCTL-Register, dessen Bitbelegung in Abbildung 8.19 dargestellt ist, die Taktquelle gewählt werden. Wählt man als Taktquelle SMCLK, so wird das Bit I2CSSEL1 gesetzt. Der Zustand von I2CSSEL0 ist dabei nicht wichtig. Alternativ kann man auch als Taktquelle ACLK wählen. Dafür muss I2CSSEL1 gelöscht und I2CSSEL0 gesetzt sein. Sind beide Bits gelöscht, ist das I^{2}C-Modul deaktiviert. Die grau hinterlegten Flags können nur geändert werden, wenn das Bit I2CEN im U0CTL-Register gelöscht ist.
Das Bit I2CWORD legt fest, ob der Datenrahmen bei der Übertragung 8 Bit (I2CWORD gelöscht) oder 16 Bit (I2CWORD gesetzt) betragen soll. Mit I2CRM wird festgelegt, wie der Datenfluss vom internen I^{2}C-Modul kontrolliert wird. Zum einen kann man manuell und selbständig per Software festlegen, wie viele Bytes innerhalb eines Datenrahmens begrenzt durch eine Start-Stopp-Bedingung gesendet

7	6	5	4	3	2	1	0
I2CWORD	I2CRM	I2CSSELx		I2CTRX	I2CSTB	I2CSTP	I2CSTT
rw–0	rw–0	rw–0	rw–0	rw–0	rw–0	rw–0	rw–0

Bild 8.19: Bitbelegung des I2CTCTL-Registers

werden (I2CRM $= 1$), zum anderen kann man auch automatisch nach einer im Register I2CNDAT festgelegten Anzahl an Bytes automatisch eine Stopp-Bedingung vom MSP aufrufen lassen (I2CRM $= 0$). Wir wählen I2CRM $= 0$ und legen später fest, dass zwischen einem Start-Stopp-Datenrahmen jeweils ein Byte gesendet wird. Auf die Bits I2CSTB, I2CSTP und I2CSTT kommen wir später noch zurück.
Als Nächstes initialisieren wir die beiden Shift-Clock-Register I2CSCLH und I2CSCLL. Sie bestimmen zusammen mit einem Vorteiler, dem I2CPSC-Register, auf das wir hier nicht näher eingehen werden, die Frequenz und das Tastverhältnis. Mit dem I2CSCLH-Register legen wir fest, wie lange der HIGH-Pegel innerhalb einer Taktperiode dauert. Analog dazu legen wir mit dem I2CSCLL-Register fest, wie lange innerhalb einer Taktperiode der LOW-Pegel dauert. Bei den Beispielen im MSP430-User-Guide [Tex06c] von Texas Instruments ist das I2CPSC-Register gelöscht (der Vorteiler ist dann 1) und I2CSCLH und I2CSCLL haben beide den Wert 3. Damit ist die Dauer des HIGH- und LOW-Pegels fünf Takte der Taktquelle (hier SMCLK) lang. In unseren Beispielen arbeiten wir meist mit einer Taktfrequenz für die Taktquelle SMCLK von $1\,\mathrm{MHz}$. Die Bus-Frequenz des $\mathrm{I^2C}$-Busses beträgt somit $100\,\mathrm{kHz}$.

```
I2CPSC  = 0x00;       // Vorteiler: SMCLK
I2CSCLH = 0x03;       // Dauer HIGH-Pegel
I2CSCLL = 0x03;       // Dauer LOW-Pegel
I2CNDAT = 0x01;       // Anzahl der Bytes innerhalb eines
                      // Start-Stop-Datenrahmens
```

Listing 8.18: $\mathrm{I^2C}$-Clock- und Datenrahmen-Initialisierung

Im Register I2CSA legen wir die 7 Bit breite Slave-Adresse des Bausteins fest, der angesteuert werden soll. Analog dazu gibt es auch ein I2COA-Register, in dem beim Betrieb des MSP430 als Slave die eigene Adresse abgelegt werden kann. Wie fast alle Komponenten des MSP430 lässt sich auch die $\mathrm{I^2C}$-Schnittstelle mit einem Interrupt verknüpfen. Es ist sinnvoll, einen Interrupt für eingehende Daten aufzurufen und diese dann in eine Variable zu speichern. So muss man während des Programmverlaufs keine Schleife laufen lassen, um Daten über die Bus-Schnittstelle zu empfangen. Für die Interrupt-Verknüpfung setzen wir das Bit RXRDYIE im I2CIE-Register.

```
I2CIE = RXRDYIE;          // Interrupt ausführen, wenn
                          // Daten empfangen wurden
_enable_interrupts ();    // Interrupts aktivieren
```

Listing 8.19: Interrupt-Aktivierung

Im I2CIE-Register lassen sich noch weitere Interrupts definieren. Diese sind aber vor allem für den Betrieb des MSP430 im Slave-Modus nützlich, auf den wir hier nicht näher eingehen. Ein wichtiger Interrupt kann noch mit dem Bit TXRDYIFG aktiviert werden. Damit wird ein Interrupt nach einer erfolgreichen Übertragung der Daten über den Bus ausgelöst. Auf die für die eingehenden Daten erforderliche Interrupt-Service-Routine kommen wir später zurück. Jetzt wurden alle Einstellungen für den Betrieb des I^2C-Busses vorgenommen. Das Modul kann nun mit der folgenden Codezeile aktiviert werden:

```
U0CTL |= I2CEN;
```

Listing 8.20: Aktivierung des I^2C-Moduls

Wir wollen mit dem I^2C-Bus nun das serielle EEPROM 24LC02 ansteuern. Als Beispiel soll wie schon zuvor in das EEPROM an Offset 100 der Wert 123 gespeichert und anschließend ausgelesen werden. Die I^2C-Basisadresse des EEPROMS ist werksseitig als 1010 definiert. Intern ist das EEPROM in acht Blöcke mit jeweils 256 Byte Speicher aufgeteilt. Um die Blöcke ansteuern zu können, benötigt man zur Adressierung drei Bits ($2^3 = 8$): B0 bis B2. Diese werden in die Adresse hinein kodiert, Bild 8.20.

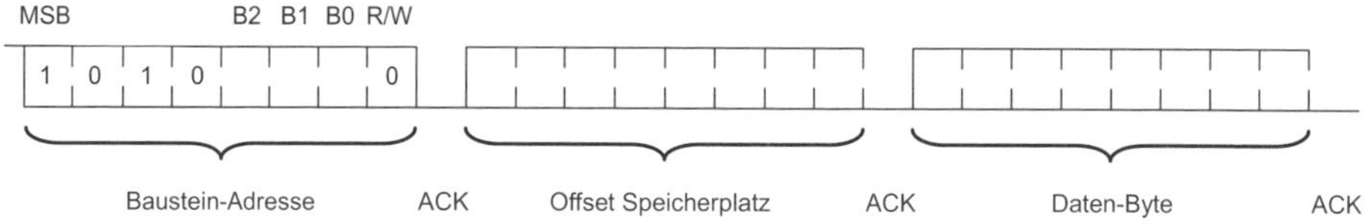

Bild 8.20: Schreib-Modus beim EEPROM 24LC02

Die Speicherstelle liegt im ersten Block (also B0 = B1 = B2 = 0) am Speicherplatz 100. Die Adresse lautet dann in hexadezimaler Schreibweise für den Schreibzugriff

0xA0 und für den Lesezugriff 0xA1. Zuvor müssen wir im Register I2CTCTL das Bit I2CRM setzen, weil wir den Datenfluss nur per Software steuern werden. Die Adresse des EEPROMs legen wir in das Register I2CSA ab. Es werden nur die höchsten sieben Bits gespeichert, da das R/W-Bit automatisch gesetzt oder gelöscht wird. Also schreiben wir in I2CSA:

```
I2CSA |= 0x50;
```

Listing 8.21: Einstellung der Adresse des Slave-Moduls

Modus Schreiben

Wenn wir auf das EEPROM schreibend zugreifen wollen, müssen wir im Register U0CTL das Bit MST setzen, weil der MSP430 im Master-Modus arbeitet. Das Bit muss bei jedem Zugriff erneut gesetzt werden, weil es nach einem Datenaustausch oder einer Stopp-Bedingung automatisch gelöscht wird. Eine Start-Bedingung erzeugen wir, indem wir im Register I2CTCTL das Bit I2CSTT setzen. Dabei generiert der Controller automatisch eine Start-Bedingung und löscht danach das Bit I2CSTT. Mit dem Bit I2CTRX legen wir fest, ob wir lesend oder schreibend auf das EEPROM zugreifen werden. Alternativ könnte man den Beginn eines Datenaustausches auch mit Setzen des Bits I2CSTB einleiten. Ein Byte wird gesendet, indem man auf das Register I2CDRB schreibend zugreift. Die Stopp-Bedingung wird automatisch nach zwei übertragenen Bits generiert. Die folgenden Code-Zeilen speichern den Wert 123 in die Speicherstelle 100:

```
I2CRM=0;
I2CNDAT=0x02;
U0CTL |= MST;                // Master Modus
// Start-Bedingung, schreibend, automatisches Stoppsignal
// nach I2CNDAT Bytes
I2CTCTL |= I2CSTT + I2CTRX+I2CSTP;
// MSP sendet automatisch die Adresse 10100000  (0x50 + R/W)
I2CDRB = 0x64;               // Speicheradresse 100
I2CDRB = 0x7b;               // Wert 123
while (I2CTCTL & I2CSTP);    // Warte bis Stop-Bit wieder
                             // gelöscht ist
```

Listing 8.22: Wert in EEPROM speichern

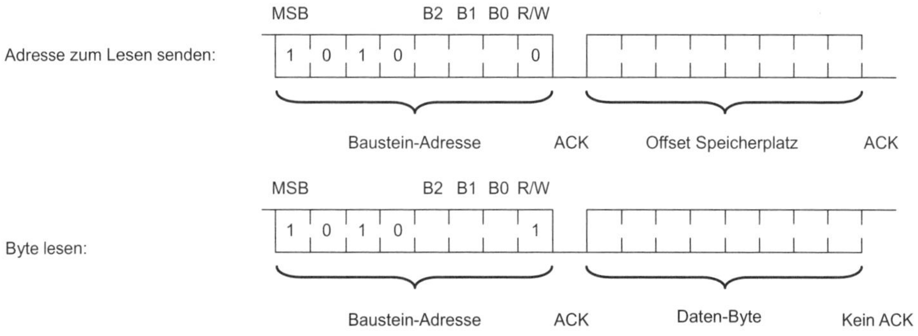

Bild 8.21: Lese-Modus beim EEPROM 24LC02

Modus Lesen

Der Ablauf zum Lesen einer Speicherstelle ist in Bild 8.21 dargestellt. Zunächst muss man schreibend die Speicheradresse der Speicherstelle senden und dann anschließend lesend das Datenbyte in Empfang nehmen. Dazu muss nach dem Senden der Speicheradresse eine erneute Start-Bedingung (Restart-Bedingung) gesendet werden. Das I2CRM-Bit muss gelöscht sein um eine Restart-Bedingung senden zu können.

Nachfolgendes Listing 8.23 zeigt das Senden der Speicheradresse und der Restart-Bedingung:

```
\\ ...
  I2CNDAT=0x01;                 // ein zu übertragenes Byte
  U0CTL |= MST;                 // Master Modus
  I2CTCTL |= I2CSTT + I2CTRX; // Start-Bedingung, schreibend
            // MSP sendet automatisch die Adresse 0x40 + R/W
  I2CDRB = 0x64;                // Speicheradresse 100
  I2CTCTL &=~I2CTRX;            // lesender Zugriff
  I2CTCTL |= I2CSTT;            // Restart-Bedingung, lesend
\\ ...
```

Listing 8.23: Offset der Speicherstelle senden

Nun können wir in einer Interrupt-Service-Routine das empfangene Datenbyte speichern. Die Interrupt-Service-Routine hat den Aufbau:

```
#pragma vector=USART0TX_VECTOR
__interrupt void I2C_ISR(void)
{
 switch(I2CIV)
 {
   case 10:                    // Interrupt 10 (Daten empfangen)
     RXData = I2CDRB;          // Speichere Daten in RXData
     I2CTCTL |= I2CSTP;        // Stop-Bedingung
     break;
 }
}
```

Listing 8.24: Interrupt-Service-Routine zum Lesen einer Speicherstelle aus dem EEPROM

Bei einem Interrupt der I^2C-Schnittstelle werden im Register I2CIV die entsprechenden Flags des Interrupt-Aufrufs gesetzt. Wird ein Byte empfangen, so steht im Register I2CIV der Wert 10. Wenn Daten über den Bus erfolgreich gesendet wurden, so ist im Register I2CIV der Wert 12 gespeichert.

8.3 Aufgaben

1. Wie ist der Begriff Baudrate definiert? Was bezeichnet er?
2. Wie lautet die Pinbelegung einer 25-poligen SUB-D-Buchse der RS232-Schnittstelle. Was ist dabei besonders zu beachten?
3. Was sind die wesentlichen Unterschiede zwischen RS232, SPI und I^2C?
4. Welche Schnittstellen hat der MSP430F2013?
5. Wie kann eine RS232-Schnittstelle mit dem EzMSP430-Kit realisiert werden? Schreibe hierfür ein Programm.
6. Schreibe ein Programm, das eine RS232-Implementierung realisiert, bei der Senden und Empfangen ohne eine Blockierung des Programmflusses erfolgt. Nutze dafür Interrupt-Routinen.
7. Schreibe eine Interface-Routine zum RTC-Baustein (Realtime Clock) PCF 8583, mit der die Uhrzeit ausgelesen und gestellt werden kann.
8. Schreibe ein Programm, das den Wert eines digitalen Potentiometers (z.B. MCP41X1) einstellt.

9 MSP in Stand-Alone-Anwendungen

Unabhängig davon, welches Projekt man mit dem MSP430 durchführt, es gibt immer wieder einige Aspekte, die zu Problemen führen können, wenn man sich nicht frühzeitig im Entwicklungsprozess darum kümmert. Beispielsweise ist die Energieversorgung im Labor meist kein Problem, man hat ja das Labornetzteil. Im fertigen Projekt braucht man dafür sicher eine andere Lösung. Und wenn man erst am Ende feststellt, dass die Batterien nur eine halbe Stunde halten, hätte man sich doch lieber frühzeitig in der Entwurfsphase Gedanken über den Energieverbrauch machen sollen. Elektrische Sicherheit sollte eigentlich in allen Projekten immer betrachtet werden, in der Medizintechnik ist sie ein Muss.

9.1 Spannungsversorgung

Strom kommt aus der Steckdose. Dieser Satz ist zweifellos richtig, aber auch nicht vollständig, denn selten kommt er so aus der Steckdose, wie man ihn benötigt. Im Folgenden werden verschiedene Spannungsversorgungskonzepte für unsere Mikrocontrollerschaltungen an einigen Beispielen erläutert.

9.1.1 Linearspannungsregler

Ein Linearspannungsregler wird in Reihe zwischen Spannungsversorgung und Verbraucher geschaltet. Die interne Schaltung des Spannungsreglers stellt nun den Längswiderstand so ein, dass eine konstante Ausgangsspannung für den Verbraucher anliegt. Betrachtet man den in Bild 9.1 schematisch angedeuteten inneren Aufbau, stellt man fest, dass es sich in der Tat um einen proportional wirkenden Regelkreis handelt, der die Ausgangsspannung auf die voreingestellte Referenzspannung einstellt. Festspannungsregler sind für viele typische Ausgangsspannungen ($5\,\mathrm{V}$, $9\,\mathrm{V}$, $12\,\mathrm{V}$, etc.) erhältlich. Eine schon lange am Markt existierende Realisierung sind die Spannungsregler der 78xx-Serie, wobei das xx durch die entsprechend einprogrammierte Nominalspannung zu ersetzen ist (z.B. 7805 für den $5\,\mathrm{V}$-Spannungsregler). Leider existiert in der 78xx-Serie kein Regler für $3\,\mathrm{V}$- bzw.

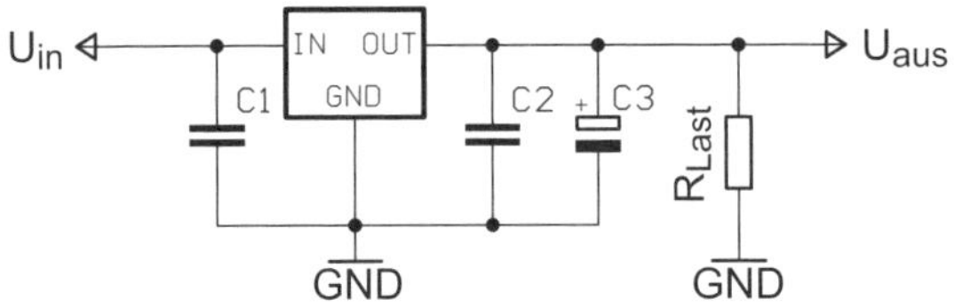

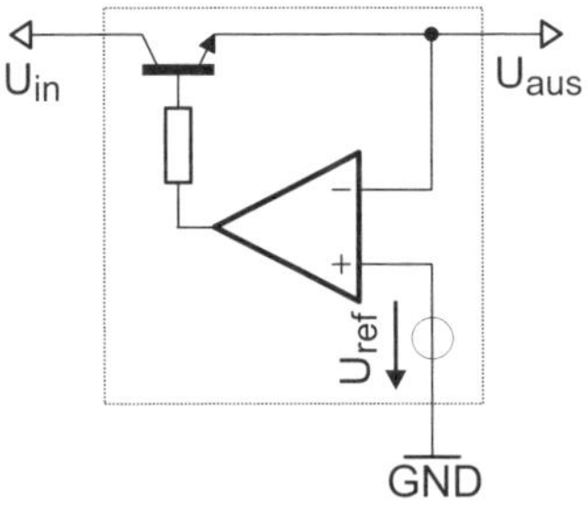

Bild 9.1: Grundschaltung eines Linearspannungsreglers und schematischer innerer Aufbau

$3.3\,\mathrm{V}$-Ausgangsspannung, die der MSP430 ja benötigt. Für $3.3\,\mathrm{V}$ können beispielsweise Regler wie der LM 2937-3.3 (wenn man etwas mehr Strom benötigt) oder der LP2985 ($< 100\,\mathrm{mA}$ im SOT23-5-Gehäuse) verwendet werden.

Linearspannungsregler mit fester Ausgangsspannung benötigen im Allgemeinen keine weiteren externen Komponenten zur Funktion. Allerdings hat es sich als günstig herausgestellt, wie in Bild 9.1 angedeutet, vor und hinter dem Spannungsregler Abblockkondensatoren für hochfrequente Störungen einzusetzen. Typischerweise verwendet man hierzu keramische Typen im Bereich von $100\,\mathrm{nF}$. Des weiteren sollte man auf der Ausgangsseite noch einen Stützkondensator (ca. $1\,\mu$F$/mA$) für dynamische Lastspitzen einplanen.

Neben der Ausgangsspannung ist die realisierbare Verlustleistung ein zentraler Parameter, der Einfluss auf die Bauteilauswahl nimmt. Im Wesentlichen wird diese durch die thermische Kapazität und Ableitfähigkeit des Gehäuses definiert. Ein 78L05 im TO92-Gehäuse kann maximal $100\,\mathrm{mA}$, ein 78S05 im TO220-Gehäuse bis zu $2\,\mathrm{A}$ Strom liefern. Im Inneren dieser Komponenten ist die gleiche Schaltung verbaut, den Unterschied macht nur die thermische Ableitfähigkeit des Gehäuses. Die Verlustleistung des Spannungsreglers ergibt sich zu

$$P_{tot} = (U_{In} - U_{Aus}) \cdot I \tag{9.1}$$

Als Dimensionierungsbeispiel nehmen wir mal an, dass man bei Verwendung eines 78S05 im TO220- Gehäuse bei einer Eingangsspannung von $9\,\mathrm{V}$ und einem mittleren Strom von $500\,\mathrm{mA}$ den dauerhaften Betrieb sicherstellen möchte. Zur Auswahl stehen die in Bild 9.2 gezeigten Kühlkörper. Insgesamt haben wir nach Gleichung 9.1 eine Verlustleistung von $2\,\mathrm{W}$. Für das TO220-Gehäuse selbst ist im

Datenblatt ein Wärmeübergangswiderstand von 5°C/W gegeben. Dieser liegt in Reihe zu dem thermischen Widerstand des Kühlkörpers. Die thermischen Widerstandswerte sind analog einer Reihenschaltung von elektrischen Widerständen zu addieren.

Bild 9.2: Verschiedene Kühlkörper, links ein einfaches U-Profil mit einem Wärmeübergangswiderstand von 25°C/W, rechts ein Rippenkühlkörper mit 9.5°C/W

Nehmen wir den linken Kühlkörper: Mit einem thermischen Widerstand von 25°C/W hätten wir dann bei Dauerbelastung und idealisierter Annahme, dass der Kühlkörper sich an der Oberfläche nur auf 50°C aufheizen muss, um die ganze Wärme loszuwerden (eine recht optimistische Annahme), eine IC Temperatur von T_{Ic} = 50°C+ (25°C/W + 5°C/W)* 2W = 110°C. Das ist zwar gerade noch im tolerierbaren Bereich (T_{max}=150°C), aber eigentlich schon zu heiß. Mit dem anderen Kühlkörper, der auf Grund seiner größeren Oberfläche auch die Wärme besser an die Umgebungsluft abführen kann, kommt man bei gleichen Annahmen nur auf eine IC Temperatur von 79°C. Ein wesentlich vernünftigerer Wert. Zum Glück haben fast alle Spannungsregler zusätzlich eine interne Sicherheitsschaltung, die bei zu hoher interner Temperatur oder zu hohem Ausgangsstrom die interne Verlustleistung begrenzt. Dadurch sind die meisten Spannungsregler auch kurzschlussfest.

Eine weitere Kenngröße von Linearspannungsreglern ist die minimale Längsspannung, also der minimale Unterschied zwischen Eingangs- und Ausgangsspannung. Bei Spannungsreglern der 78xx-Reihe beträgt diese etwa $2.5\,\mathrm{V}$. Bei so genannten "Low-Dropout-"Reglern wie z.B. dem LM2940 ist die minimale Längsspannung mit etwa $0.5\,\mathrm{V}$ deutlich kleiner.

In Fällen, wenn die speziell gewünschte Ausgangsspannung nicht fest eingestellt erhältlich ist, werden einstellbare Spannungsregler verwendet. Ein typischer Vertreter dieser Kategorie ist der LM317. Dessen innere Referenzspannung beträgt $1.25\,\mathrm{V}$. Das heißt, dass der IC immer versucht zwischen Ausgang und Adjust-Pin eine Spannung von $1.25\,\mathrm{V}$ einzustellen. Mit der in Bild 9.3 gezeigten Schaltung lassen sich Spannungen zwischen 1.25 V und $U_{In} - 2\,\mathrm{V}$ erstellen.

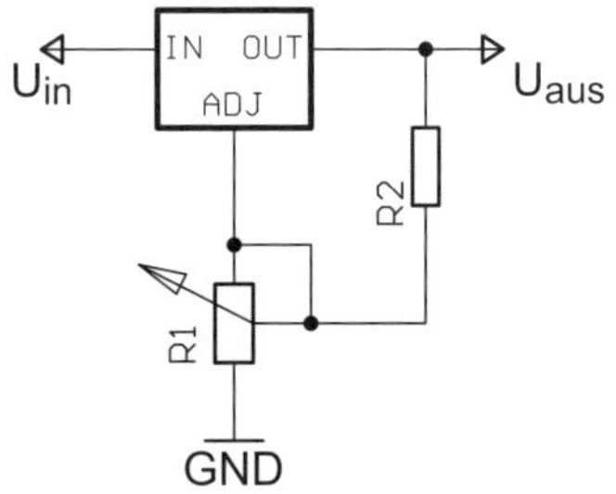

Bild 9.3: Grundschaltung mit einem LM317-Linearspannungsregler. $U_{Aus} = 1.25\left(1 + \frac{R_1}{R_2}\right)$

9.1.2 Bipolare Spannungsversorgung

In einigen Fällen, speziell bei der Verarbeitung analoger Signale, werden mitunter nullpunktsymmetrische Signale verarbeitet und verstärkt. Damit dies möglich ist, bedarf es einer entsprechenden symmetrischen Spannungsversorgung beispielsweise für die verwendeten Operationsverstärker. Im Idealfall steht ein Netzteil zur Verfügung, das gleich beide Spannungen symmetrisch bezüglich eines Mittenpotentials zur Verfügung stellt. Meist wird dies durch einen Transformator mit symmetrischer Wicklung und Mittenanzapfung realisiert. Bild 9.4 zeigt den grundsätzlichen Aufbau eines solchen symmetrischen Netzteils. Zur Spannungsstabilisierung werden sowohl ein positiver als auch ein komplementärer negativ-Spannungsregler eingesetzt. Die Baureihe 79xx enthält beispielsweise verschiedene Spannungsregler mit den üblichen Spannungswerten von $-5\,\mathrm{V}$, $-9\,\mathrm{V}$, $-12\,\mathrm{V}$, etc...

Hat man kein Netzteil, das eine bipolare Spannungsversorgung bereitstellt, bietet sich eine einfache Alternative an. Mann verwendet zwei Batterien oder zwei unabhängige Netzteile, die allerdings potentialfrei (d.h. ohne Bezug zum Erdungspotential) sein müssen. In diesem Fall können sie in Reihe geschaltet werden und der Verbindungspunkt ist dann die Bezugsmasse.

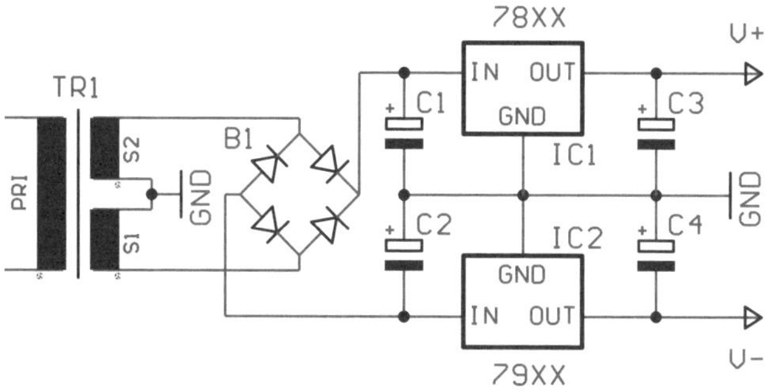

Bild 9.4: Grundschaltung einer symmetrischen Spannungsversorgung mit Linearspannungsreglern

Oft fehlt es jedoch gerade an diesen Möglichkeiten, so dass man nur eine Betriebsspannung zur Verfügung hat. In diesem Falle kann man sich eine virtuelle Masse durch die in Bild 9.5 dargestellte Schaltung erzeugen. Auch hier agiert der Operationsverstärker in einem geschlossenen Regelkreis. Wird die Schaltung unsymmetrisch belastet, so verschiebt sich das Mittenpotential geringfügig. Da dieses jedoch an den negativen Eingang des Operationsverstärkers rückgekoppelt ist, kommt es zu einer Regeldifferenz im Bezug zu der Referenzspannung, die mit dem Spannungsteiler R1 und R2 erzeugt wird. Entsprechend wird nun die Basisspannung der Transistoren nachgeführt. Bei geringer Lastunsymmetrie und Leistungsaufnahme kann man sogar auf die Transistoren verzichten und die Ausgangsstufe des Operationsverstärkers direkt verwenden.

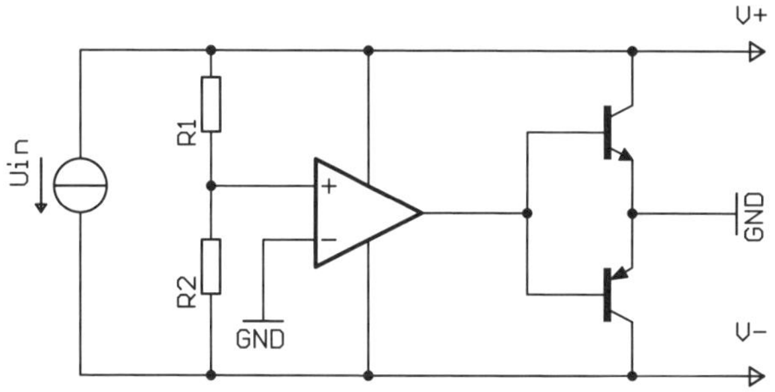

Bild 9.5: Erzeugung eines "virtuellen" Bezugspotentials, nach [TSG02]

Bei Erzeugung dieser Art des Massebezugs muss man allerdings streng darauf achten, dass die negative Eingangsspannung und die virtuelle Masse nirgends an anderer Stelle in der Schaltung verbunden werden. Man sollte daher nie ohne besonderen Grund ein Bauteil direkt aus der Eingangsspannung und ein anderes aus der symmetrischen Spannung versorgen. Das führt eigentlich immer zu Problemen. Besser ist hier, alle Bauteile aus der symmetrischen Spannung zu versorgen. Vorsicht ist auch bei der Erdung von Schaltungsteilen geboten. Eine der beiden Schaltungsseiten muss hier ohne Bezug zum Erdungspotential stehen. Im Allgemeinen sollte dies die Eingangsspannungsseite sein, da sich so die meisten Probleme vermeiden lassen. Bei der Dimensionierung der Transistoren ist zu beachten, dass der gesamte Strom z.B. der "positiven" Seite durch den Transistor der "negativen" fließt (und umgekehrt) und dabei die halbe Betriebsspannung abfällt. Für Schaltungen mit größerem Leistungsbedarf ist diese Art der virtuellen Masse somit weniger zu empfehlen.

Als dritte Möglichkeit kann eine negative Spannung mittels eines invertierenden Schaltreglers aus der positiven Betriebsspannung gewonnen werden. Ein Bauteil, das dieses Prinzip ausnutzt, werden wir in Kapitel 9.4.5 noch näher kennenlernen. Der MAX232 erzeugt sich die notwendigen RS232-Logikpegel von $\pm 12\,\mathrm{V}$ mittels integrierter Schaltregler selbst. Da wir ja nicht extra für die Spannungsversorgung einen RS232-Treiber einsetzen wollen, sollte man Bauteile mit dieser dezidierten Funktionalität einsetzen. Benötigt man nur wenig Strom ($< 15\,\mathrm{mA}$) kann man beispielsweise auf die ICs ICL7660/7661 oder einen LTC1044 zurückgreifen. Diese realisieren einen Spannungsinverter, der mit lediglich einem Kondensator als externem Energiespeicher auskommt. Etwas mehr Beschaltung benötigt der LM2575, aber dafür kann dieser auch deutlich mehr Strom liefern. Eine Schaltungsrealisierung für den LM2575 zeigt Bild 9.6.

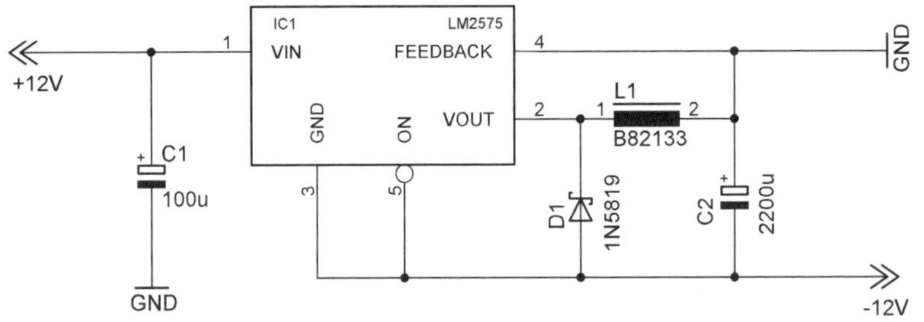

Bild 9.6: Schaltungsvorschlag eines invertierenden Schaltreglers mit einem LM2575

Alternativ kann man bei spezialisierten Firmen für hybrid-integrierte Schaltregler fündig werden. Diese bieten gleichermaßen monopolare und bipolare Ausführungen ihrer DC/DC-Wandler an, die in verschiedenen Leistungsstufen und Spannungen erhältlich sind.

9.2 Low-Power-Design

Wie wir in Kapitel 1.1 und Kapitel 3.1 schon gesehen haben, bringt der MSP430-Mikrocontroller selbst alle Voraussetzungen mit, ihn für Designs mit extrem geringem Stromverbrauch zu verwenden. Berücksichtigt man einige Grundregeln für Design und Softwarestruktur, benötigt der Prozessor selbst fast keine Energie mehr. Die folgende Aufstellung von Hinweisen ist aus [Nag03] übernommen und in einigen Punkten ergänzt.

- Verwende Low-Power-Mode LPM3 so oft wie möglich. In diesem sind Interrupts aber auch ein externer Takt (LFXT1) noch aktiv. Die CPU wird aus dem internen DCO betrieben. Es dauert nur $6\,\mu s$, bis dieser Oszillator "aufgewacht" ist.
- An LFXT1 sollte ein $32\,\mathrm{kHz}$-Uhrenquarz angeschlossen werden. Mit diesem können (wenn auch langsam, aber dafür energiesparend) interne Komponenten wie der AD-Wandler betrieben werden.
- Die Programmsteuerung erfolgt soweit möglich mit Interrupts. Listing 9.1 zeigt in Pseudocode eine mögliche Struktur.
- Verwende Interrupts, anstatt per Polling (ständige Abfrage eines Zustandes) auf ein Ereignis zu warten.
- Nur verwendete interne Komponenten sollten aktiviert werden.
- Wenn möglich sollten innere Peripheriemodule anstelle von Software-Funktionalität verwendet werden. So können beispielsweise mit den Timern Pulse oder Zeiten ohne Zutun der CPU gemessen werden.
- Verwende Look-Up-Tabellen anstelle komplizierter und damit lang dauernder Berechnungen.

```
__interrupt void basic_timer_ISR(void)
{ startAdConverter(); }

__interrupt void AD_finished_ISR(void)
{ data = readAdResult();
  process(data); }

int main(void)
{
initTimer();
setupAdConverter();
enableInterrupts();
while (true)
{ LPM3; \\ gehe schlafen }
}
```

Listing 9.1: Pseudocode Programmfluss mit Interrupts

Erklärung zu Listing 9.1:

Nach Initialisierung des Timers und der Interrupts wird der Prozessor in den Low-Power-Mode LPM3 versetzt. Der Interrupt von Timer 1 erweckt den Prozessor und in der Interrupt-Service-Routine (ISR) wird der AD-Wandler gestartet. Nach deren Ende wird der Prozessor wieder in der Endlosschleife in LPM3 versetzt. Die A/D Wandlung ist so konfiguriert, dass sie unabhängig von der MCLK ist und beispielsweise durch die ACLK gesteuert wird. Der nächste Interrupt ist der des A/D Wandlers nach Abschluss des Wandlerzyklus. Die zugehörige Service-Routine liest das Wandlerergebnis ein und führt notwendige Berechnungen durch. Nach Rückkehr in die Hauptschleife wird der Prozessor wieder schlafen geschickt, bis der Timer-Interrupt ihn erneut aus dem Dornröschenschlaf erweckt. Ein Umsetzung in Programmcode ist auf unserer Webseite zum Buch [MSP10] zu finden.

Wie man an diesem Beispiel sehen kann, ist es möglich, das Programm so zu gestalten, das alle notwendigen und gewollten Pausenzeiten im Energiesparmodus verbracht werden können, anstelle auf den Ablauf eines Ereignisses aktiv zu warten. Dies ist eine sehr effiziente Möglichkeit, Low-Power-Modes des Prozessors zu nutzen.

Der MSP ist im Gesamtentwurf jedoch nur eine Komponente unter vielen und oft nicht einmal für den größten Energieverbrauch verantwortlich. Vielmehr muss man genau darauf achten, bei allen Bauteilen und Schaltungen auf entsprechende Eignung für den Low- Power-Betrieb zu achten. Oft verbraucht ein einziges Bauteil mehr als der ganze Rest der Schaltung. Folgende Aufstellung gibt ein paar heuristische Tipps, ohne jedoch Anspruch auf Vollständigkeit zu erheben.

Die beste Möglichkeit Energie zu sparen, ist die Verwendung von speziell auf den Zweck zugeschnittenen Low-Power-Bauteilen. Verschiedene Herstellerfirmen bieten speziell zugeschnittene Broschüren [Tex07a] an, die geeignete Bauteile beschreiben. Hat man dennoch einige "Stromfresser" in der Schaltung, so sollte man durch Abschaltung aller im Moment nicht benötigter Komponenten gerade deren Betriebszeit minimieren. Viele moderne Komponenten haben einen entsprechenden Shutdown-Eingang, der den Betriebsstrom in Funktionspausen auf ein Minimum reduziert. Ist das nicht möglich, können auch ganze Schaltungsteile über einen separaten Spannungsregler mit Shutdown-Funktionalität versorgt und bei Bedarf so zentral deaktiviert werden.
Im Allgemeinen skaliert der Energieverbrauch direkt mit der Betriebsspannung. Wähle deshalb die Betriebsspannung so niedrig wie möglich. Auch Operationsverstärker benötigen nicht unbedingt eine weit über der maximal auftretenden Signal-Ausgangsspannung liegende Versorgungsspannung.
Energieverbrauch skaliert gleichermaßen mit der Taktrate. Nicht nur der Prozessor, auch viele externe Komponenten, (z.B. AD-Wandler, DDS-Synthesizer aber auch ganz einfache Logikgatter) verbrauchen bei höheren Taktraten mehr Strom. Das gleiche gilt für Datenraten bei Kommunikationsbausteinen. Manchmal gleicht sich der Mehrverbrauch aber auch aus, wenn im Gegenzug die Aktivitätszeiten der entsprechenden Schaltungsteile verringert werden können. Hier muss ein für den Einzelfall geeigneter Kompromiss gefunden werden.
Bei gemischt analog/digitalen Systemen ist die Abtastfrequenz ein zentraler Zeitgeber. Je geringer man diese wählen kann, desto länger können Funktionskomponenten abgeschaltet werden. Es lohnt durchaus schon im Entwurf, den zu erwartenden Dynamikbereich der Applikation auszuloten, um hier mögliches Potential voll auszuschöpfen.
Linearspannungsregler benötigen meist einen Mindeststrom, um überhaupt arbeiten zu können. Selbst energiesparende "Low-Dropout-" Regler mit geringem Längsspannungsabfall (das ist die Spannung, die über dem Spannungsregler mindestens abfallen muss) haben im Vergleich zu Schaltreglern eigentlich immer einen schlechteren Wirkungsgrad. Zudem sind Schaltregler in der Lage, auch aus niedriger Eingangsspannung (z.B. 1 Mignon (AA)) $3\,\mathrm{V}$-Betriebsspannung zu generieren.
Standard Dioden und Zenerdioden sind zur energiesparenden Erzeugung von Referenzspannungen im allgemeinen weniger geeignet. Verwende stattdessen dezidierte energiesparende Referenzspannungsquellen.
Je nach Schaltung der Eingangs- oder Ausgangsstufen einzelner Bauteile muss man bei der Dimensionierung der Pull-Up- oder Pull-Down-Widerstände

besondere Aufmerksamkeit walten lassen. Soweit möglich, sollte man mit Pull-Down-Widerständen arbeiten. Verwende so große Widerstände wie möglich. Doch Vorsicht! Dadurch steigt auch die Wahrscheinlichkeit, dass durch äußere Störungen Spannungsspitzen an diesen erzeugt werden, die als fehlerhafte Signalpegel interpretiert werden können.

Aufmerksamkeit ist auch bei der Dimensionierung von Spannungsteilern oder Beschaltung von Operationsverstärkern geboten. Wählt man beispielsweise für die in Bild 9.7 gezeigte Verstärkerschaltung $R_1 = 9\,\mathrm{k\Omega}$ und $R_2 = 1\,\mathrm{k\Omega}$, so ist dies eigentlich eine unter normalen Umständen vernünftige Wahl. Allerdings fließt bei einer Eingangsspannung von $0.3\,\mathrm{V}$ durch diesen Spannungsteiler ${}^{3\,\mathrm{V}}/_{10\,\mathrm{k\Omega}} = 0.3\,\mathrm{mA}$. Dies ist höher als der Gesamtenergieverbrauch des Mikrocontrollers im Normalbetrieb.

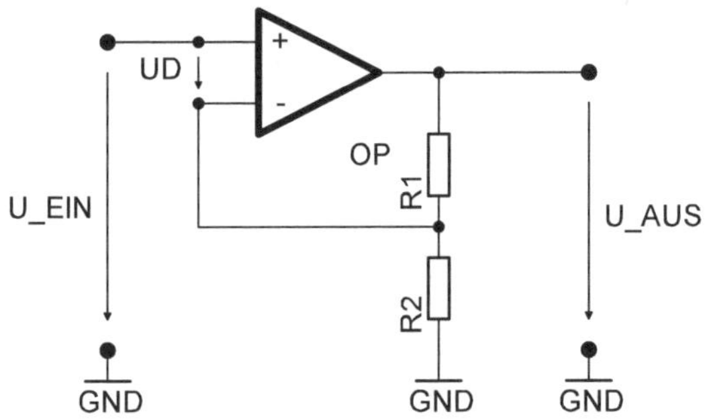

Bild 9.7: Nicht invertierender Operationsverstärker

Leuchtdioden, selbst in der Energiesparversion, sind mit $1\,\mathrm{mA}$ noch regelrechte Stromfresser. Wenn sie dennoch eingesetzt werden sollen, so kann man durch Blinken und entsprechende Puls-Pause-Zeiten (z.B. $0.5\,\mathrm{s}$ an, $4.5\,\mathrm{s}$ aus) noch deutlich Energie sparen. Wesentlich schnellere Blinkfrequenzen (z.B. $5\,\mathrm{ms}$ an, $45\,\mathrm{ms}$ aus) sind nicht anzuraten, da dann die LED nur als schwach glimmend wahrgenommen wird.

LCDs, insbesondere betrieben mit den internen Treibern der MSP430x4xx-Serie, sind geeignete energiesparende Anzeige-Elemente.

Auch Schalter müssen nicht ständig stromdurchflossen sein. So kann man beispielsweise den Schalter wie in Bild 9.8 mit dem Mikrocontroller verbinden. Aktiviert man nun alle 100ms kurz Port P1.0 als Ausgang, kann man an Port P1.1 nach kurzem Warten den Zustand direkt abfragen. Allerdings sollte man auch nicht mit geringerer Frequenz als 10Hz den Schalter abfragen, da man sonst merkliche Verzögerungen in der Bedienbarkeit verursacht. Die weitere Beschaltung dient der Filterung von Störungen.

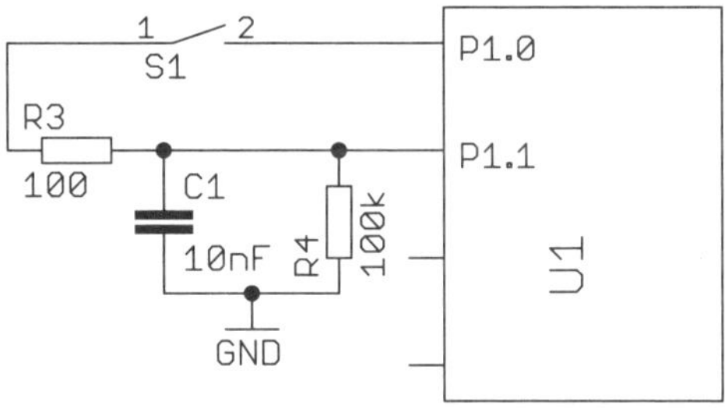

Bild 9.8: Schalter an zwei Ports des Mikrocontrollers

Bipolare Transistoren benötigen meist einen hohen Ruhestrom, weshalb sie in Low-Power-Designs nicht verwendet werden sollten. FET-Transistoren sind hier besser geeignet.

9.3 Elektrische Sicherheit

9.3.1 Grundlagen

Zellen und damit auch Organismen können durch elektrischen Strom geschädigt oder in ihrer Funktion beeinträchtigt werden. Dabei muss man verschiedene Wirkmechanismen unterscheiden. Elektrischer Strom und die damit verbundene Energie können über Widerstandsvorgänge in Wärmeenergie umgewandelt werden. Bekannt ist den meisten, dass oberhalb von 42 °C Denaturierungsvorgänge bei Eiweißen beginnen, also organisches Material zerstört werden kann. Führt also die thermische Wirkung des elektrischen Stroms zu höheren Temperaturen, so wird Zellgewebe zerstört. Äußerlich ist dies dann auch durch typische Verbrennungserscheinungen deutlich erkennbar. Bei Stromunfällen mit größeren Spannungen kommt es zusätzlich auch im Körper zu lokalen Überhitzungen an den Stellen höheren Widerstandes, zum Beispiel in den Gelenken.

Darüber hinaus spielen im menschlichen Organismus elektrische Signale eine zentrale Rolle bei der Übermittlung von Informationen im Nervensystem oder bei der Kontraktion von Muskeln. Diese Signalpfade sind besonders sensitiv in bestimmten Frequenzbereichen, in anderen weniger. Die Aktivität des Herzmuskels ist beispielsweise ein solches System, das auf der Basis der Ausbreitung elektrischer Impulse den Herzmuskel in genau definierter Abfolge kontrahiert und somit die optimale Pumpwirkung des Herzens sicherstellt. Treffen nun externe elektrische Impulse in der so genannten vulnerablen Phase (verwundbaren Phase) auf den Herzmuskel, kommt es zu unkoordinierter Reizausbreitung und als Folge dessen unter Umständen zu dauerhaft anhaltendem Herzkammerflimmern. In diesem Zustand sinkt die Pumpleistung des Herzens dramatisch und es kommt zu einer lebensbedrohlichen Situation, die nur durch einen externen Stromschock mit einem Defibrillator (das kennen die meisten aus "Emergency Room") behoben werden kann. Bis zum Eintreffen des Rettungsdienstes kann ein Betroffener aber auch durch Atemhilfe und Herzdruckmassage am Leben erhalten werden.
Als weitere Wirkung des elektrischen Stroms auf Organismen ist die langzeitige Einwirkung elektrischer Potentiale auf Zellen bekannt. So führt beispielsweise eine länger anliegende Gleichspannung zur Verschiebung von Ionenpotentialen und stört damit das innere Gleichgewicht der Zellen.
Als Elektroingenieur sollte man sich dieser verschiedenartigen Wirkungen des elektrischen Stroms immer bewusst sein und dies auch in der Umsetzung eigener Projekte berücksichtigen. Für elektrische Geräte und Installationen existieren verschiedene anwendungsspezifische Normen, die für den konkreten Anwendungsfall oft wertvolle Hilfe und Anleitung bieten. In diesen Normen sind beispielsweise Grenzwerte festgelegt, bei deren Einhaltung man nach den Regeln der Technik, soweit möglich, Gefährdung auf ein tolerables Maß absenkt. Auf diese Weise kann man sicherstellen, dass man als Entwickler in Fragen der Haftung den Bereich grober Fahrlässigkeit verlässt.
Als Handlungsrichtlinie sind in der DIN/VDE 0100-410 [VDI05] entsprechende Leitlinien für die elektrische Sicherheit hinterlegt. Die meisten unserer Projekte mit Mikrocontrollern lassen sich in die so genannte Bürogerätenorm DIN EN 60950 [VDI06b] einordnen, da diese "Geräte zur Informationsverarbeitung" abdeckt. Für Geräte der Medizintechnik gilt ein eigener Standard, die DIN EN 60601-1 [VDI06a]. Da davon ausgegangen werden muss, dass Medizingeräte am Menschen direkt angewendet werden und unter Umständen bereits Vorschädigungen oder Verletzungen vorliegen, sind die Grenzwerte strenger gefasst als die für andere elektrische Geräte.

9.3.2 Geräteschutzklassen

Die Geräteschutzklasse eines elektrischen Gerätes ist eine Angabe des Herstellers, wie die elektrische Sicherheit gegen das Berühren stromführender Teile realisiert ist. In der DIN EN 61140 [VDI02] sind insgesamt vier Schutzklassen definiert, wobei Schutzklasse 0 nicht für den Betrieb in Deutschland zugelassen ist. Die Kennzeichnung der Schutzklasse ist verpflichtend und muss durch die entsprechenden Symbole erfolgen.

Bei einem Gerät der Schutzklasse I sind alle leitfähigen Teile des Gehäuses mit dem Schutzleitersystem der Elektroinstallation verbunden. Zu erkennen sind solche Geräte daran, dass sie mit einem Stecker ausgestattet sind, der über einen zusätzlichen Kontakt für den Schutzleiter verfügt, z.B. der sog. "Schuko-Stecker". Im Fehlerfall wird der an leitenden Teilen anliegende Strom mit kleinem Widerstand in den Schutzleiter abgeleitet und so ein elektrischer Schlag vermieden.

Geräte der Schutzklasse II sind mit einer doppelten bzw. verstärkten Isolation zwischen spannungsführenden Teilen und berührbaren Teilen ausgestattet, so dass auch im Fehlerfall ein Berühren gefährlicher Spannungen nahezu ausgeschlossen werden kann. Zu erkennen sind sie neben der Symbolkennzeichnung daran, dass Netzstecker solcher Geräte keinen Schutzleiteranschluss besitzen, z.B. so genannte "Euro-" Stecker.

Die Schutzklasse III umfasst Geräte, die nur mit so genannter Schutz-Kleinspannung, also ungefährlichen Spannungen z.B. aus Batterien betrieben werden.

9.3.3 Galvanische Trennung

Verbindet man das eigene Projekt mit anderen Systemen, die gefährliche Spannungen führen (z.B. die Netzspannung) oder die nicht unter der Maßgabe der elektrischen Sicherheit entwickelt wurden (z.B. experimentelle Aufbauten) oder deren elektrische Sicherheit schwächeren normativen Grenzwerten unterliegt (z.B. bei Verbinden eines PCs, der nach Bürogerätenorm entwickelt wurde, mit einem Medizingerät), so ist die elektrische Sicherheit der strengeren Norm an der Verbindungsstelle durch ausreichende galvanische Trennung herzustellen. Eine wesentliche Kenngröße für die galvanische Trennung ist die so genannte Isolationsspannung. Dies ist die Spannung, die zwischen beliebigen isolierten Kontakten angelegt werden kann, ohne dass ein Strom fließt. Für technische Systeme nach der Bürogerätenorm genügt eine Isolationsspannung von $1500\,\mathrm{V}$, medizinische Systeme müssen hingegen eine Isolationsfestigkeit von bis zu $4000\,\mathrm{V}$ aufweisen. Die jeweils aktuell anzuwendenden Spannungswerte sind in den für das Gerät und seinen Einsatzzweck zutreffenden Norm zu finden, z.B. [VDI06b, VDI06a].

Die elektrische Isolation verschiedener Schaltungsteile ist immer auch an verteilten Stellen zu realisieren. Hier definiert das schwächste Element die Funktionsfähigkeit des gesamten Systems. Wie immer können technische Angaben von Bauteilen und Materialien für den Entwurf herangezogen werden, der funktionelle Nachweis muss jedoch immer durch Prüfung mit geeigneten Prüfgeräten erfolgen.

Eine der besten Maßnahmen zur galvanischen Trennung ist räumlicher Abstand. Je weiter Komponenten voneinander entfernt sind, desto höher ist die resultierende Isolationsspannung. Für Luft gilt die Faustformel einer Isolationsfestigkeit von etwa $1000\,\mathrm{V}$ pro mm Abstand zwischen zwei Leitern. Daraus ergibt sich, dass man bei $1500\,\mathrm{V}$ bzw. $4000\,\mathrm{V}$ einen Mindestabstand von Luftstrecken von $1.5\,\mathrm{mm}$ bzw. $4\,\mathrm{mm}$ einhalten sollte. Befinden sich zwischen den zu isolierenden Stellen andere Materialien, so sind deren Isolationseigenschaften für die Berechnung von Mindestabständen heranzuziehen. Für Kabel kann man beispielsweise vom Hersteller die Isolationsfestigkeit der Isolierung erfragen. Bei Platinen sind Oberflächen-Kriechstrecken zu berücksichtigen. Um auf der sicheren Seite zu sein, schlägt beispielsweise die DIN EN 60601-1 den doppelten Abstand der Luftstrecke vor. Die reale Isolationsfestigkeit ist jedoch stark von verschiedenen Faktoren wie Material, Verschmutzung oder Schutzlackierung abhängig, so dass man unter Umständen auch kleinere Abstände tolerieren kann. Z.B. sind Isolationsstrecken $> 5\,\mathrm{mm}$ mit handelsüblichen Optokopplern kaum zu realisieren. Zur Verbesserung der Isolationseigenschaften kann das Platinenmaterial stellenweise ausgefräst werden. Weitere kritische Stellen, die besonders betrachtet werden müssen, sind die Befestigungen der Platine, die im isolierten Bereich liegen, sowie Gehäusedurchführungen und Steckkontakte. Auch innenliegende kabelgebundene Verdrahtung sollte so verlegt werden, dass nicht zufällig notwendige Isolationsabstände unterschritten werden können.

An einigen Stellen ist es notwendig, über die Isolationsbarriere hinweg Energie oder Information zu übertragen. Für die Energieübertragung wird heutzutage ausschließlich eine induktive Kopplung mit Übertragern verwendet. Soll unser Gerät aus einer Netzspannung versorgt werden, muss dem Design des Netzteils auch unter sicherheitstechnischen Aspekten besondere Aufmerksamkeit geschenkt werden. Da hierzu allerdings sehr spezifisches Anwendungs- und Fertigungs-Know-How notwendig ist, sollte man von einem Eigenbau lieber absehen und fertige Netzteile verwenden. Diese erfüllen normative Vorgaben und wurden entsprechend getestet. In kleinen Selbstbauprojekten sollte man zudem lieber auf Steckernetzteile zurückgreifen. Im Gegensatz zu so genannten "Open-Frame-" Netzteilen sind diese voll gekapselt und niemand gerät in Gefahr, potentiell lebensgefährliche Spannungen berühren zu können. Dies gilt im speziellen auch für die Zuleitung und Verdrahtung der Netzspannung im Gerätegehäuse, die im Fehlerfall ein mögliches Gefahrenpotential aufweist. Aus diesem Grund sollte man auch auf die Qualität der Netzteile achten und solche mit GS- oder VDE-Prüfzeichen bevorzugen. Die CE Kennzeichnung besagt lediglich, dass der Hersteller verspricht, alle gültigen Normen für das Netzteil erfüllt zu haben. Ob dies so ist und wie der Hersteller das sicherstellt, wird hingegen erst überprüft, wenn etwas passiert ist. Für Medizingeräte gibt es mittlerweile auch bei den bekannten Distributoren spezielle Netzteile, die eine Freigabe gemäß DIN/EN 60601-1 erhalten haben. Diese gewährleisten dann eine erhöhte Isolationsfestigkeit.
Mitunter besteht die Notwendigkeit, kleine Schaltungsteile auf der "gefährlichen" Seite von der isolierten Seite heraus mit Energie versorgen zu wollen. Da dort meistens Gleichspannungen zu übertragen sind, kann nicht direkt ein Übertrager eingesetzt werden. Vielmehr muss zuerst ein Wechselrichter eingesetzt werden und die Wechselspannung auf der anderen Seite wieder gleichgerichtet werden. Auch hier sollte man wegen der Komplexität der Schaltung und der sicherheitskritischen Dimensionierung lieber auf fertige Lösungen zurückgreifen. Solche integrierten Hybridschaltungen werden als sogenannte DC/DC-Wandler bezeichnet. Diese Wandler gibt es in vielen Ausführungen und Leistungsklassen, so dass eigentlich

immer ein passender Typ gefunden werden kann. Es gibt auch hier Typen, die eine Isolationsspannung für den Einsatz in Medizingeräten bereitstellen. Einen Nachteil haben diese Bauteile jedoch. Durch die Wechselrichtung entstehen hochfrequente Störungen, die zum einen mein Versorgungsspannungsnetz, zum anderen auch das EMV- Abstrahlverhalten deutlich negativ beeinflussen können. Zur Unterdrückung der Störungen haben sich Versorgungsspannungsfilter in direkter Nähe zum DC/DC-Wandler sehr bewährt.

Sollen Daten über die Isolationsbarriere hinweg übertragen werden, so stehen gleich mehrere Prinzipien zur Verfügung.

- optische Übertragung mit Optokopplern
- induktive Übertrager
- kapazitive Isolationsübertrager
- Magnetokoppler

In der Telekommunikations- und Netzwerktechnik sind beispielsweise induktive Übertrager sehr beliebt. So ist an jedem Eingang einer Ethernet-Schnittstelle immer auch ein Übertrager zu finden. Dies hat den primären Grund, dass es sich bei dieser Schnittstelle um differentielle Signale handelt, die so auf einfache Art und Weise galvanisch zu entkoppeln sind. Hätte man diese galvanische Entkopplung nicht, wären beispielsweise Masseschleifen über Signalleitung und Spannungsversorgung an der Tagesordnung. Dimensioniert man den Übertrager mit entsprechender Isolationsspannung, kann damit auch elektrische Sicherheit gewährleistet werden.
Optokoppler bestehen aus einer in einem Gehäuse integrierten optischen Übertragungsstrecke, einer Leuchtdiode und empfangsseitig einer Fotodiode oder einem Fototransistor. Je nach Ausführung sind Isolationsspannungen zwischen $500\,\mathrm{V}$ und $4000\,\mathrm{V}$ erhältlich. Standardtypen für die Telekommunikationstechnik wie der 6N137 liegen typischerweise bei einer Isolationsspannung von $2500\,\mathrm{V}$. Gleichermaßen ist auch die erreichbare Datenrate sehr unterschiedlich und von den verwendeten Komponenten abhängig. Ein 6N137 erreicht beispielsweise eine Datenrate von bis zu 10 MBit/s. Eine typische Beschaltung einer bidirektionalen Datenverbindung zeigt Bild 9.9.

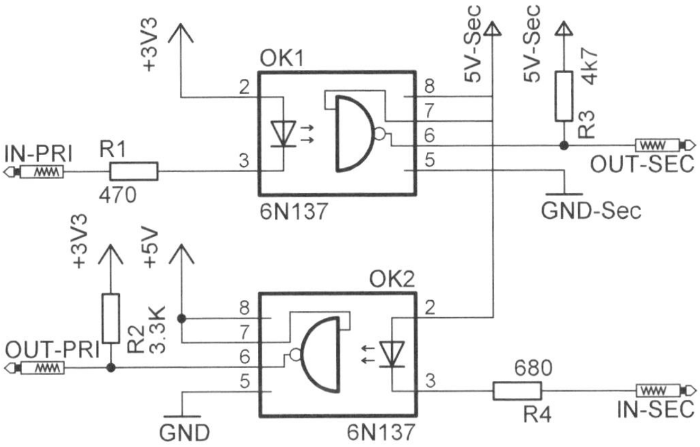

Bild 9.9: Bidirektionale isolierte Datenleitung mit einem 6N137-Optokoppler

Als Spezialfall ist hier auf der primären Seite zusätzlich der Betrieb an einer gemischten $3.3\,\mathrm{V}$ / $5\,\mathrm{V}$-Versorgung beschrieben. Der 6N137 benötigt als Versorgungsspannung zum Betrieb $5\,\mathrm{V}$. Da er aber einen Open-Collector-Ausgang besitzt, kann auf relativ einfache Art und Weise eine Pegelwandlung vorgenommen werden.

In Kapitel 9.4.5 werden wir noch kurz auf die galvanische Trennung speziell bei der seriellen Schnittstelle RS232 und dem MSP430 eingehen.

9.4 Einsatz des MSP430 in 5 V-Schaltungen

Der MSP430 benötigt für den Betrieb eine stabilisierte $3,3\,\mathrm{V}$-Gleichspannung. Viele elektronische Bauteile, wie SPI- oder I^{2}C-Bausteine, sind für eine Versorgungsspannung von $5\,\mathrm{V}$ ausgelegt. Aus diesem Grund muss die Peripherieschaltung des MSP430 für die unterschiedlichen Versorgungs- und damit auch Signalspannungen ausgelegt sein. Speziell am Übergang zwischen $5\,\mathrm{V}$- und $3,3\,\mathrm{V}$-Logik muss man aufpassen, dass die Logikpegel ohne Fehler transformiert werden, ohne dass dabei die Gefahr besteht, den einen oder anderen Baustein mit zu hoher Eingangsspannung zu belasten. In der Texas Instruments Application Note SLAA148 [Tex02] sind zu diesem Thema einige Grundlagen erläutert.

9.4.1 Beschaltung für digitale Eingänge

Digitale Eingänge lassen sich durch einen Spannungsteiler oder durch eine Transistorschaltung für den Einsatz in $5\,\mathrm{V}$-Netzwerken beschalten. Alternativ dazu kann man die benötigte Vorschaltung für digitale Eingänge durch eine Operationsverstärkerschaltung oder integrierte Bausteine, wie den ULN2003A, realisieren.

Spannungsteiler

Die einfachste Beschaltung für einen digitalen Eingang ist ein Spannungsteiler, wie er in der Schaltung aus Abbildung 9.10 dargestellt ist.

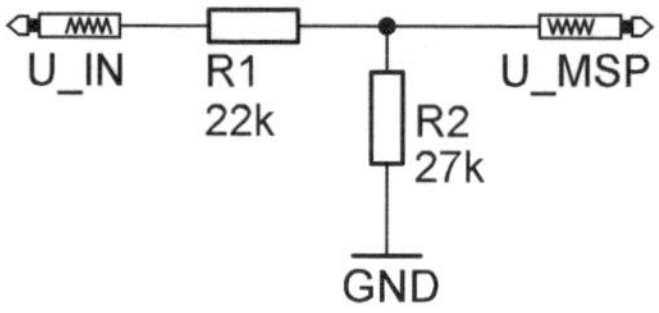

Bild 9.10: Spannungsteiler für $5\,\mathrm{V}/3,3\,\mathrm{V}$-Eingänge

Dabei ist $U_{Sig,high}$ der maximale Pegel des Signals, $U_{Sig,low}$ die Spannung des unteren Logikpegels. Damit der MSP beide Logikpegel richtig erkennen kann, muss für einen HIGH-Pegel $U_{MSP,high} > 1.9\,\mathrm{V}$ und für einen LOW-Pegel $U_{MSP,low} < 0.9\,\mathrm{V}$ sein. Mit der Widerstandstoleranz $Tol\%$ ergeben sich nach [Tex02] damit folgende Bedingungen, die erfüllt werden müssen:

$$\frac{R_1}{R_2} < \frac{U_{Sig,high} - U_{MSP,high}}{U_{MSP,high} \cdot (1 + 2Tol\%)} \tag{9.2}$$

$$\frac{R_1}{R_2} > \frac{U_{Sig,low} - U_{MSP,low}}{U_{MSP,low} \cdot (1 - 2Tol\%)} \tag{9.3}$$

$$R_1 \parallel R_2 \ll \frac{VCC_{MSP}}{I_{Leak}} \tag{9.4}$$

Die dritte Bedingung (Gleichung 9.4) resultiert daraus, dass der Eingangsstrom I_{Leak} in den Port die Eingangsspannung U_{MSP} nicht nennenswert beeinflussen soll.

Als weitere Bedingung soll die maximale Eingangsspannung am MSP auch nicht um mehr als $0.3\,\mathrm{V}$ überschritten werden, damit die Schutzdioden des Eingangs nicht ansprechen müssen:

$$U_{Sig,high} \cdot \frac{R_2}{R_1\,(1 - 2Tol\%) + R_2} < VCC_{MSP} + 0.3 \qquad (9.5)$$

Für die Auslegung des Spannungsteilers definieren wir zuerst den Strom durch den Spannungsteiler. Damit man nicht zu anfällig für Störungen wird, wählen wir ihn bei $100\,\mu\mathrm{A}$. Die Versorgungsspannung des MSP sei $3.3\,\mathrm{V}$, $U_{Sig,high} = 5\,\mathrm{V}$. Legen wir den Pegel bei dieser Spannung auf $2.7\,\mathrm{V}$, so folgt aus der Spannungsteiler-Gleichung (Gleichung 9.6) bei Verwendung der jeweils nächsten Werte aus der E12 Widerstands-Normreihe dann $R_1 = 22\,\mathrm{k\Omega}$ und $R_2 = 27\,\mathrm{k\Omega}$.

$$U_{MSP} = U_{Sig} \cdot \frac{R_2}{R_1 + R_2} \qquad (9.6)$$

Selbst wenn wir als Worst-Case eine Toleranz der Widerstände von 5% annehmen, werden die Bedingungen der Gleichungen 9.2 bis 9.5 mit diesen Werten sicher erfüllt.

Transistorschaltung

Eine weitere Möglichkeit die Signalpegel anzupassen, ist die Verwendung eines NPN-Transistors. Der Transistor wird in Emitterschaltung, wie sie in Abbildung 9.11 dargestellt ist, betrieben. Bei dieser Art der Transistorbeschaltung erhält man einen invertierten Eingang. Das heißt, das logische Signal am MSP430 ist bei einem HIGH-Pegel des $5\,\mathrm{V}$-Signals LOW und umgekehrt. Die $3.3\,\mathrm{V}$-Speisung des Transistors kann man wahlweise auch aus einem digitalen Ausgang des MSP betreiben. Dadurch kann man die Schaltung dann z.B. zum Energiesparen abschalten.
Die Schaltung ist so ausgelegt, dass U_{CE} (entspricht ja U_{MSP}) bei einem HIGH-Pegel der Signalspannung U_{Sig} der Sättigungsspannung des Transistors entspricht. Das sind bei den meisten npn-Bipolartransistoren etwa $0.2\,\mathrm{V}$. Der MSP430 interpretiert diese Spannung als LOW-Pegel (daher ist die Schaltung auch invertierend). In diesem Fall fällt fast die gesamte Spannung am Kollektorwiderstand R_C ab. Den maximalen Kollektorstrom legen wir bei $10\,\mu\mathrm{A}$ fest. Damit ergibt sich:

$$R_C = \frac{3.3\,\mathrm{V} - 0.2\,\mathrm{V}}{10\,\mu\mathrm{A}} \approx 330\,\mathrm{k\Omega}. \qquad (9.7)$$

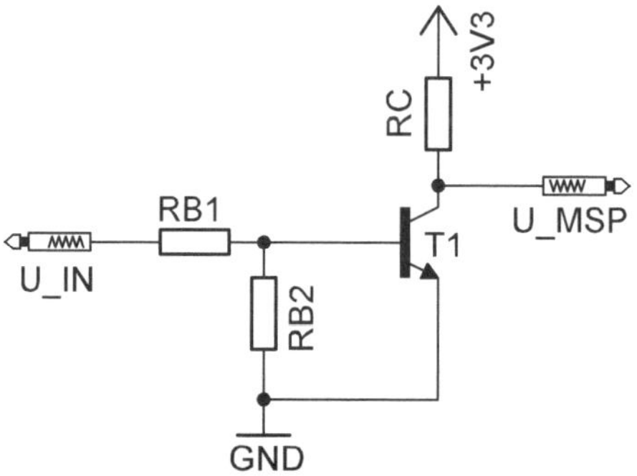

Bild 9.11: Emitterschaltung für $5\,\mathrm{V}/3,3\,\mathrm{V}$-Eingänge

An der Basis-Emitter-Strecke fällt im leitenden Zustand eine Spannung von etwa $0.7\,\mathrm{V}$ ab. R_{B1} muss dann so gewählt werden, dass der Kollektorstrom I_C maximal wird und der Transistor in Sättigung geht. Der Basisstrom I_B ist im Normal-Aktiven-Betrieb und auch gerade beim Übergang zwischen Normal-Aktiven-Bereich zum Sättigungsbereich proportional zum Kollektorstrom. Wir haben einen maximalen Kollektorstrom von $I_{C,Sat} = 10\,\mu\mathrm{A}$ gewählt. Mit einem gängigen Stromverstärkungsfaktor des Transistors (siehe Datenblatt) von $B = 100$ ist der Basisstrom, ab dem der Transistor in Sättigung geht, $I_{B,Sat} = {}^{I_{C,Sat}}/_{B} = 0.1\,\mu\mathrm{A}$. Wir legen fest, dass bei einer Signalspannung größer als $U_{Sig} = 0.8\,\mathrm{V}$ der Transistor in Sättigung gehen soll. Der Basisstrom muss dann mindestens $1\,\mu\mathrm{A}$ groß sein. Für den Widerstand R_{B1} gilt dann:

$$R_{B1} = \frac{0.8\,\mathrm{V} - 0.7\,\mathrm{V}}{1\,\mu\mathrm{A}} = 1\,\mathrm{M\Omega} \quad (9.8)$$

Damit unsere Schaltung auch garantiert LOW-Pegel hat, selbst wenn auch noch eine Restspannung $V_{low,Max} < 0.7\,\mathrm{V}$ am Eingang anliegt, brauchen wir R_{B2}. Wenn der sichere Abschaltpegel des Transistors $0.2\,\mathrm{V}$ beträgt, ergibt sich

$$\frac{R_{B1}}{R_{B2}} > \left(\frac{V_{low,Max}}{0.2\,\mathrm{V}} - 1\right) \Rightarrow R_{B2} < \frac{R_{B1}}{2.5} \Rightarrow R_{B2} = 330\,\mathrm{k\Omega} \quad (9.9)$$

Eingang mit Operationsverstärker

Auch Operationsverstärker und Komparatoren eignen sich als Eingangsbeschaltung an der Schnittstelle zwischen $5\,\mathrm{V}$- und $3.3\,\mathrm{V}$-System. Dazu verwendet man eine Schaltung, wie sie z.B. in Bild 9.12 zu sehen ist.

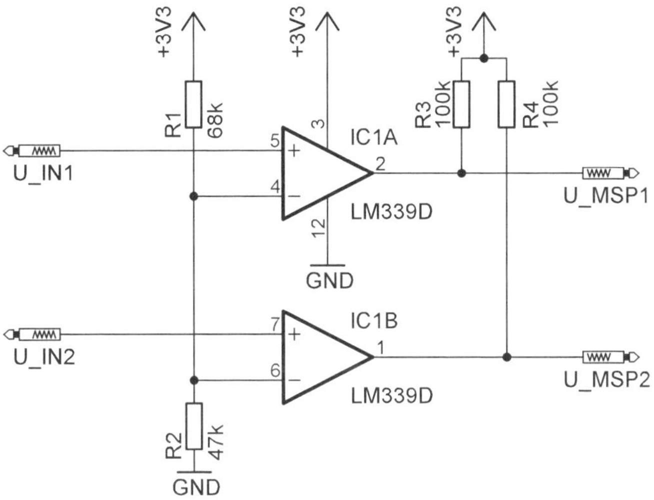

Bild 9.12: Schaltung mit Operationsverstärker für $5\,\mathrm{V}/3,3\,\mathrm{V}$-Eingänge

Der hier exemplarisch verwendete LM339 hat den Vorteil, dass seine Eingänge auch über die Bauteil-Versorgungsspannung hinaus mit größeren Spannungen bis $32\,\mathrm{V}$ beaufschlagt werden können, ohne dass sich dadurch die Lebensdauer des Bauteils abrupt verkürzt. Bei anderen Operationsverstärkern und Komparatoren ist dies nicht unbedingt der Fall und sollte im Einzelfall unbedingt geprüft werden. Um die Eingangsspannung zu reduzieren, kann man auch auf einen Spannungsteiler, wie in Kapitel 9.4.1 beschrieben, zurückgreifen. Allerdings verliert man damit den günstigen hohen Eingangswiderstand der Stufe.

Durch seine Komparatoreigenschaften ist der LM339 für den gegebenen Zweck bestens geeignet. Mit dem Spannungsteiler R_1/R_2 definiert man den Umschaltpunkt zwischen LOW- und HIGH-Pegel: $U_{Schalt} = 3.3\,\mathrm{V} \cdot (R_2)/(R_1 + R_2)$. Bei den im Bild gewählten Werten $R_1 = 68\,\mathrm{k\Omega}$ und $R_2 = 47\,\mathrm{k\Omega}$ kommt man beispielsweise auf eine Schaltspannung von etwa $1.5\,\mathrm{V}$. Die Pullup-Widerstände am Ausgang benötigt der LM339, da er nur einen Open-Kollektor-Ausgang hat. Natürlich kann eigentlich jeder beliebige Operationsverstärker oder Komparator für einen solchen Pegelumsetzer verwendet werden. Wichtige Auswahlkriterien sind Energieverbrauch, Spannungsfestigkeit am Eingang, Eingangswiderstand und Schaltgeschwindigkeit.

9.4.2 Beschaltung für digitale Ausgänge

In der Regel sind digitale Ausgänge beim Betrieb mit $3.3\,\mathrm{V}$ für $5\,\mathrm{V}$-Komponenten weniger kritisch als umgekehrt, solange sie auch wirklich ausschließlich als Ausgänge genutzt werden. Die meisten $5\,\mathrm{V}$-Komponenten arbeiten mit TTL-Pegeln, wobei die Schaltschwelle zwischen LOW- und HIGH-Pegel in der Regel im Bereich von $1.0\,\mathrm{V}$ bis $1.6\,\mathrm{V}$ liegt. $2.4\,\mathrm{V}$ sind laut TTL-Norm als HIGH-Pegel definiert. Damit ist mit einem zwischen $0\,\mathrm{V}$ und $3\,\mathrm{V}$ schaltenden Ausgang des MSP430 ein sicherer HIGH-Schaltpegel zu erzeugen.
Benötigt man dennoch eine Beschaltung der digitalen Ausgänge für die unterschiedlichen Pegel (z.B. weil der MSP430 die nachfolgende Last nicht treiben kann), bieten sich im Wesentlichen eine Emitter- oder eine Operationsverstärkerschaltung an.

Emitterschaltung

Eine Emitterschaltung, wie wir sie im vorherigen Abschnitt kennengelernt haben, lässt sich auch in umgekehrter Richtung für die Beschaltung von digitalen Ausgängen einsetzen. Abbildung 9.13 stellt eine Transistorschaltung für die Einbettung von digitalen MSP430-Ausgängen in $5\,\mathrm{V}$-Schaltungen dar.

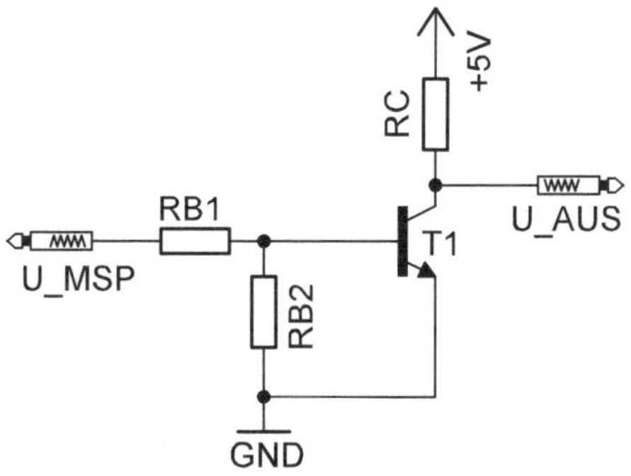

Bild 9.13: Transistorschaltung für $3,3\,\mathrm{V}/5\,\mathrm{V}$-Ausgänge

Die Berechnung der Bauteilgrößen erfolgt analog zu Kapitel 9.4.1. Zuerst legen wir den maximalen Kollektorstrom $I_{C,Sat}$ fest. Wir wählen als $I_{C,Sat} = 10\,\mathrm{mA}$. Dies ist sehr hoch gegriffen, soll aber den Fall einer hohen Last abdecken. Ist auf der Lastseite die Anforderung geringer, muss man natürlich neu kalkulieren.

Damit ergibt sich für den Kollektorwiderstand bei einer Kollektor-Emitter-Sättigungsspannung von $U_{CE,Sat} = 0.2\,\mathrm{V}$:

$$R_C = \frac{5\,\mathrm{V} - 0.2\,\mathrm{V}}{10\,\mathrm{mA}} = 480\,\Omega \tag{9.10}$$

Der Basisstrom, bei dem der Transistor in Sättigung geht (mit $B = 100$) ist damit:

$$I_{B,Sat} = \frac{I_{C,Sat}}{B} = 100\,\mu\mathrm{A} \tag{9.11}$$

Beim leitenden Transistor fällt an der Basis-Emitter-Diode eine Spannung von etwa $0.7\,\mathrm{V}$ ab. Damit wird

$$R_{B1} = \frac{3.3\,\mathrm{V} - 0.7\,\mathrm{V}}{100\,\mu\mathrm{A}} = 26\,\mathrm{k}\Omega \tag{9.12}$$

R_{B2} wählt man um den Faktor 10 größer als R_{B1}, kann ihn aber auch weglassen.

Operationsverstärkerschaltung

Eine Alternative zur Emitterschaltung ist eine Komparatorschaltung, wie sie in Abbildung 9.14 dargestellt ist. Über den Spannungsteiler aus R_1 und R_2 wird die Schaltschwelle definiert, bei der zwischen LOW- und HIGH-Pegel des MSP430 unterschieden wird.

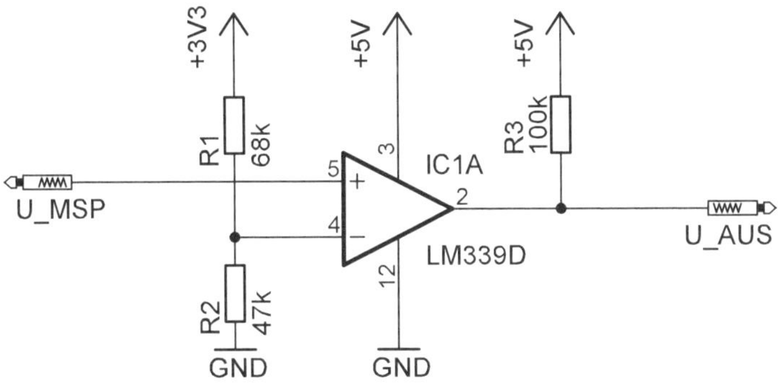

Bild 9.14: Komparatorschaltung mit einem Operationsverstärker für $3,3\,\mathrm{V}/5\,\mathrm{V}$-Ausgänge

Es ist sinnvoll für die Schaltschwelle etwa $1,5\,\mathrm{V}$ zu wählen. Die Schaltschwelle ergibt sich nach $U_{Schalt} = 3.3\,\mathrm{V} \cdot (R_2)/(R_1 + R_2)$. Unterhalb der Schaltschwelle liegt am Ausgang dann ein LOW-Pegel an. Die Ausgangsspannung wird maximal (HIGH-Pegel), wenn die Signalspannung des MSP430 größer als die Schaltschwelle ist.

9.4.3 Beschaltung für bidirektionale Ports

Die Beschaltung für einen bidirektionalen Port, also einen MSP430-Port, der sowohl als Ausgang als auch als Eingang verwendet werden kann, setzt sich aus einem Spannungsteiler, wie wir ihn in Abbildung 9.10 kennengelernt haben, und der Komparatorschaltung aus Abbildung 9.14 zusammen. Die gesamte Schaltung für einen Port ist in Abbildung 9.15 dargestellt. Diesmal verwenden wir allerdings keinen Komparator mit Open-Kollektor-Ausgang, sondern einen Operationsverstärker mit Bipolarer Endstufe. Wichtig ist hierbei, dass der OP zumindest die untere Grenze der Versorgungsspannung erreichen kann, damit ein sicherer LOW-Pegel auch eingestellt werden kann. Nicht ganz so kritisch, aber trotzdem relevant ist der HIGH-Pegel. Auch hier sollte man mindestens bis auf $4\,\mathrm{V}$ an die obere Versorgungsspannung herankommen. Gut eignen sich so genannte Rail-to-Rail-Verstärker wie der OPA830, die beide Versorgungsspannungsgrenzen erreichen.

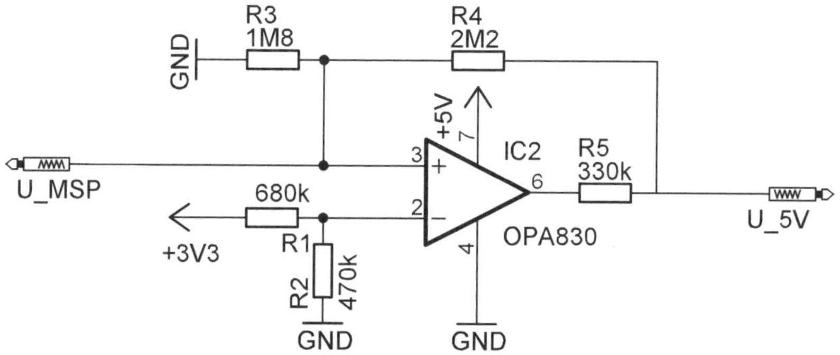

Bild 9.15: Beschaltung für einen bidirektionalen Digitalport

Mit R_1 und R_2 wählen wir die Schaltschwelle V_{ref} wie schon zuvor bei $1.5\,\mathrm{V}$. R_3 und R_4 bilden den Spannungsteiler für die $5\,\mathrm{V}$-Logikpegel. Deren Dimensionierung wurde in Kapitel 9.4.1 diskutiert. Wird der MSP-Digitalport als Eingang betrieben, so ist dieser sehr hochohmig und beeinflusst den Eingangspegel des Operationsverstärkers nicht. Über R_3 liegt ein LOW-Pegel am Eingang des Komparators an, der dann auch zu einem LOW-Pegel am Ausgang des Komparators führt. Wenn von der 5 V-Komponente ein HIGH-Pegel angelegt wird, steigt über dem Spannungsteiler R_3/R_4 das Potential an und sowohl MSP-Eingang als auch Komparator-Ausgang haben einen HIGH-Pegel. Damit unterschiedliche Pegel an Komparator-Ausgang und 5 V-Komponente nicht zu einem Kurzschluss führen, benötigen wir den Entkopplungswiderstand R_5. Der Widerstand sollte hochohmig gewählt werden, um den Strom zu begrenzen. Gleichzeitig darf er aber auch nicht zu groß werden, denn am R_3/R_4 Spannungsteiler muss ja auch ein HIGH-Pegel noch ankommen. Nach [Tex02] können folgende Worst-Case-Bedingungen für die Dimensionierung der Widerstände definiert werden:

$$\frac{R_4}{R_3} < (1 - 2Tol\%) \cdot \left(\frac{U_{sig,High}min}{U_{ref}max} - 1 \right) \tag{9.13}$$

$$R_4 < \frac{U_{sig,High}min - U_{ref}max \cdot \left(1 + \frac{R_4}{R_3}(1 + 2Tol\%)\right)}{(I_{MSP} + I_{OP}) \cdot (1 + Tol\%)} \tag{9.14}$$

$$\frac{R_4}{R_3} > (1 + 2Tol\%) \cdot \left(\frac{U_{sig,High}max}{VCC_{MSP}} - 1 \right) \tag{9.15}$$

$$R_5 < \frac{U_{OP,High}min - V_{Sys+}max}{(1 + Tol\%) \cdot \left(I_{5V} + \frac{U_{Sys+}max - U_{ref}min}{R_4(1+Tol\%)} \right)} \tag{9.16}$$

Gleichung 9.13 und Gleichung 9.14 beschreiben die Bedingung, dass ein HIGH-Pegel am MSP sicher erkannt wird und Gleichung 9.15 stellt sicher, dass auf der anderen Seite kein zu hoher Pegel am MSP ankommt. Die letzte Gleichung 9.16 stellt sicher, dass auch an der 5 V-Komponente ein HIGH-Pegel erkannt wird. Tabelle 9.1 beschreibt die verwendeten Konstanten der Formeln mit typischen Werten.

Mit den gegebenen Werten ergibt sich aus Gleichung 9.13 $R_4/R_3 = 1.386$ und aus Gleichung 9.15 $R_4/R_3 = 1.14$. Mit dem Mittelwert beider Werte folgt dann aus Gleichung 9.14 $R_4 < 4.55\,\mathrm{M\Omega}$. Wählen wir R_4 auf der "sicheren" Seite bei $2.2\,\mathrm{M\Omega}$, folgt damit $R_3 \approx 1.8\,\mathrm{M\Omega}$. Zuletzt bestimmen wir für $R_5 < 479\,\mathrm{k\Omega}$, also z.B. $330\,\mathrm{k\Omega}$.

Tabelle 9.1: Erklärung der Konstanten und typische Werte (aus [Tex02])

VCC_{MSP}	Versorgungsspannung MSP	$3\,\mathrm{V} \pm 10\%$
VCC_{OP}	Versorgungsspannung Komparator	$5\,\mathrm{V} \pm 10\%$
$U_{sig,High}$	HIGH-Pegel der $5\,\mathrm{V}$-Komponente	$4 \ldots 5{,}5\,\mathrm{V}$
U_{ref}	Eingangs-Referenzspannung des Komparators	$VCC_{MSP}/2 \pm 10\%$
$U_{OP,High}$	HIGH-Pegel des Komparators	$VCC_{OP} - 1V \ldots VCC$
U_{Sys+}	Schaltschwelle der $5\,\mathrm{V}$-Komponente	$1{,}9 \ldots 3{,}5\,\mathrm{V}$
$Tol\%$	Toleranz der verwendeten Widerstände	5%
I_{MSP}	Eingangsstrom Ports MSP	$\pm 1\,\mu\mathrm{A}$
I_{OP}	Eingangsstrom Komparator	$\pm 700\,\mathrm{pA}$
I_{5V}	Eingangsstrom der $5\,\mathrm{V}$-Komponente	$\pm 50\,\mathrm{nA}$

9.4.4 Integrierte Lösungen für bidirektionale Ports

Natürlich gibt es für $5\,\mathrm{V}/3.3\,\mathrm{V}$-Systeme auch schon fertig integrierte Bausteine, die diesen Zweck erfüllen. Ein Beispiel sind die Bausteine 74LVX3245 und 74LVX4245 (Alternativbezeichnung SN74LVC4245). Ein typisches Funktionsbild eines solchen Bausteins ist in Bild 9.16 gezeigt. Der Chip arbeitet mit zwei Be-

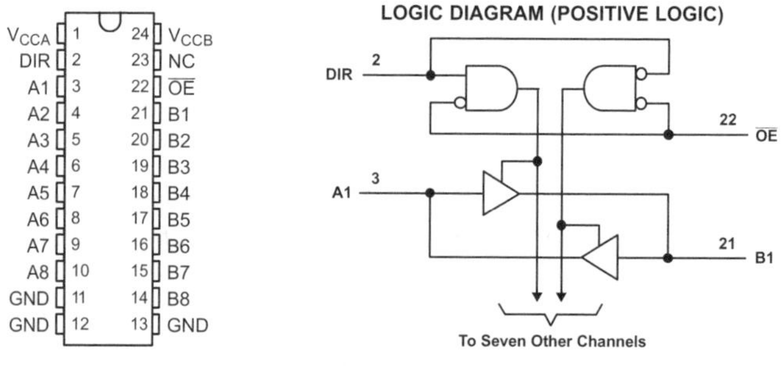

Bild 9.16: Integrierte Lösung mit dem 74LVX4245 für das $5\,\mathrm{V}/3{,}3\,\mathrm{V}$-Interface [Tex05]

triebsspannungen und die jeweilige Seite erhält so immer die richtigen Spannungspegel. Mittels eines "Direction-" Pins wird die Signalrichtung vorgegeben. Doch Vorsicht, bei Fehlern kann das auch sehr schnell zu zerstörten Portpins führen. Die Maxim-Bausteine MAX3000–MAX3012 funktionieren ähnlich, sind jedoch bidirektional und benötigen keine Richtungswahl. Wenn man nur ein oder zwei Datenleitungen hat, stellen die TI-Chips SN74LVC1T45DCKTG4, SN74LVC2T45, SN74CB3T1G125 eine Alternative dar. Die hier vorgestellten ICs sind keineswegs die einzigen auf dem Markt befindlichen. Sucht man nach dem Begriff "Level Translators" wird man z.B. auch bei Fairchild, National Semiconductor oder ST Microelectronics fündig.

9.4.5 Pegelwandler für Schnittstellen

MAX232: Pegelwandler für TTL/RS232

Viele Schnittstellenbausteine arbeiten mit TTL-Pegeln. Dabei betragen die Spannungs-Pegel für das LOW-Signal $0\,\mathrm{V}$ und für das HIGH-Signal $5\,\mathrm{V}$. Die serielle RS232-Schnittstelle des PCs arbeitet jedoch mit $-12\,\mathrm{V}$ (für den HIGH-Pegel) und $+12\,\mathrm{V}$ (für den LOW-Pegel). Die Pegelanpassung ist, wie wir ja im letzten Kapitel erfahren haben, kein wirkliches Problem. Die nötigen Spannungen von $\pm 12V$ sind jedoch in den meisten reinen Digitalschaltungen nicht vorhanden, und jetzt nur für die PC-Schnittstelle eine komplette neue Spannungsversorgung aufzubauen ist eigentlich wenig ökonomisch. Aus diesem Grunde bieten viele Hersteller Schnittstellenbausteine an, die sich die nötigen Versorgungsspannungen gleich selbst erzeugen. Der bekannteste Vertreter dieser Schnittstellenbausteine ist der MAX232. Dessen typische Beschaltung ist in Abbildung 9.17 dargestellt.

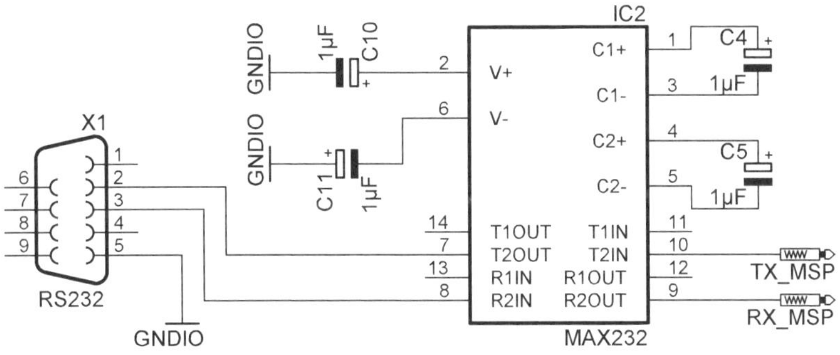

Bild 9.17: Typische Beschaltung des MAX232 für TTL/RS232

Zur Bereitstellung der $\pm 12\,\mathrm{V}$-Spannungen setzt der MAX232 zwei DC/DC-Wandler ein und benötigt vier Kapazitäten, die von außen angeschlossen werden. Der Chip ist in der Lage, die Pegel für TTL nach RS232 und umgekehrt von RS232 nach TTL umzusetzen. Dabei sind die Anschlüsse $T1_{IN}$ und $T2_{IN}$, sowie $R1_{OUT}$ und $R2_{OUT}$ für den Anschluss an TTL-Bausteine und $T1_{OUT}$, $T2_{OUT}$, sowie $R1_{IN}$ und $R2_{IN}$ für die RS232-Schnittstelle vorgesehen.

Ein Nachteil ist, dass der MAX232 zum einen nur ein $5\,\mathrm{V}$-Interface hat und zum anderen die notwendigen $1\,\mu\mathrm{F}$-Kondensatoren verhältnismäßig groß ausfallen. Natürlich gibt es auch speziell auf $3.3\,\mathrm{V}$-Anwendungen zugeschnittene Bausteine, wie den MAX3232, der zudem noch mit kleineren $100\,\mathrm{nF}$-Kondensatoren auskommt. Leider kosten solche Bausteine fünf mal so viel wie der normale MAX232.

Isolierte serielle Schnittstelle

Wir haben in Kapitel 9.3.3 die galvanische Trennung und damit auch isolierte serielle Schnittstellen schon thematisiert. Dieser kurze Abschnitt beschäftigt sich mehr mit der schaltungstechnischen Lösung einer entsprechenden Isolierung. Im Prinzip kann man einfach die dort gezeigte Optokopplerschaltung (Abbildung 9.9) mit einem MAX232 koppeln und erreicht so eine galvanische Trennung der RS232-Schnittstelle. Eine Alternative und gleichzeitig kompaktere Variante ist die Verwendung eines ADUM2402-Magnetokopplers, der die Isolation nicht auf optischem Wege sondern durch eine magnetische Übertragungsstrecke erreicht. Ein weiterer Vorteil neben der kompakten Bauweise dieser Technologie ist die hohe erreichbare Isolationsspannung von $5000\,\mathrm{V}$, so dass diese Art der galvanischen Trennung auch gemäß DIN EN 60601-1 für medizinische Geräte verwendet werden kann.

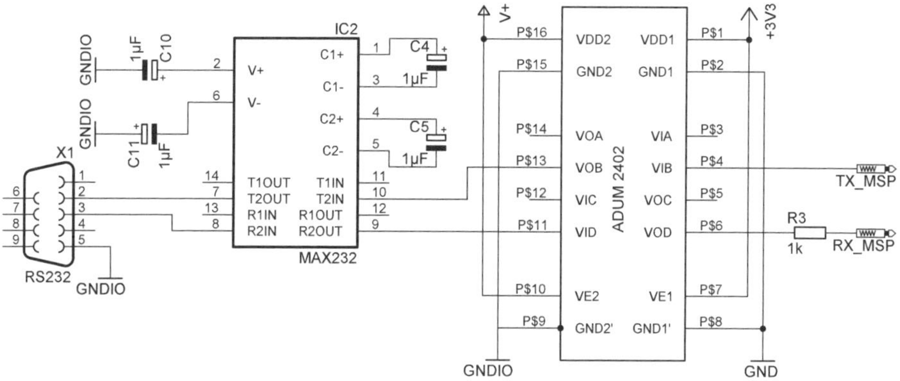

Bild 9.18: MAX232 mit Magnetokoppler ADUM2402 für den galvanisch getrennten Betrieb der seriellen Schnittstelle mit dem MSP430.

A Anhang

A.1 Literatur zum Weiterlesen

- Tietze, Ulrich, und Christoph Schenk. Halbleiter-Schaltungstechnik. 13. Aufl. Springer, Berlin, 2009.
- Oppenheim, Alan V., Ronald W. Schafer, und John R. Buck. Zeitdiskrete Signalverarbeitung. 2. Aufl. Pearson Studium, 2004.
- Kernighan, Brian W., und Dennis Ritchie. The C Programming Language. 2. Aufl. Prentice Hall International, 1988.
- Simon, David E. An Embedded Software Primer. Pap/Cdr. Addison Wesley, 1999.
- Davies, John H., MSP 430 Microcontroller Basics, Newnes, Amsterdam [u.a.], 2008.
- Sturm, Matthias. Mikrocontrollertechnik: Am Beispiel der MSP430-Familie. 1. Aufl. Hanser Fachbuchverlag, 2005.
- Ball, Stuart. Embedded Microprocessor Systems: Real World Design. 3. Aufl. Elsevier LTD, Oxford, 2002.
- Nagy, Chris, Inc., Fred Eady, und Chris, Inc. Nagy Itron. Embedded Systems Design Using the Ti Msp430 Series. Pap/Cdr. Academic Pr Inc, 2003.

A.2 Ein kleiner SMD-Lötkurs

Im Folgenden soll in einem kleinen Lötkurs zumindest das Löten der Fine-Pitch-QFP-Gehäuse des MSP430 erklärt werden. Etwas spezielle Ausstattung ist dafür zwar notwendig, aber diese beschränkt sich auf ein paar günstige Teile. Gebraucht werden:

1. eine Tube Flussmittelgel (z.B. EDSYN FL 22, 13€)
2. Entlötlitze (Entlötlitze 2.5mm, 1.50€ bis 20€, je nach Menge)
3. Lupe (2.50€ bis 20€)
4. Lötkolben mit nicht zu großer Spitze (normaler Elektroniklötkolben)

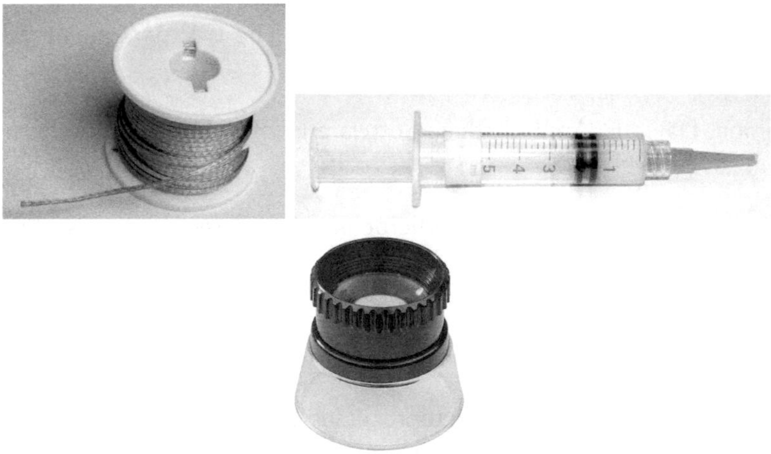

Bild A.1: Werkzeug zum SMD-Löten

Schritt 1 Die Platine kontrollieren: Haben die Pads scharfe Ränder und einen angemessenen Abstand? Ist um das Bauteil herum mindestens 4mm Platz (keine Vias etc.)? Wenn die Platine nicht optimal geätzt ist, sollte man das Löten gar nicht erst versuchen. Auf die Lötpads und zum Anhaften in der Bauteilmitte etwas Flussmittel aufbringen

Bild A.2: Benetzen der Kontakte mit Flussmittel

Schritt 2 Nun das Bauteil platzieren und ausrichten und erst an einem Pin in einer Ecke grob mit Lot fixieren. Dann nochmals ausrichten und diagonal gegenüber mit Lot fixieren. Wenn die Ausrichtung dann stimmt, an jeder Ecke mit Lot fixieren. Dabei ist es völlig egal, ob eine schöne Lötstelle entsteht

Bild A.3: Fixieren des Bauteils an allen vier Ecken

Schritt 3 Jetzt können alle Kontakte gelötet werden. Bewährt hat sich die Verwendung einer Hohlkehl-Lötspitze, mit der man einfach über die Pinreihe streichen kann. Alternativ kann man das Lot mit einer etwas größeren Lötspitze entlang der Kontakte verteilen. Es ist nicht schlimm, wenn dabei Lötbrücken entstehen.

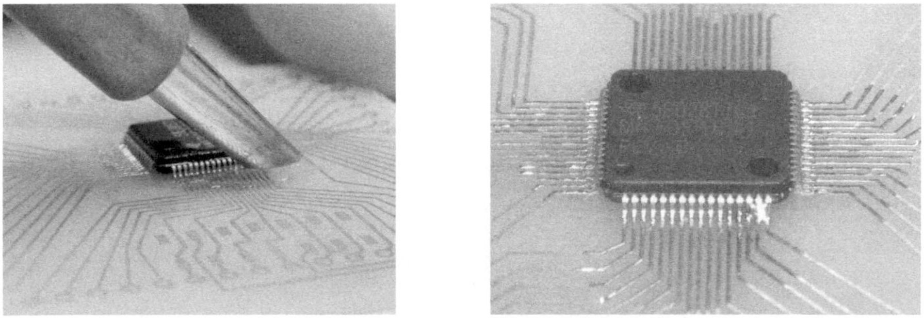

Bild A.4: Löten aller Kontakte. Lötbrücken sind kein Problem

Schritt 4 Das Entfernen der Lötbrücken ist einfach. Flussmittel aufbringen, sofern keines mehr da ist. Dann Entlötlitze auflegen und mit dem Lötkolben erhitzen.

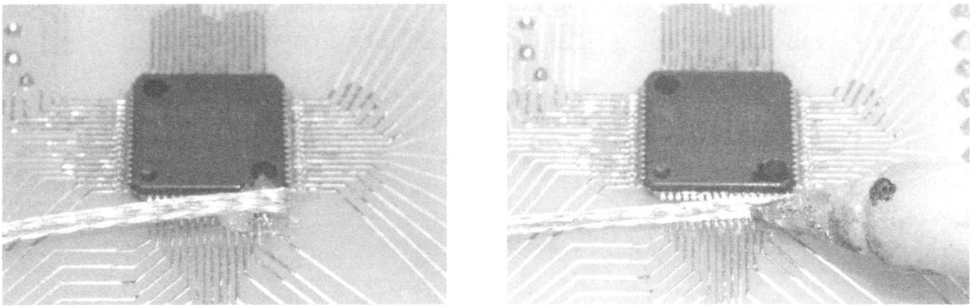

Bild A.5: Auflegen der Entlötlitze und Erhitzen

Schritt 5 .... Fertig! Zum Abschluss mit der Lupe kontrollieren, ob auch keine Lötbrücke übrig geblieben ist. Die Erfahrung zeigt, dass man am Anfang etwa zwei bis drei Versuche benötigt, bis man das Verfahren verinnerlicht hat. Man kann beispielsweise sehr gut an altem Computerelektroschrott die ICs zuerst mit der Heißluftpistole entlöten, um dann anschließend mit der beschriebenen Methode das Einlöten zu üben. Man muss dann nur vorbereitend von allen Pads das Lötzinn soweit möglich mit Entlötlitze und Flussmittel entfernen.

Bild A.6: Alle Seiten sind perfekt gelötet

A.3 Bezugsquellen

Elektronische Bauteile

- Reichelt Elektronik (`WWW.reichelt.de`)
- Farnell Elektronik (`WWW.Farnell.de`)
- RS Components (`WWW.RS-Components.de`)
- Conrad Elektronik (`WWW.Conrad.de`)
- Spörle Elektronik (`WWW.Spoerle.de`)
- Distrelec Schuricht (`WWW.Distrelec.de`)

Netzteile mit medizinischer Zulassung

- Mascot (`http://www.mascot.no/`, bei Farnell zu bekommen)
- Friwo (`http://www.friwo.de/`, bei Farnell zu bekommen)
- Globtek (`http://globtek.de/`)

Evaluation Boards und MSP

- Texas Instruments `WWW.TI.com`
- Olimex `WWW.olimex.com`
- Softbaugh `www.softbaugh.com` (leider nur Versand aus Amerika)
- Elektronikladen Detmold `www.Elektronikladen.de`

A.4 Schaltpläne und Platinenlayouts

A.4.1 MEDIT MSP-Basisboard V4.04

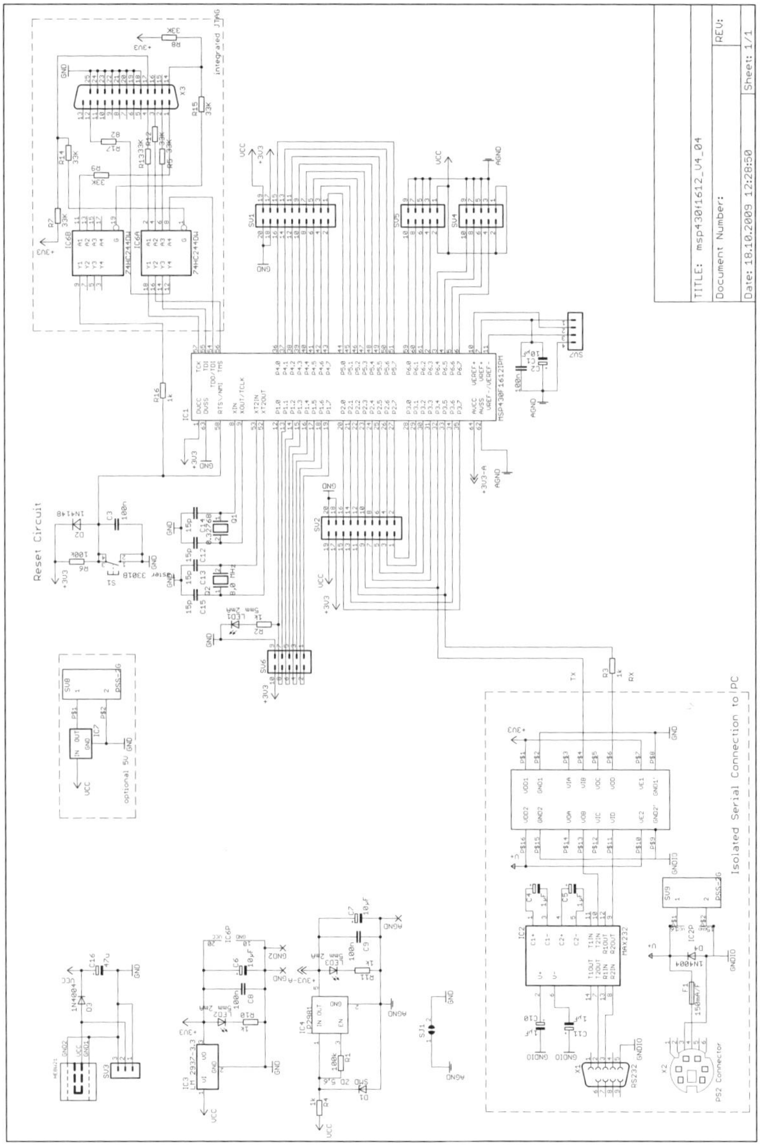

Bild A.7: MEDIT MSP-Basisboard V4.04 Schaltplan

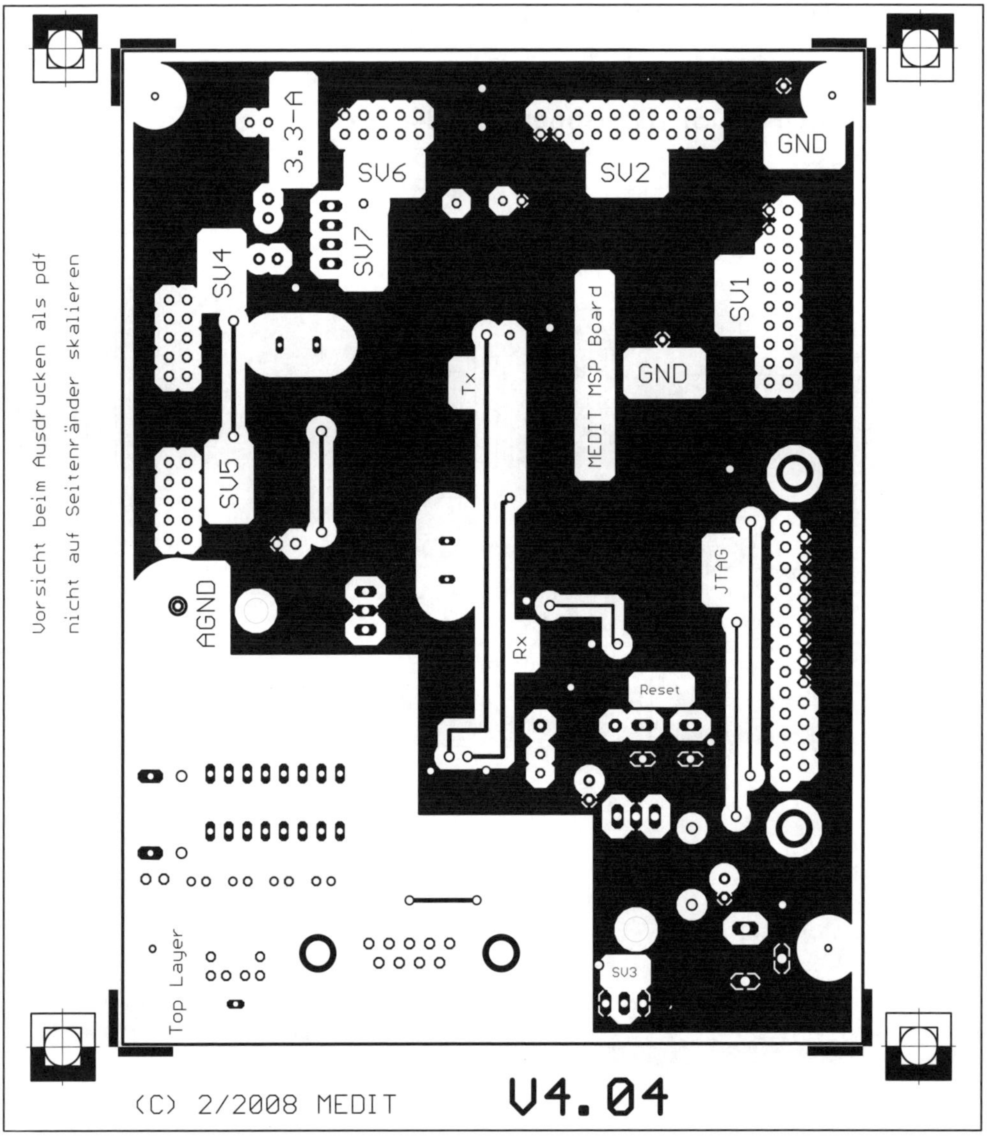

Bild A.8: Medit MSP-Platine V4.04 Bauteilseite

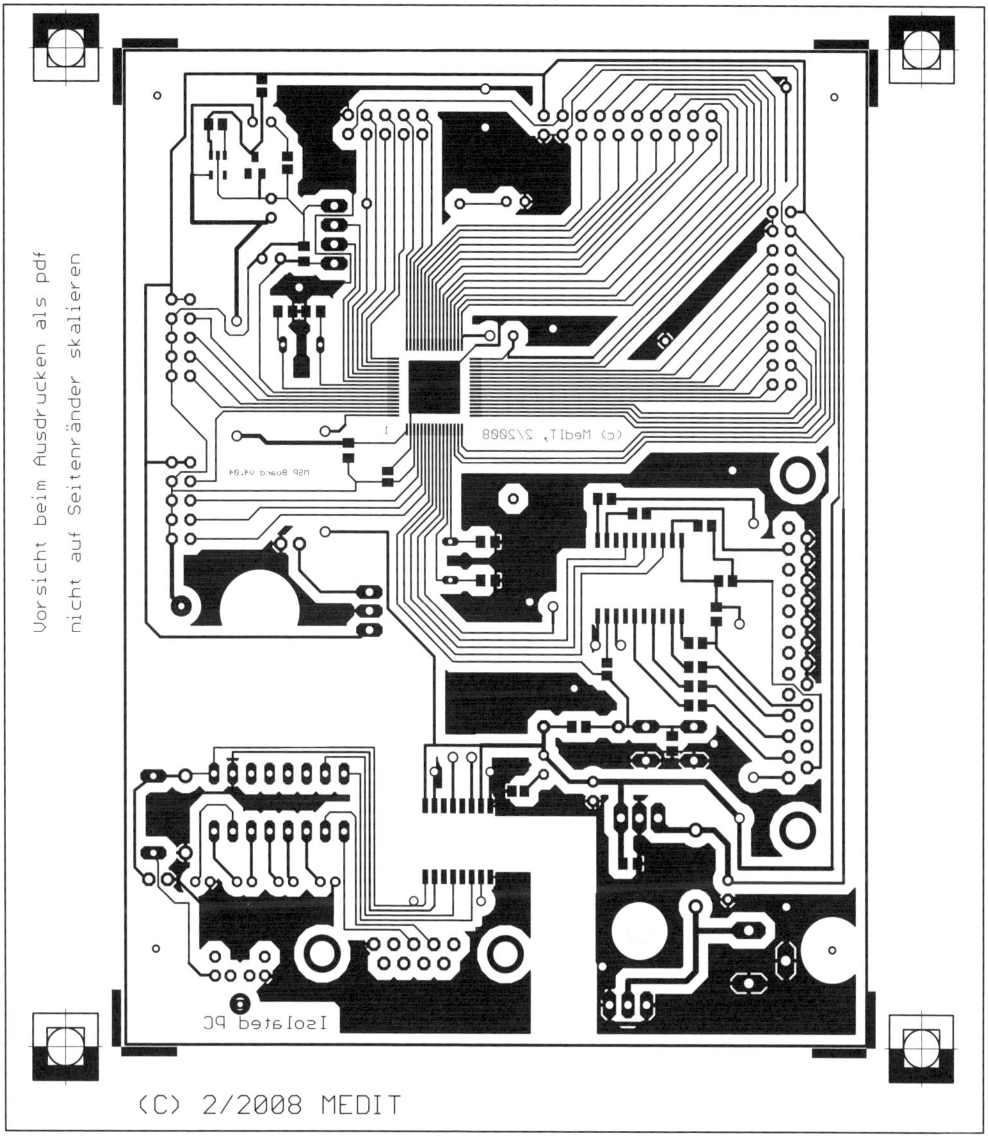

Bild A.9: Medit MSP-Platine V4.04 Lötseite

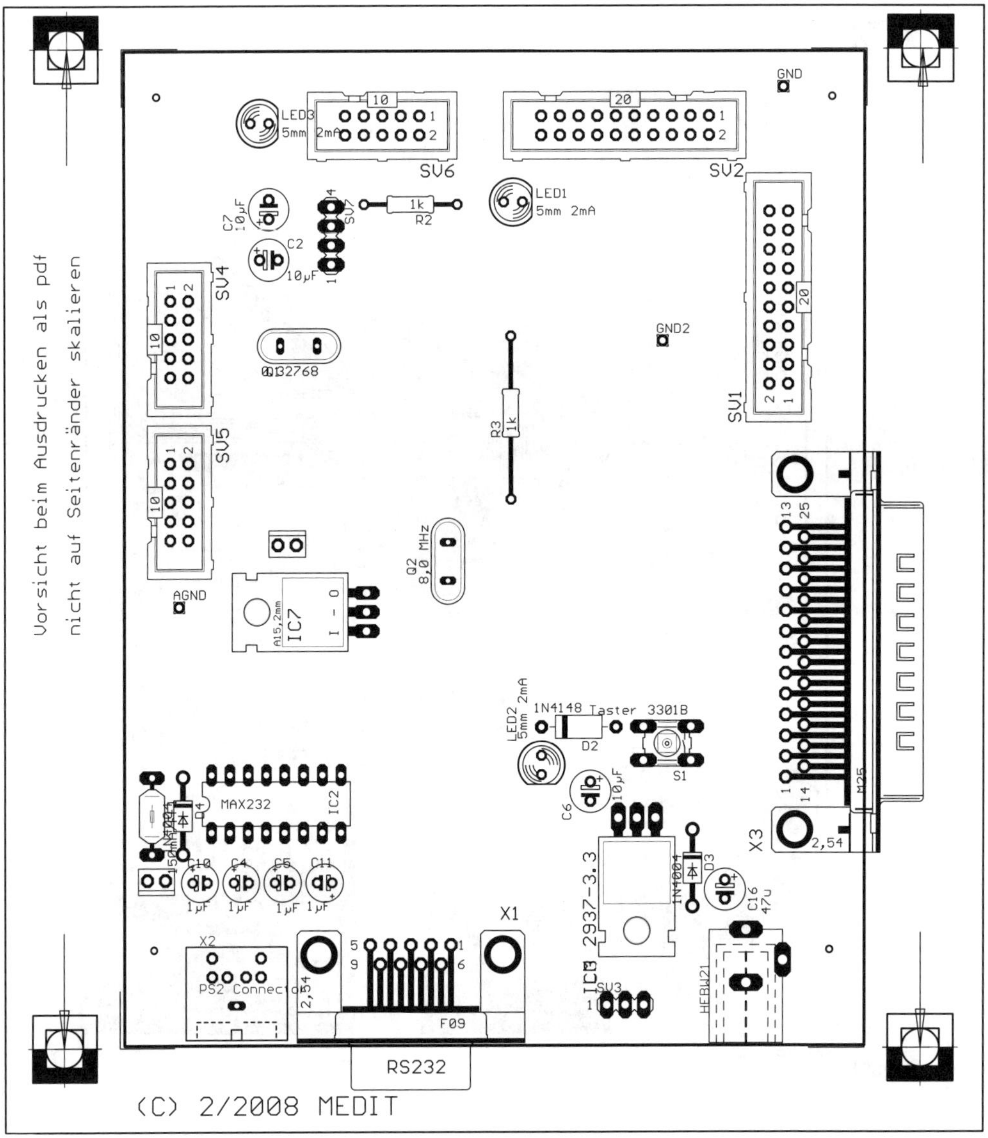

Bild A.10: Medit MSP-Platine V4.04 Bauteilplatzierung Oberseite

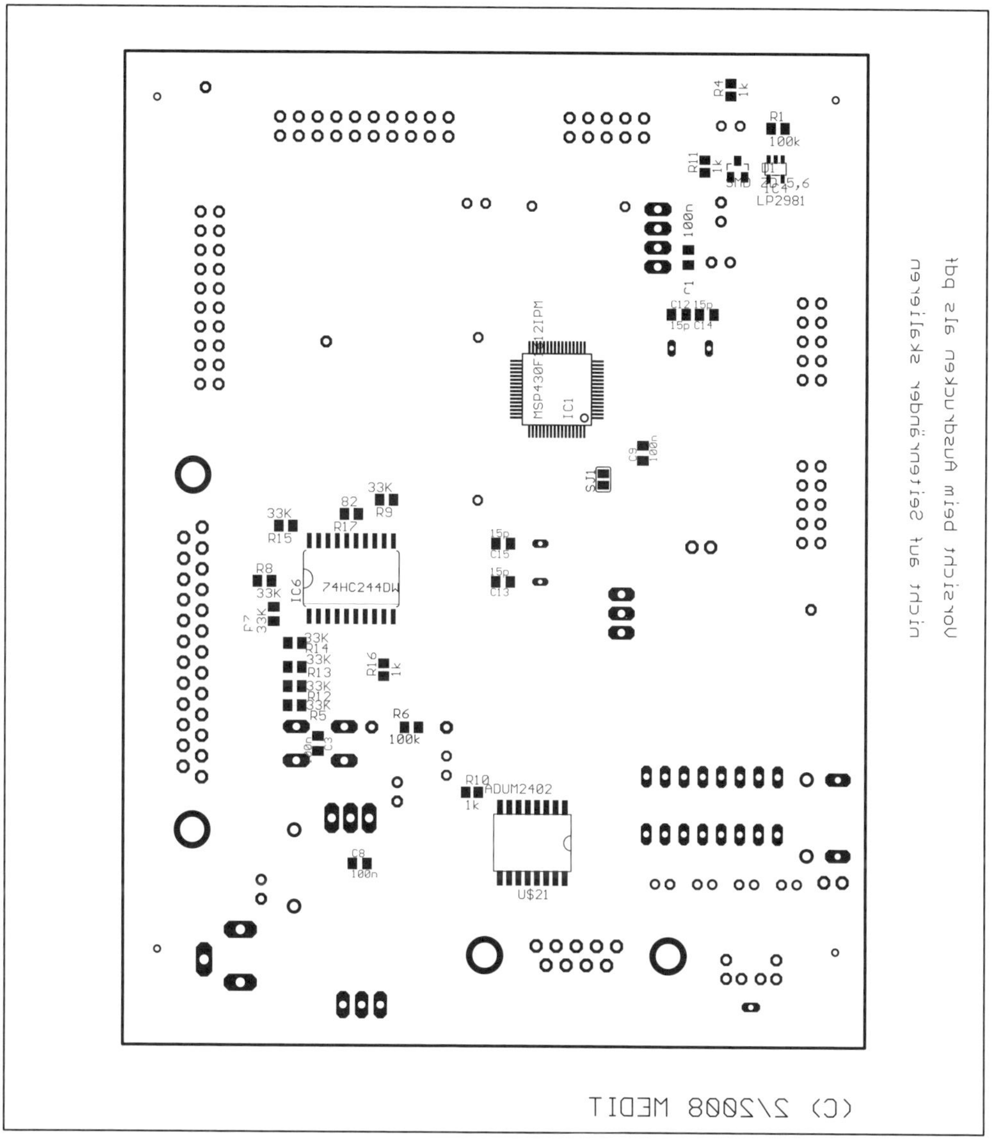

Bild A.11: Medit MSP-Platine V4.04 Bauteilplatzierung Lötseite

A.4.2 MSP430F1232-Platine

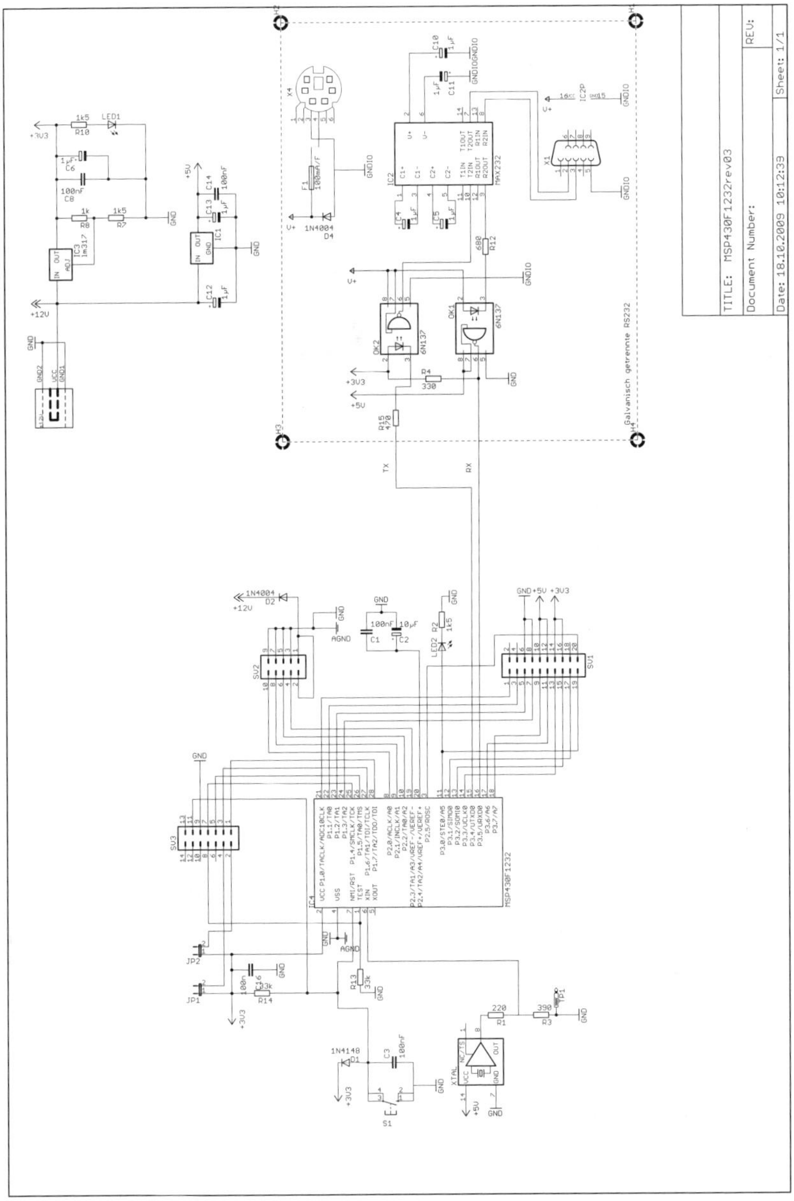

Bild A.12: Schaltplan für das MSP430F1232-Experimentierboard

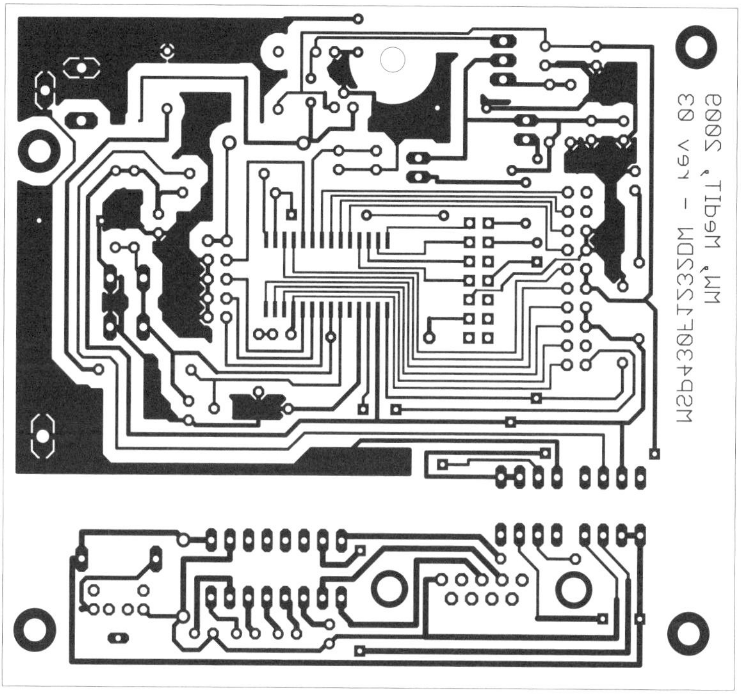

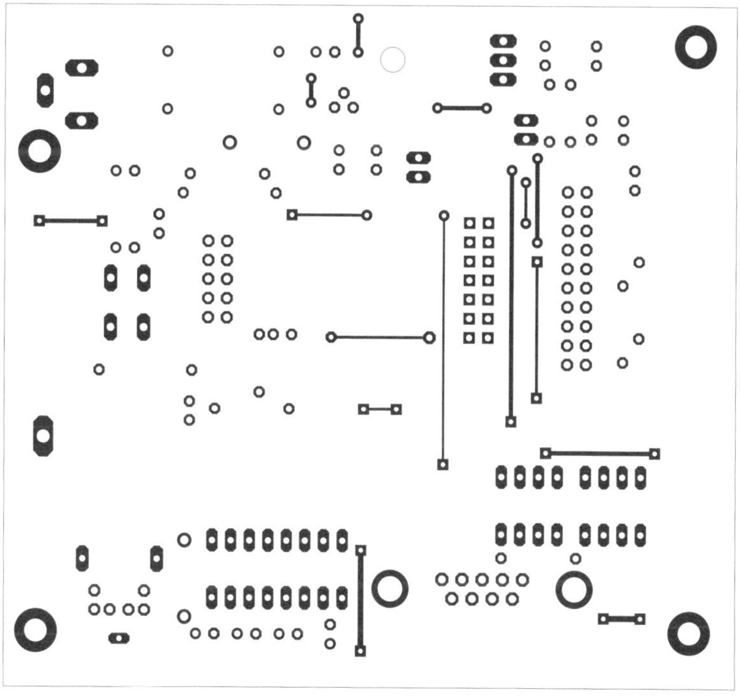

Bild A.13: Ätzvorlage MSP430F1232-Experimentierboard

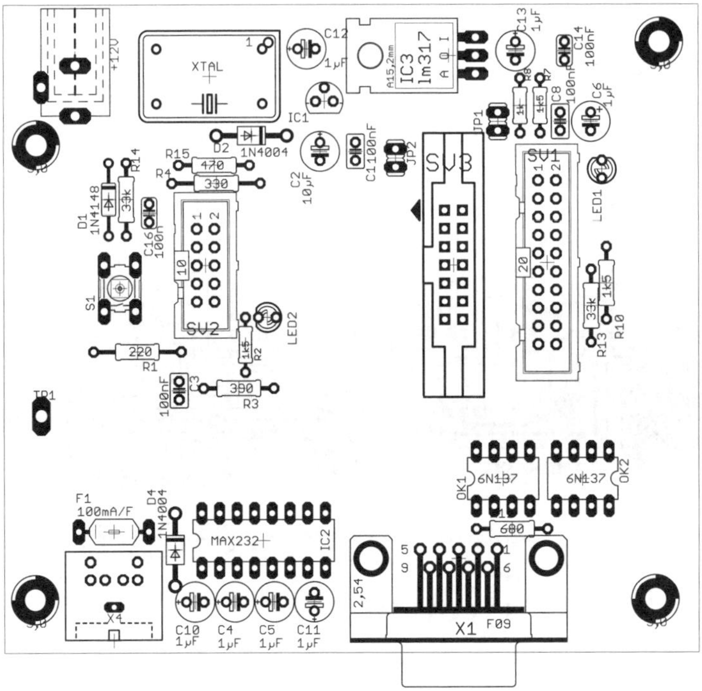

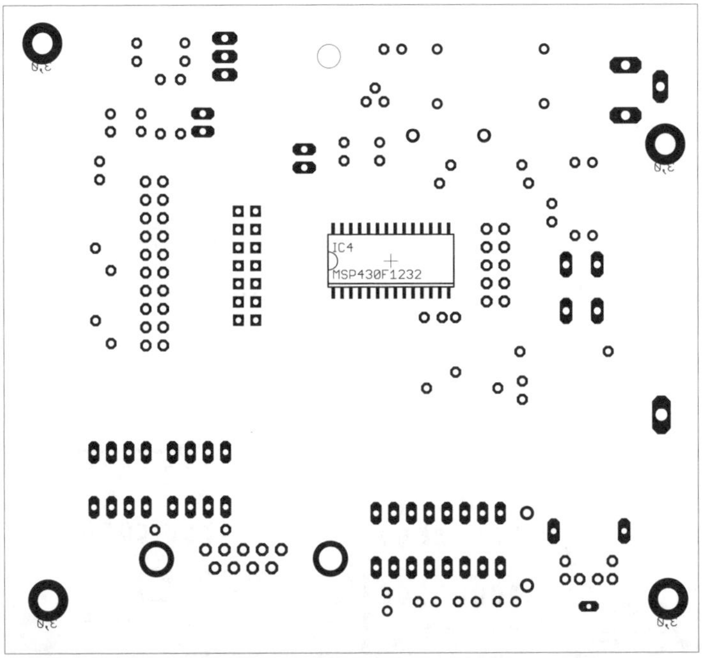

Bild A.14: Platzierung Komponenten MSP430F1232-Experimentierboard

A.4.3 Trägerplatine für LCD-Display und Drehimpulsgeber

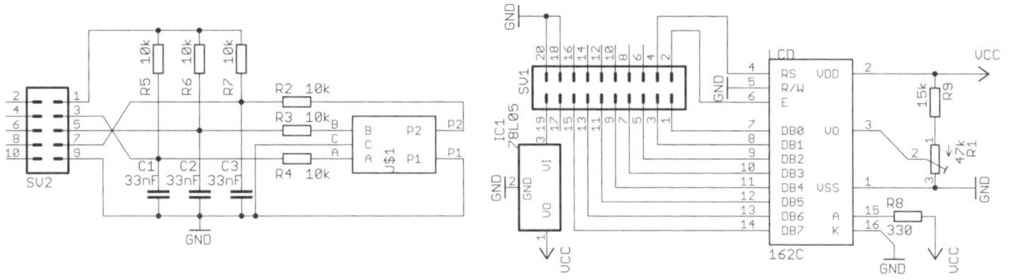

Bild A.15: Schaltplan für Trägerplatine LCD und Drehgeber

Bild A.16: Ätzvorlage für Trägerplatine LCD und Drehgeber

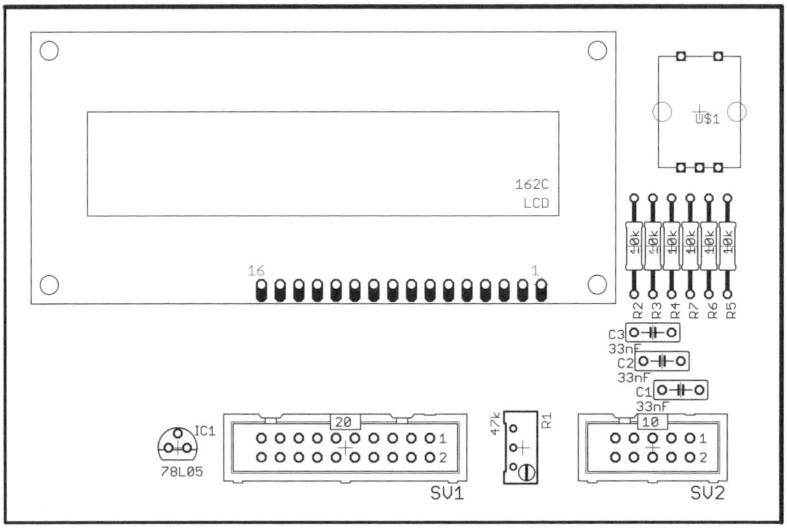

Bild A.17: Bauteilplatzierung

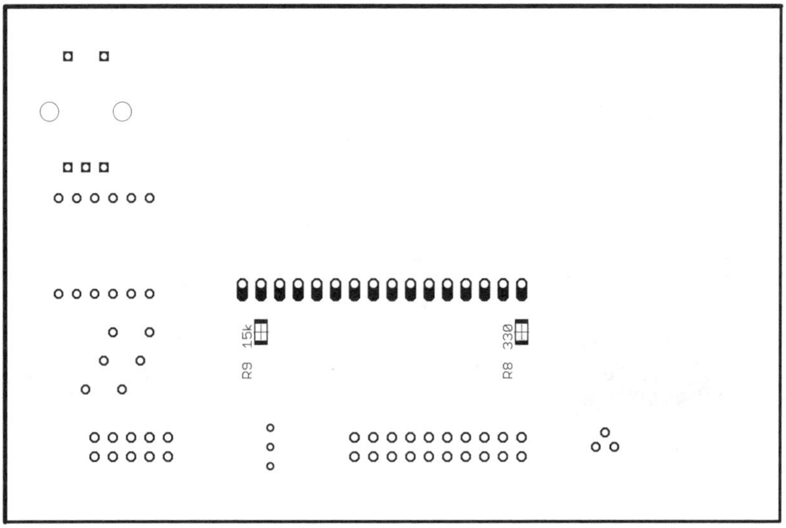

Bild A.18: Bauteilplatzierung Lötseite

A.4.4 MSP430F149-Headerboard

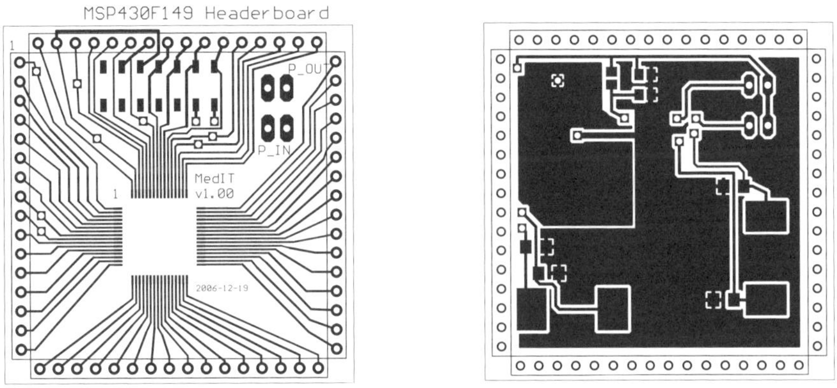

Bild A.19: Headerboard Ätzvorlage

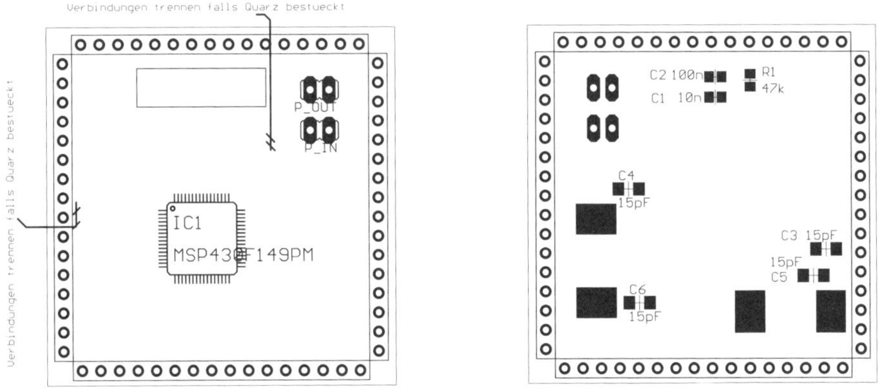

Bild A.20: Headerboard Bauteilplatzierung

A.4.5 JTAG-Adapter für den Parallelport

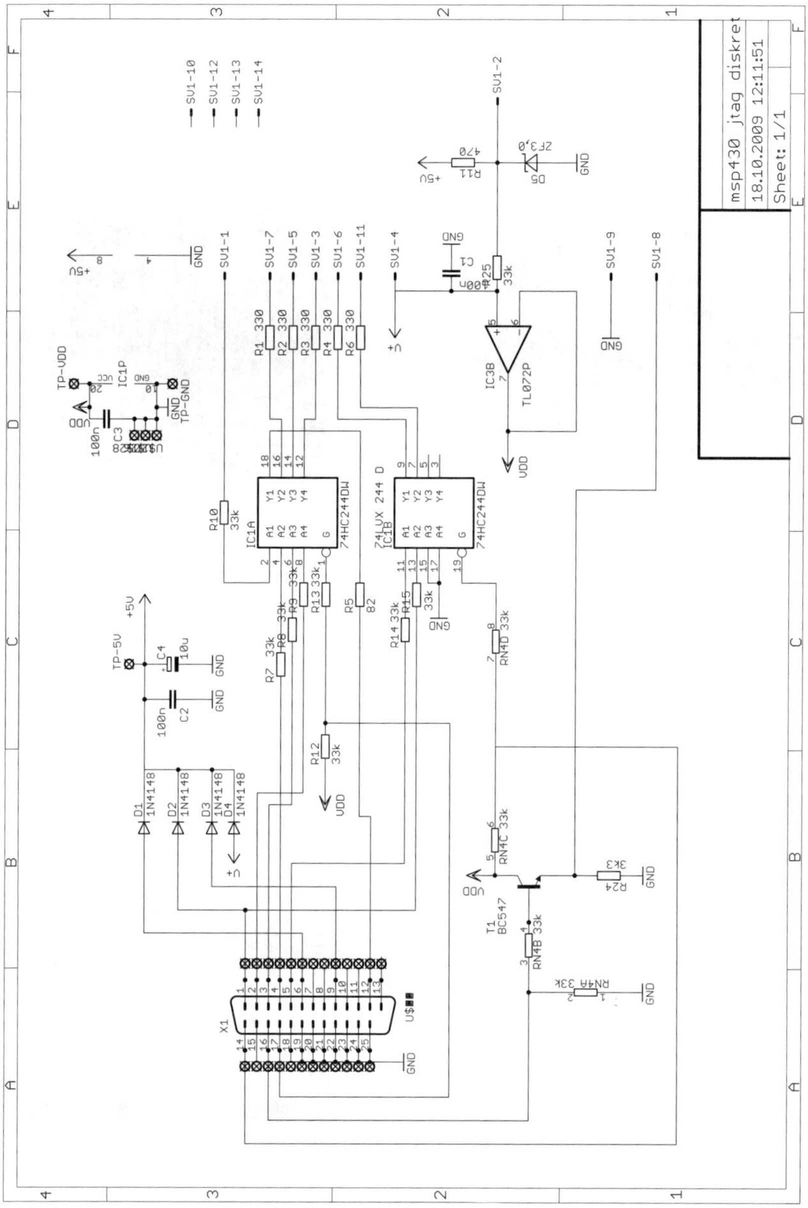

Bild A.21: JTAG-Adapter Schaltplan

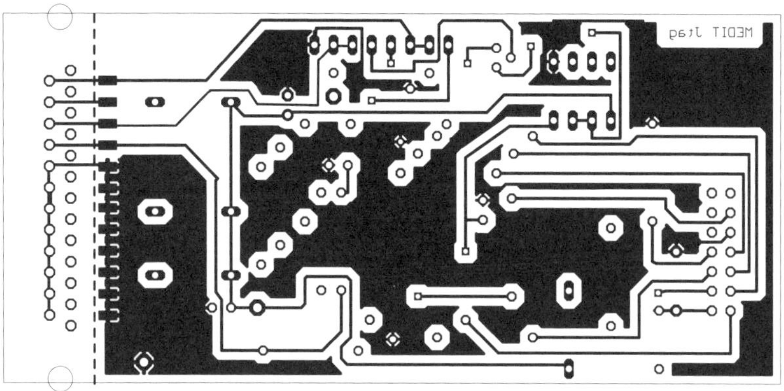

Bild A.22: JTAG-Adapter Lötseite

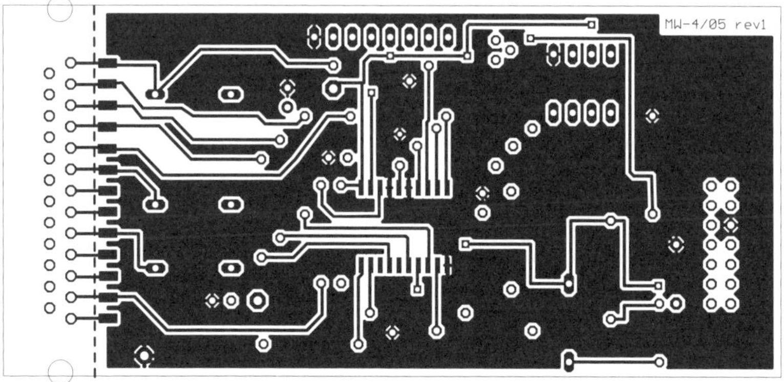

Bild A.23: JTAG-Adapter Bauteilseite

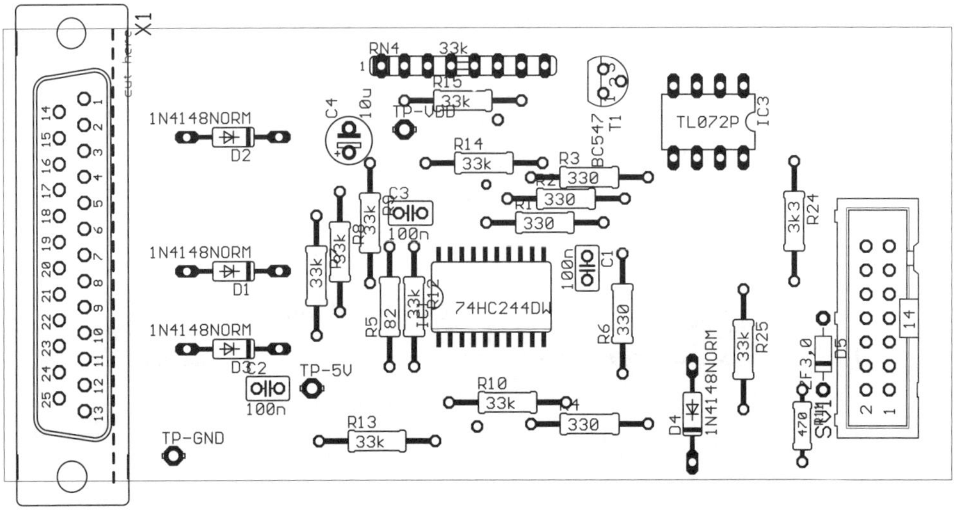

Bild A.24: JTAG-Adapter Bauteilplatzierung Lötseite

A.5 Normreihen der Bauelemente

Die angegebenen Werte treten in jeder Dekade jeweils einmal (z.B. 33, 330, 3K3, 33k, 330k, 3M3, ...) auf. Die Normreihe E12 ist die Basisreihe und wird bis zur Normreihe E96 durch weitere Zwischenwerte erweitert.

Reihe E12

1.0	1.2	1.5	1.8	2.2	2.7	3.3	3.9	4.7	5.6	6.8	8.2

Reihe E24

1.0	1.1	1.2	1.3	1.5	1.6	1.8	2.0	2.2	2.4	2.7	3.0
3.3	3.6	3.9	4.3	4.7	5.1	5.6	6.2	6.8	7.5	8.2	9.1

Reihe E48

1.00	1.05	1.10	1.15	1.21	1.27	1.33	1.40	1.47	1.54	1.62	1.69
1.78	1.87	1.96	2.05	2.15	2.26	2.37	2.49	2.61	2.74	2.87	3.01
3.16	3.32	3.48	3.65	3.83	4.02	4.22	4.42	4.64	4.87	5.11	5.36
5.62	5.90	6.19	6.49	6.81	7.15	7.50	7.87	8.25	8.66	9.09	9.53

Reihe E96

1.00	1.02	1.05	1.07	1.10	1.13	1.15	1.18	1.21	1.24	1.27	1.30
1.33	1.37	1.40	1.43	1.47	1.50	1.54	1.58	1.62	1.65	1.69	1.74
1.78	1.82	1.87	1.91	1.96	2.00	2.05	2.10	2.15	2.21	2.26	2.32
2.37	2.43	2.49	2.55	2.61	2.67	2.74	2.80	2.87	2.94	3.01	3.09
3.16	3.24	3.32	3.40	3.48	3.57	3.65	3.74	3.83	3.92	4.02	4.12
4.22	4.32	4.42	4.53	4.64	4.75	4.87	4.99	5.11	5.23	5.36	5.49
5.62	5.76	5.90	6.04	6.19	6.34	6.49	6.65	6.81	6.98	7.15	7.32
7.50	7.68	7.87	8.06	8.25	8.45	8.66	8.87	9.09	9.31	9.53	9.76

B Lösungen der Aufgaben

B.1 Aufgaben aus Kapitel 1

1. Was bedeuten die Abkürzungen RISC und CISC? Was sind die wesentlichen Unterschiede zwischen RISC und CISC Computern.

   RISC = Reduced Instruction Set Computing Eine RISC-Rechnerarchitektur zeichnet sich dadurch aus, dass die CPU nur einen kleinen Satz von Befehlen hat, die aber dafür in sehr effizienter Weise implementiert sind. Zudem verfügt eine RISC-CPU über einen großen Satz an gleichberechtigten Multi-Purpose-Registern.

   CISC = Complex Instruction Set Computing Im Gegensatz dazu hat eine CISC-CPU nur wenige, aber dafür spezialisierte Prozessorregister und verfügt über einen reichhaltigen Befehlssatz spezialisierter Befehle, die in der CPU in Mikrocode umgesetzt werden.

2. Was ist der Unterschied zwischen einer von-Neumann-Architektur und einer Harvard-Architektur?

   Bei einer von-Neumann-Architektur werden Speicher, sowie Adress- und Datenbus sowohl für Befehle als auch für Daten verwendet. Im Gegensatz dazu sind diese Bereiche bei der Harvard-Architektur streng getrennt.

3. Was sind die Grundkomponenten einer allgemeinen Rechnerarchitektur?

   Antwort entnommen aus Wikipedia [Wik08]

   ALU (Arithmetic Logic Unit) Rechenwerk, auch Prozessor oder Zentraleinheit genannt, führt Rechenoperationen und logische Verknüpfungen durch.

   Control Unit - Steuerwerk oder Leitwerk, interpretiert die Anweisungen eines Programmes und steuert die Befehlsabfolge.

Memory - Speicherwerk speichert sowohl Programme als auch Daten, welche für das Rechenwerk zugänglich sind.

I/O Unit - Eingabe-/Ausgabewerk steuert die Ein- und Ausgabe von Daten, zum Anwender (Tastatur, Bildschirm) oder zu anderen Systemen (Schnittstellen).

4. Wozu benötigt ein Computer Register?

Ein Register ist eine einzelne Schaltung oder Speicherstelle, an der ein Wert oder eine Adresse zwischengespeichert werden kann. Eine RISC-CPU benötigt beispielsweise für eine Addition zwei Register, eins für jeden Operanden. Nach Ausführung der Addition ist das Ergebnis in einem der Register gespeichert und kann von dort in den Arbeitsspeicher übertragen werden.

5. Woher bekomme ich Datenblätter für die verschiedenen Mikrocontroller der MSP430-Serie?

Die Datenblätter sind alle auf der Texas Instruments Webseite verfügbar: `http://ti.com/msp430`

6. Welche integrierten Peripheriekomponenten hat der MSP430F1610? Wodurch unterscheidet dieser Typ sich vom vorgestellten MSP430F149?

MSP430F1610 : 48 General-Purpose-I/O, 12-bit-SAR-ADC, 2x12-Bit-DAC, Analog-Comparator, DMA, Hardware-Multiplier, Supply-Voltage-Supervision, Timer A (3CCR), Timer B (7CCR), Watchdog/Interval, 1x USART (SPI or UART or I2C), 1xUSART (SPI or UART)

MSP430F149 : 48 General-Purpose-I/O, 12-bit-SAR-ADC, Analog-Comparator, Hardware-Multiplier, Timer A (3CCR), Timer B (7CCR), Watchdog/Interval, 2xUSART (SPI or UART)

7. Schreibe ein Programm in C, das die Quadratwurzel einer Zahl iterativ numerisch berechnet. Hinweis: Heron Verfahren $X_{n+1} = \frac{X_n + \frac{a}{X_n}}{2}$

```
//....
float wurzel(float eingabe)
{
float toleranz = 0.01;
float ergebnis = 1;
 do
```

```
  {ergebnis = (ergebnis + eingabe / ergebnis)/2;}
 while ((ergebnis*ergebnis - eingabe) > toleranz)
return ergebnis;
}
```

B.2 Aufgaben aus Kapitel 2

1. Schreibe einige Codezeilen, die Port 3.2 und Port 3.4 als Eingang und Port 3.3 als Ausgang definieren, ohne die anderen Bits des Registers zu beeinflussen.

```
// ....
P3DIR = P3DIR & ~BIT2 & ~BIT4 | Bit3; // Bits 2 und 4 auf 0
                                      // Bit 3 auf 1
P3SEL = P3SEL & ~BIT2 & ~BIT4 &~Bit3; // Bits 2,3,4 auf 0
// ....
```

2. Wozu benötige ich die Interrupt-Funktionalität der Portpins? Was ist eine Interrupt- Service-Routine?

   Mittels Interrupts kann man ereignisgesteuert den Programmablauf beeinflussen, ohne dass der Mikrocontroller während der Wartezeit auf das Ereignis blockiert wäre. In der Interrupt-Service-Routine ist die ereignisabhängige Funktionalität programmiert. Diese sollte jedoch so kurz wie möglich gehalten werden.

3. Schreibe eine Interrupt-Service-Routine für Interrupts, die an Port 1.2 ausgelöst werden, die bei jedem zehnten Aufrufen eine im Hauptprogramm zugängliche Statusvariable auf 0 setzt. Was ist die potentielle Gefahr dabei?

```
#include <msp430x14x.h>

int status = 0;                  // globale Variable

/**----------------------------------------------------------
 * Interrupt service routine für den digital port 1.2
 * This routine manipulates the global Variable status
 * each time pin 1.2 has caused 10x the interrupt
 **-------------------------------------------------------*/
#pragma vector=PORT1_VECTOR
```

```
__interrupt void Port_1(void)  {
static char count = 0;              // interner Counter

if( P1IFG & BIT2 )                  // P3.2 Schuld am Interrupt?
  {
   count++;                         // zähle hoch
   if (count >=10) {                // 10x gezählt?
    count = 0;                      // reset Counter
    status = 0;                     // setze Status
   }
   P1IFG = 0x00;                    // lösche Interrupt-Flag
  }
}
/**-------------------------------------------------------
  * MAIN PROGRAM
 **-----------------------------------------------------*/
int main( void ) {
  WDTCTL  = WDTPW | WDTHOLD;        // Watchdog-Timer ausschalten

  P1DIR   = 0x00;                   // alle Pins Eingang
  P1SEL   = 0x00;                   // normale I/O-Funktion
  P1IES   = 0x00;                   // steigende Flanke Interrupts
  P1IFG   = 0x00;                   // lösche Interrupt-Register
  P1IE    = BIT2;                   // Interrupt für pin 3.2

  _enable_interrupts();             // globale Interrupts
  status = 0;
  while( 1 )                        // Endlosschleife
  status++;
}
```

Bei der Veränderung globaler Variablen in Interrupts ist zu berücksichtigen, dass diese gerade von anderen Programmteilen benutzt werden können. Dies kann im Einzelfall sehr merkwürdiges Verhalten zur Folge haben.

4. Entwickle eine kleine Ampelsteuerung. Verbinde dazu drei Leuchtdioden (rot, grün, gelb) über Vorwiderstände mit drei Portpins. Realisiere nun eine periodische Abfolge der bekannten Ampelphasen. Verwende für die Pausen eine Warteschleife.

```
long index;
int ampelphase=0;
#define CLOCK 8000
#define WAITING(x) for (index=0; index<CLOCK*x; index++);
```

```
  P3DIR   = 0xFF;                  // Alle Pins Ausgang
  P3SEL   = 0x00;                  // normale I/O Funktion
while(1){                          // Endlosschleife
switch(ampelphase) {
  case 0:  P3OUT = BIT1;       break; // rot
  case 1:  P3OUT = BIT1|BIT2;  break; // rot + gelb
  case 2:  P3OUT = BIT3;       break; // grün
  case 3:  P3OUT = BIT2;       break; // gelb
  default: P3OUT= 0;           break;
}
WAITING(10000)
ampelphase = (ampelphase+1) % 4;      // Phasensteuerung
}
```

5. Erweitere die Schaltung um einen Taster, der an einen anderen Portpin angeschlossen ist. Wenn der Taster gedrückt wird, soll das Ampelprogramm zwischen Tagbetrieb (normale Signalfolge) und Nachtbetrieb (gelbes Blinklicht) wechseln.

```
long index;
int ampelphase=0;
#define CLOCK 8000
#define WAITING(x) for (index=0; index<CLOCK*x; index++);
  P3DIR   = 0xFF;                   // alle Pins Output
  P3SEL   = 0x00;                   // normale I/O-Funktion
  P1DIR   = 0x00;                   // alle Pins Input
  P1SEL   = 0x00;                   // normale I/O-Funktion
while(1){                           // Endlosschleife
 switch(ampelphase) {
  case 0:  P3OUT = BIT1;       break; // rot
  case 1:  P3OUT = BIT1|BIT2;  break; // rot + gelb
  case 2:  P3OUT = BIT3;       break; // grün
  case 3:  P3OUT = BIT2;       break; // gelb
  default: P3OUT= 0;           break;
 }
 WAITING(10000);
 if ((P1IN & BIT1) > 0)             // Taste gedrückt??
 {
  ampelphase = (ampelphase+1);      // Phasensteuerung Nacht
  if (ampelphase >4) {ampelphase = 3;}
 }
 else
 {ampelphase = (ampelphase+1)%4;}// Phasensteuerung normal
}
```

6. Warum ist die zeitliche Steuerung mit Warteschleifen nicht unbedingt zu empfehlen?

Warteschleifen blockieren die Abarbeitung anderer Programmteile und haben unter Umständen keine fest definierte Länge, wenn z.B. Interrupts während der Laufzeit aufgerufen werden. Zeitliche Vorgänge können mit Timern sehr genau gesteuert werden. Wie das geht, ist in Kapitel 4 beschrieben.

7. Wie kann ich sicherstellen, dass eine Befehlsfolge nicht durch einen Interrupt unterbrochen wird? Was sollte ich dabei beachten?

In einigen C-Compilern, nicht jedoch beim MSP430, gibt es den sogenannten ATOMIC-Befehl, mit dem eine Befehlsfolge als "unteilbar" definiert werden kann. Als manuelle Alternative werden vor der Befehlsfolge die Interrupts global deaktiviert und danach wieder aktiviert. Wichtig ist, die Befehlsfolge so kurz wie möglich zu halten, da ja eben nicht z.B. auf äußere Interrupt- Ereignisse reagiert werden kann. Unter Umständen geht so ein Ereignis verloren.

8. Bei der Abfrage von vielen Tastern werden diese zu sogenannten "Matrix-" Tastaturen verschaltet. Den Aufbau eines solchen Matrix-Tastenfeldes zeigt Bild 2.10. Wie kann ich herausfinden, welche Tasten gedrückt sind? Schreibe dazu ein Programm. Welche zusätzlichen Bauteile sind noch erforderlich?

```
int i;                                 // Indexvariable
char Tasten [3][3];                    // Ergebnisfeld
  P3DIR   = 0xFF;                      // alle Pins Output
  P3SEL   = 0x00;                      // normale I/O-Funktion
  P1DIR   = 0x00;                      // alle Pins Input
  P1SEL   = 0x00;                      // normale I/O-Funktion
while(1){                              // Endlosschleife
  for(i=0; i<3; i++) {                 // scanne Spalten
  P3OUT = 0x01<<i;                     // aktiviere Spalte
  Tasten[i][0] = (P1IN & BIT1)>0;      // erste Taste
  Tasten[i][1] = (P1IN & BIT2)>0;      // zweite
  Tasten[i][2] = (P1IN & BIT3)>0;      // dritte
}
```

Die Pins a,b,c werden an einen Ausgangsport, die Pins 1,2,3 an einen Eingangsport angeschlossen. Im Prinzip sind keine weiteren Bauteile notwendig, da der MSP aktiv sowohl gegen VCC als auch gegen Masse treiben kann. Zur Sicherheit sollte jedoch in jede Leitung ein Widerstand von 330 Ω eingeschleift werden, siehe Kapitel 2.1.1, Seite 28.

B.3 Aufgaben aus Kapitel 3

1. Erkläre den Unterschied zwischen Taktgenerator und Taktquelle.

   Ein **Taktgenerator** ist ein physikalischer Baustein, der ein Taktsignal erzeugt. Also zum Beispiel ein Quarz oder sogar ein externer Quarzoszillator, aber auch der eingebaute DCO. Eine **Taktquelle** ist ein prozessorinterner Systemtakt, der aus einem Taktgenerator abgeleitet wird. Beim MSP sind dies **MCLK, SMCLK, ACLK**.

2. Was sind die Auswahlkriterien, den internen DCO, einen Quarz, einen Uhrenquarz oder einen externen Taktgenerator zu selektieren?

   Wie zu erwarten, ist eine solche Frage kaum allgemeingültig zu erklären. Zu sehr hängt die Entscheidung doch von den Vorstellungen des Entwicklers ab. Wenn es nicht auf die Einhaltung einer bestimmten Frequenz ankommt und zudem der Platz auf der Platine beschränkt ist, so ist der DCO sicherlich erste Wahl. Den Uhrenquarz an LFXT1 verwendet man zum seltenen Aufwachen aus einem Low-Power-Mode und natürlich für eine einfache Echtzeituhr. Ein externer Taktgenerator ist immer dann von Vorteil, wenn mehrere Bauteile synchronisiert mit dem gleichen Takt betrieben werden sollen (z.B. um Buskollisionen zu vermeiden). Den Quarz nimmt man immer dann, wenn es auf die Genauigkeit der Frequenz, also beispielsweise für asynchrone Schnittstellen ankommt.

3. Wozu besitzt der MSP430 drei interne Taktquellen?

   Nur so ist man flexibel genug, die verschiedenen Taktquellen optimal zu nutzen und die einzelnen Funktionskomponenten energieoptimal einzusetzen. Die MCLK betreibt den Prozessor und kann immer abgeschaltet werden, wenn gerade nichts zu rechnen ist. Mit der SMCLK können autonome Peripheriekomponenten unabhängig von der CPU betrieben werden.

Die ACLK ist an den Uhrenquarz angeschlossen und "weckt" mit Hilfe des Timers den Prozessor in regelmäßigen Abständen aus den Energiesparmodi wieder auf.

4. An LFXT1 ist ein $32.768\,\mathrm{kHz}$-Uhrenquarz angeschlossen. Schreibe ein Programm, das den MSP so initialisiert, dass die DCO-Frequenz etwa mit der hundertfachen ($3.2768\,\mathrm{MHz}$) Geschwindigkeit einstellt. Wie könnte man die DCO-Korrektur mit dem Uhrenquarz abgleichen?

```
#include <msp430x14x.h>
int index;                          // Hilfsvariable

int main( void ) {
  WDTCTL  = WDTPW | WDTHOLD;        // Watchdog-Timer ausschalten

  P1DIR   = BIT0;                   // P1.0 Ausgang
  P1SEL   = 0x00;                   // normale I/O-Funktion

  BCSCTL1|= RSEL1+RSEL2;            // RSEL und DCO aus Grafik
  DCOCTL |= DCO1 + DCO2;            // ungefähr ablesen

  BCSCTL1 &=~ XTS;                   // LFXT1 im LF-Modus
      auswählen
  _BIC_SR(OSCOFF);                  // aktiviere XT1

  while( 1 )                        // Endlosschleife
  {
   BCSCTL2 &=~ (SELM1+SELM0);       // Wähle DCO
   for (index=0; index<10000; index++);
   P1OUT = BIT0;                    // Ausgang=1

   BCSCTL2 |= (SELM1+SELM0);        // wähle LFXT1
   for (index=0; index<100; index++);
   P1OUT = 0;                       // Ausgang=0

   // Zum Abgleich Zeiten am Oszilloskop messen.
   // Puls und Pause müssen gleich lang sein.
  }
}
```

5. Wozu braucht man eigentlich so viele verschiedene Low-Power-Modes?

Die verschiedenen Low-Power-Modes unterscheiden sich darin, welche Restfunktionalität des Prozessors noch weiterläuft und welche Module angehalten werden. Natürlich sinkt der Stromverbrauch im umgekehrten Verhältnis zu der Anzahl der laufenden Module. Mit der differenzierten Moduswahl kann man so genau die Funktionalität bei minimal möglichem Energieverbrauch einstellen, die man benötigt.

6. Konstruiere ein 3-Tasten-Codeschloss für ein Garagentor. Verwende den Low-Power-Mode 3 um Energie zu sparen.

```
#include <msp430x16x.h>
 int sym1,sym2,sym3;       // Variablen für Eingabe

 const int CODE1 = BIT3; // definiere Tastenfolge, die das
 const int CODE2 = BIT1; // Schloss öffnet, für mehr
 const int CODE3 = BIT2; // Sicherheit einfach die
                         // Tastenfolge verlängern
#pragma vector=PORT1_VECTOR
__interrupt void Port_1(void)
  {
 P1IFG = 0x00;             // Interrupt-Flag löschen
 sym1 = sym2;              // Umspeichern der Eingabefolge
 sym2 = sym3;
 sym3 = P1IN;              // Einlesen neuer Wert

 if {{sym1 == CODE1}&&{sym2 == CODE2}&&{sym3 == CODE3}}
   { // Tor öffnen !!! }
}

int main ( void ) {
 WDTCTL = WDTPW | WDTHOLD ; // Watchdog-Timer ausschalten
 P1DIR = 0x00;             // P1 konfigurieren
 P1SEL = 0x00;             // normale I/O-Funktion
 P1IES = 0x00;             // Interrupt bei steigender Flanke
 P1IFG = 0x00;             // Interrupt-Flag löschen
 P1IE  = 0xFF;             // alle Pins Interrupt-Eingänge
 _enable_interrupts ();    // Interrupts global aktivieren

 while ( 1 )// Endlosschleife
  {
   LPM3;// Setze LPM3
  }
}
```

B.4 Aufgaben aus Kapitel 4

1. Welche verschiedenen Betriebsarten kennt der Timer B? Wozu brauche ich diese?

Continuous-Mode: Das Zählregister wird kontinuierlich bis zum höchsten Wert 0xFFFF hochgezählt, beginnt dann wieder bei 0x0000.

Up-Mode: Das Zählregister wird bis zum Wert des TACCR0-Registers hochgezählt, beginnt dann wieder bei 0x0000.

Up/Down-Mode: Das Zählregister wird bis zum Wert des TACCR0-Registers hochgezählt, wo es dann seine Zählrichtung ändert und bis 0x0000 heruntergezählt wird. Dort ändert es wieder seine Zählrichtung.

Stop-Mode: Der Timer ist angehalten.

2. Erweitere die in den Aufgaben zu Abschnitt 2.5 entwickelte Ampelsteuerung so, dass die Grün- und Rotphase genau zehn Sekunden dauert und im Wechsel zwischen den Phasen genau eine Sekunde gelb ist.

Anstelle der Waiting-Funktion verwenden wir eine Timer-basierte Wartefunktion

```
  void waiting(int zeit)
  {
   int index;
   TACTL |= MC_2;          // los geht's im Continuous-Mode
   for (index=0; index<zeit; index++)
   {
    TACTL |= TACLR;       // Rücksetzen des Zählers
    while (TAR <32768); // warten bis Ablauf
   }
  }

int main ( void ) {
...
  // wir haben einen 32kHz-Uhrenquarz angeschlossen
  BCSCTL1 &= ~XTS;             // LF-Mode
  _BIC_SR(OSCOFF);             // XT1 anschalten
  TACTL    = TASSEL0;          // wähle ACLK, DIV = 1
...
}
```

3. Wozu brauche ich den Watchdog-Timer?

   Zur Überprüfung der korrekten Betriebsfunktion meiner Software. Geht bei der Programmabarbeitung etwas schief und die Abarbeitung des Programms erfolgt nicht mehr geordnet, so wird auch der Watchdog nicht zurückgesetzt. Läuft er ab, löst er einen Reset des Prozessors aus und stellt so einen definierten Zustand her.

4. Schreibe ein Programm, das für eine Autorennbahn einen Rundenzähler mit Zeitmessung realisiert.

   Im Wesentlichen greifen wir dazu auf das eben in Frage 6 implementierte Task-System zurück. In der Interrupt-Routine zählen wir einfach die Sekunden hoch. Das Überschreiten der Ziellinie messen wir mit einer Lichtschranke, die wir an Port 1.1 und 1.2 anschließen. Die Zeitnahme erfolgt in der zugehörigen Interrupt-Routine. Immerhin kann man so 18 Stunden ohne Zeitüberlauf Autorennen fahren.

```
\\.... Interrupt Routine und Initialisierung aus
\\      RTC-Beispiel

#pragma vector=PORT1_VECTOR
__interrupt void Port_1(void)
{
 if(P1IFG & BIT1)
 {
 runde_bahn1 ++;
 rundenzeit1 = sekunde-altezeit1;
 altezeit1=sekunde;
 }

 if(P1IFG & BIT2)
 {
 runde_bahn2 ++;
 rundenzeit2 = sekunde-altezeit2;
 altezeit2=sekunde;
 }

P1IFG = 0x00;            // Interrupt-Flag löschen
}
```

5. Wozu besitzt der Timer A mehrere Capture/Compare-Kanäle

   Auf einfache Art und Weise können so parallel mehrere Ausgänge, die auch noch miteinander synchronisiert sind, erzeugt werden.

6. Schreibe ein einfaches Task-System, das einmal pro Sekunde eine Funktion ausführt. Überwache die Betriebsbereitschaft mit dem Watchdog-Timer.

```
#include  <msp430x16x.h>

#pragma vector=TIMERA0_VECTOR
__interrupt void TIMERA0(void){
// Der Interrupt kommt ja 1* pro Sekunde
// hier die Funktionalität implementieren
}

void main(void) {

  // Watchdog-Timer konfigurieren:
  WDTCTL=WDTPW+WDTIS1;         // SMCLK/8192

  // wir haben einen 32kHz Uhrenquarz angeschlossen
  BCSCTL1 &= ~XTS;             // LF-Mode
  _BIC_SR(OSCOFF);             // XT1 anschalten

  TACTL    = TASSEL0;          // wähle ACLK, DIV = 1
  TACTL   |= MC_1;             // Up-Mode
  TACCTL0  = CCIE;             // Cap/Comp-Interrupt aktivieren
  TACCR0   = 32767;            // von 0 bis 32767 zählen

  _enable_interrupts ();       // Interrupts global aktivieren

  while(1) {                   // Endlosschleife
  WDTCTL=WDTPW+WDTCNTCL;       // Watchdog-Reset
  }
}
```

7. Wie kann ich einen 32-Bit-Timer realisieren?

   Indem ich den Ausgang eines Timers auf einen Pin lege und diesen mit dem Takteingang des zweiten Timers verbinde. Alternativ zähle ich in jedem Überlauf-Interrupt ein zweites Zählregister hoch.

B.5 Aufgaben aus Kapitel 5

1. Wozu benötigt man ein Anti-Aliasing-Filter?

   Ein Anti-Aliasing-Filter verhindert, dass in einem Signal bei der Abtastung noch Frequenzen enthalten sind, die im Signalspektrum des Abtastsignals später in das Signal-Nutzband gespiegelt werden.

2. Gibt es auch digitale Anti-Aliasing-Filter? Wann benötige ich diese?

   Auch in zeitdiskreten Systemen kann es zu einem Übergang von einer Abtastfrequenz in eine andere kommen. Z.B. indem man nur jeden n-ten Wert verwendet (sog. Resampling). An diesen Stellen ist gleichermaßen das Abtasttheorem zu berücksichtigen und eben ein digitales Anti-Aliasing-Filter zu entwerfen.

3. Entwerfe ein Aliasing-Filter für einen 12-Bit-Wandler, der ein Signal mit $2\,\mathrm{kHz}$ abtastet, wobei die Signal-Nutzbandbreite bis $100\,\mathrm{Hz}$ geht.

   Die Eckfrequenz des Filters liegt bei $100\,\mathrm{Hz}$. Der Signal-Rausch-Abstand eines 12-Bit-Wandlers liegt bei $1.76 + m \cdot 6.02$ also $74\,\mathrm{dB}$. Nominell muss dann also bei $1900\,\mathrm{Hz}$ die Dämpfung des Filters $74\,\mathrm{dB}$ betragen. Pro Ordnung hat ein Tiefpass-Filter $20\,\mathrm{dB}$ Dämpfung pro Dekade. Die Ordnung kann jetzt berechnet werden nach: $n \cdot 20 \cdot (\log(1900) - \log(100)) > 74$. Daraus folgt $n > 2.89$. Mit einem Filter 3. Ordnung ist man also auf der sicheren Seite.

4. Schreibe ein Programm, das mit acht LEDs einen Pegelmesser für ein Audiosignal realisiert. Wie erhält man eine logarithmische oder eine lineare Anzeige?

```
#include <msp430x14x.h>
int main(void)
{
  int ad_wert,index;

  WDTCTL = WDTPW + WDTHOLD;   // Watchdog-Timer deaktivieren
  P6SEL=BIT0;                 // P6.0 als A/D-Eingang
  ADC12CTL0 = ~ENC;           // ADC12 deaktivieren
  ADC12CTL0 = ADC12ON + SHT0_15 + REFON + REF2_5V;
  ADC12CTL1 = SHP;            // Pulse-Sample-Mode benutzen
  ADC12MCTL0 = SREF_1;        // Kanal A0 (P6.0)
  ADC12CTL0 |= ENC;           // Einstellungen übernehmen
```

```
  P3DIR    = 0xFF;              // Ausgabe Port 3
  P3SEL    = 0x00;              // normale I/O-Funktion
  while(1)                      // Endlosschleife
  {
   ADC12CTL0 |= ADC12SC;        // Konvertierung durchführen
   while(ADC12CTL0 & ADC12SC) {}// warte bis fertig
   ad_wert = ADC12MEM0;         // Ergebnis auslesen

// Acht LEDs entsprechen drei Bits, so dass wir für eine
// lineare Teilung einfach die höchsten drei Bits der
// AD-Wandlung nehmen.
   P3OUT = 1 << (ad_wert>>9);

// Für eine LOG-Anzeige nehmen wir das Wandlerergebnis
// direkt, wir müssen nur den Balken bis zum höchsten
// gesetzten Bit auffüllen.
   for (index=0; index<8; index++)
   { ad_wert = ad_wert | ad_wert >>1; }
   P3OUT = ad_wert;
  }
}
```

5. Messe die schnellste Abtastrate, die du mit deinem MSP430 erreichen kannst.

   Dazu können wir erneut Listing 5.7 aus Kapitel 5.4.1 mit einer einfachen Zählfunktion erweitern. Zur Zeitmessung verwenden wir den in Aufgabe B.4.6 implementierten 1-Sekunden-Timer.

```
#pragma vector=TIMERA0_VECTOR
__interrupt void TIMERA0(void){
  samplerate = ad_count;          // merken der Abtastrate
  ad_count = 0;                   // Reset des Counters
}
int main(void)
{
...
  while(1)                        // Endlosschleife
  {
   ADC12CTL0 |= ADC12SC;          // Konvertierung durchführen
   while(ADC12CTL0 & ADC12SC) {}// warte bis fertig
   ad_wert = ADC12MEM0;           // Ergebnis auslesen
   ad_count++;                    // Sample-Counter hochzählen
  }
}
```

6. Baue ein digitales Thermometer, das die Temperatur in ^oC messen kann. Verwende einen NTC. Dessen temperaturabhängiger Widerstand ist gegeben durch

   $$R(T) = 100k\Omega \cdot e^{A+B/T+C/T^2+D/T^3}.$$

   Mit A=-16.0349, B= 5459.339, C= -191141 und D=-3328322

   Die Messung von NTC-Widerständen erfolgt üblicherweise mit einem konstanten Strom, den wir über dem Widerstand einprägen. Die dazu erzeugte Spannung wird mit dem A/D-Wandler gemessen. Wollen wir bis hinunter zu -15°C messen, beträgt der Widerstand maximal 1 MΩ. Bei einer maximalen Wandlerspannung von $2.5\,\mathrm{V}$ ist somit ein Strom von $2.5\,\mu\mathrm{A}$ notwendig. Die A/D-Wandlung erfolgt in gewohntem Muster gemäß Listing 5.7 aus Kapitel 5.4.1. Lediglich die Berechnungsfunktion der Temperatur ist zu implementieren. Dazu lösen wir die Formel nach T auf und skalieren mit dem A/D-Wandler.

   $$R(T) = R_{ref}\; e^{A+B/T+C/T^2+D/T^3}$$

   $$T(R) = \left(A_1 + B_1\, ln\frac{R}{R_{ref}} + C_1\, ln^2\frac{R}{R_{ref}} + D_1\, ln^3\frac{R}{R_{ref}}\right)^{-1}$$

   $$R = U_{mess}/I_{mess} = ADC * \frac{U_{ref}/4095}{2.5\mu A} = ADC/4095 \cdot 10^6$$

   $$R_{ref} = 100k$$

   $A_1 = 3.354016 \quad B_1 = 2.460380$
   $C_1 = 3.40538E-06 \quad D_1 = 1.03424E-07$
   Diesmal verwenden wir Float-Arithmetik, da Temperaturmessungen meist so langsam sind, dass wir auch für aufwändige Rechnungen Zeit haben.

```
include math.h
double temperatur, hilf;
const double A_1 = 3.354016;
const double B_1 = 2.460380;
const double C_1 = 3.40538E-06;
const double D_1 = 1.03424E-07;
...
hilf = log((double)(ad_wert * 10) / 4095);
temperatur = 1/ (A_1 + B_1 * hilf
             + C_1 * hilf^2 + D_1 * hilf^3);
```

B.6 Aufgaben aus Kapitel 6

1. Beschreibe die Funktionsweise eines Komparators.

   Ein Komparator vergleicht die Spannung an seinem positiven Eingang mit der des negativen Eingangs. Ist die Spannung am positiven Eingang größer als die Spannung am negativen Eingang, so ist sein Ausgang logisch TRUE, ansonsten FALSE.

2. Konstruiere mit einer einfachen Reflexlichtschranke einen Schließkontakt mit einstellbarer Schaltschwelle.

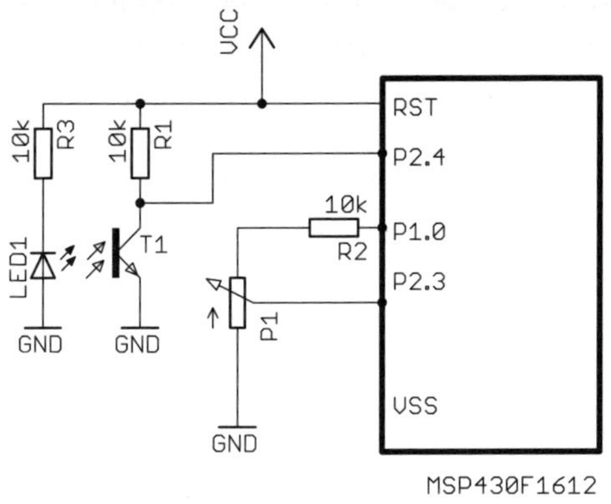

Bild B.1: Lichtschranke am Comparator A.

3. Bei der Konstruktion des Single-Slope-A/D-Wandlers wurde eine Kompensation der nichtlinearen Ladungskurve des Kondensators vorgenommen. Wie könnte man die externe Beschaltung erweitern, damit man diese nicht mehr benötigt?

   Anstelle des RC-Elementes kann man auch einen Integrator verwenden. Dessen Ausgangsspannung u(t) ist linear mit der Zeit verknüpft.

4. Erweitere den Single-Slope-A/D-Wandler zum Dual-Slope-A/D-Wandler.

Hierzu ist Einiges an externer Schaltung notwendig. Zum einen ein Integrator und zum anderen ein Analogschalter (z.B. ein CD4066) zum Schalten des Signals und der Referenz. Dabei ist zu beachten, dass auch eine negative Betriebsspannung für Referenzspannung und Analogschalter benötigt wird bzw. alternativ ein virtueller GND z.B. bei VCC/2 mit einem OPAMP gemäß Bild 9.5 erzeugt wird. Das hat den Vorteil, dass dann auch keine negativen Spannungen am Ausgang des Integrators abgefangen werden müssen, die den Eingangspin sonst zerstören würden.

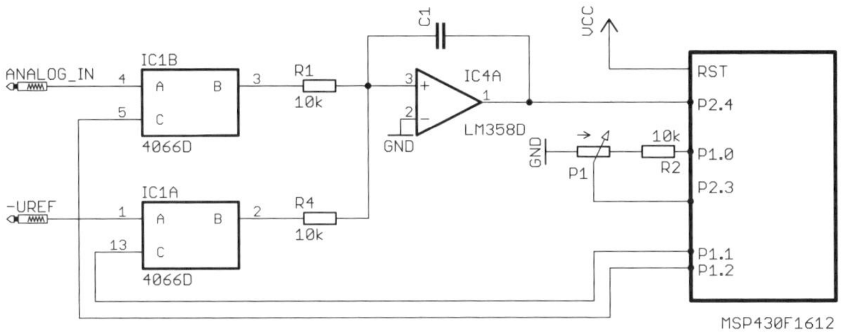

Bild B.2: Dual-Slope-Wandler mit dem Comparator A.

5. Schreibe ein einfaches Programm, das den positiven Eingang des Komparators mit der Referenzdiode vergleicht und bei Überschreiten in einer Interrupt-Routine immer einen Zähler inkrementiert.

```
// Comparator-A-Interrupt-Service-Routine
int count;
#pragma vector=COMPARATORA_VECTOR
__interrupt void COMPARATORA(void)
{
  count++;                  // Laufzähler hochzählen
}

int main(void)
{
 // Comparator A konfigurieren
 CACTL1 = CAON;             // anschalten
 CACTL1 |= CARSEL           // Referenz '-' Eingang
 CACTL1 |= CAREF0 | CAREF1; //Ref-Diode
 CACTL1 |= CAIE;            // Interrupt aktivieren
```

```
 CACTL2 = P2CA0 + CAF;     // Output-Filter

 P2DIR = 0x00;
 P2SEL = BIT3;             // P2.3 als positiver Eingang
 _enable_interrupts ();    // Interrupts global aktivieren
 while {1}                 // Endlosschleife
 {}
}
```

6. Wie könnte man dieses Beispiel um eine Schalthysterese erweitern?

```
// Comparator-A-Interrupt-Service-Routine
#pragma vector=COMPARATORA_VECTOR
__interrupt void COMPARATORA(void)
{
  if (mode == 1)
  {
   count++;            // Laufzähler hochzählen
   mode = 0;           // VREF = 0.25 Vcc
   CACTL1 = CACTL1 | CAREF0 & ~ CAREF1;
   CACTL1 |= CAIES; // jetzt fallende Flanke
  }
  else
  {
   mode = 1;           // VREF = 0.5 Vcc
   CACTL1  = CACTL1 | CAREF1 & ~ CAREF0;
   CACTL1 &=~CAIES; // jetzt steigende Flanke
  }
}
// sonst wie voriges Beispiel
```

B.7 Aufgaben aus Kapitel 7

1. Welche kleinste Amplitudenstufe lässt sich mit dem integrierten D/A-Wandler realisieren? Welchem Signal-Störabstand entspricht dies?

Gemäß Datenblatt des MSP430F1612 hat der DAC12 12 Bit Auflösung. Somit ist die kleinste auflösbare Spannung $U_{ref}/4095 = 0,6mV$ bei der $2.5\,\mathrm{V}$- Referenz. Als weitere Information ist im Datenblatt aber auch ein Linearitätsfehler von typischerweise $\pm$ 2 Bit angegeben. Damit beträgt der effektive Störabstand nur noch $1,76 + 10 \cdot 6,02$, also ungefähr $60\,\mathrm{dB}$.

2. Entwerfe einen vollautomatischen Tester, um die Kennlinie eines Bipolartransistors aufzunehmen. Dazu soll der Basisstrom über den D/A-Wandler vorgegeben werden und der Kollektorstrom mit dem A/D-Wandler gemessen werden. Welche externe Beschaltung braucht man noch?

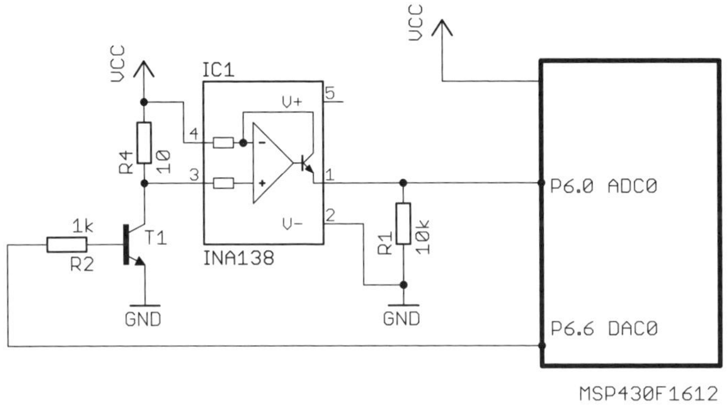

Bild B.3: Schaltbild eines möglichen Transistortesters.

Den Baustein INA138 benötigen wir, um den Kollektorstrom potentialfrei messen zu können. Die Werte von R4 und R2 müssen an die Betriebsparameter des getesteten Transistors angepasst werden. Der Basisstrom ist näherungsweise $(U_{DAC} - 0.6V)/R2$. Der Kollektorstrom ist $V_{ADC}/R4/R1 \cdot 5k$. Mit diesen Informationen kann die Betriebskennlinie des Transistors bestimmt werden.

3. Schreibe ein Programm, das mit einem digitalen I/O-Port einen Sigma-Delta-D/A-Wandler realisiert. Welche Abtastfrequenzen lassen sich erreichen? Entwerfe dazu auch den nötigen analogen Ausgangsfilter.

```
const int UREF = 10;

int main(void)
{
 P1DIR = BIT1;              // P1.1 als Ausgang
 P1SEL = 0x00;              // normale I/O-Funktion

 da_wert = 10;              // hier Wert eingeben
 while(1)
 {
   if (integrator >0)
```

```
    {
     P1OUT |= BIT1;
     s=UREF;
    }
    else
    {
      P1OUT &= ~BIT1;
      s=-UREF;
    }
    integrator = integrator + da_wert - s;
  }
}
```

Der Entwurf des Ausgangsfilters hängt sowohl von der beabsichtigten Auflösung als auch vom gewünschten Frequenzbereich ab. Nehmen wir eine Oversampling-Frequenz von $10\,\mathrm{kHz}$ an, eine maximale Nutzfrequenz von $50\,\mathrm{Hz}$ und 8 Bit Auflösung, so berechnen wir das Filter wie folgt: Die Grenzfrequenz ist $50\,\mathrm{Hz}$. Die nötige Dämpfung (Restwelligkeit) bei $5\,\mathrm{kHz}$ (halbe Ausgabefrequenz) ist ca. $50\,\mathrm{dB}$. Daraus folgt ein Filter 2. Ordnung ($20\,\mathrm{dB}$/Dekade * 2 Dekaden * Ordnung $> 50\,\mathrm{dB}$). Beachte, dass am Ausgang ein Gleichwert von 0.5 Vcc überlagert ist, der gegebenenfalls auch noch entfernt werden muss.

4. Schreibe ein Programm, das eine Servoregelung eines Gleichstrommotors realisiert. Als Sensor steht eine analoge Spannung von $0..1\,\mathrm{V}$ für die Position von $0..360\,^{\circ}$ zur Verfügung. Als Leistungsendstufe haben wir eine H-Brücke mit den Ansteuersignalen L/R und PWM.

```
#include  <msp430x16x.h>
int winkel,pwmAusgabe;
int sollposition;
const int KR = 100;

#pragma vector=ADC12_VECTOR
__interrupt void ADC12_measure (void)
{
  winkel = ADC12MEM0 + 1;    // A/D-Wert speichern
  ADC12CTL0 |= ADC12SC;      // Konvertierung erneut starten
}
#pragma vector=TIMERA0_VECTOR
__interrupt void TIMERA_ISR (void)
{
  // einfacher P-Regler für Position
```

```
  pwmAusgabe = (sollposition - winkel)* KR;
  if (pwmAusgabe > 0)
  {
   P1OUT  = BIT1;               // rechts herum
   TBCCR1 = pwmAusgabe;         // PWM-Ausgabe
  }
  else
  {
   P1OUT  = 0;                  // links herum
   TBCCR1 = -pwmAusgabe;        // PWM-Ausgabe
  }
}

void main(void) {
  WDTCTL = WDTPW + WDTHOLD; // Watchdog ausschalten

  P1DIR = BIT1;             // L/R an Pin1.1

  BCSCTL1&=~XTS;            // wähle LF
  _BIC_SR(OSCOFF);          // Start LFXT1
  TACTL   = TASSEL_1;       // wähle ACLK
  TACTL  |= MC_1;           // Up-Mode
  TACCTL0 = CCIE;           // Interrupt-Enable Cap/Comp
  TACCR0  = 4095;           // Initialisierung

  // PWM-Port initialisieren: Ausgänge TB1,TB0
  P4DIR   = BIT1+BIT0;
  P4SEL   = BIT1+BIT0;
  // - SMCLK / 2 als PWM-Frequenz (= 500 kHz)
  // - Wenn TBCCR0 erreicht wurde, wird TB0 getoggelt
  //   und TB1 gesetzt
  // - Wenn TBCCR1 erreicht wurde, dann Reset von TB1
  TBCTL   = TBSSEL_2|ID_1;
  TBCCTL0 = OUTMOD_4;
  TBCCTL1 = OUTMOD_7;
  TBCCR0  = 4095;           // 12-Bit-PWM
  TBCCR1  = 0;
  TBCTL  |= MC_1;           // Timer starten, Up-Mode

  P6SEL=0x01;               // P6.0 als A/D-Eingang

  ADC12CTL0 = ~ENC;         // Initialisierung des ADC12
  ADC12CTL0 = ADC12ON + SHT0_15 + REFON + REF2_5V;
  ADC12CTL1 = SSEL0 + SHP;  // Pulse-Sample-Mode benutzen
                            // ACLK verwenden
```

```
  ADC12MCTL0 = SREF_1;          // VREF+ und AVSS als Referenz
  ADC12IE = 0x01;               // Interrupt ADC12 aktivieren
  ADC12CTL0 |= ENC;             // ADC12 starten

  _enable_interrupts ();        // Interrupts global aktivieren
  ADC12CTL0 |= ADC12SC;         // Konvertierung starten

  while(1) {}
}
```

5. Welche PWM-Frequenz muss ein Class-D-Audioverstärker mindestens haben, der 16 Bit Auflösung hat?

   Ein Audiosignal hat typischerweise eine Bandbreite von $20\,\mathrm{kHz}$, so dass die PWM-Frequenz bei $2 \cdot 20kHz \cdot 2^{16} \approx 2,6GHz$ liegt

B.8 Aufgaben aus Kapitel 8

1. Wie ist der Begriff Baudrate definiert? Was bezeichnet er?

   Die Baudrate ist ein Begriff der Nachrichtentechnik und bezeichnet die Datenrate auf einem Datenkanal. Sie ist definiert als die Anzahl der Symbole pro Sekunde. Bei einer einfachen binären 1-Draht-Schnittstelle ist das Symbol 1 Bit.

2. Wie lautet die Pinbelegung einer 25-poligen SUB-D-Buchse der RS232-Schnittstelle? Was ist dabei besonders zu beachten?

	Name	Pin 25-pol.	Pin 9-pol.
	Common Ground	Pin 1	
TxD	Transmit Data	Pin 2	Pin 3
RxD	Receive Data	Pin 3	Pin 2
RTS	Request to Send	Pin 4	Pin 7
CTS	Clear to Send	Pin 5	Pin 8
DSR	Dataset Ready	Pin 6	Pin 6
GND	Ground	Pin 7	Pin 5
DCD	(Data) Carrier Detect	Pin 8	Pin 1
DTR	Data Terminal Ready	Pin 20	Pin 4
RI	Ring Indicator	Pin 22	Pin 9

   Besonders tückisch ist die genau reziproke Belegung der TxD/RxD-Leitungen. Hier vertut man sich leicht.

3. Was sind die wesentlichen Unterschiede zwischen RS232, SPI und I^2C?

   RS232:
   - Zwei Datenleitungen: send und receive, keine Taktleitung
   - invertierte Logikpegel: HIGH: -12V, LOW: +12V
   - Datenrahmen: Start-Bit, 7 oder 8 Datenbits, Parity-Bit, 1, 1.5 oder 2 Stopp-Bits

   I^2C:
   - Eine Datenleitung zur bidirektionalen Übertragung, eine Taktleitung
   - Übertragung in 8-Bit-Blöcken, Bestätigung durch Acknowledge-Signale
   - Slave-Auswahl durch Adresse

   SPI:
   - zwei Datenleitungen (MOSI, MISO), eine Taktleitung
   - Übertragung beliebiger Bitfolgen
   - Auswahl durch CS-Leitung
   - 4 SPI-Moden, bestimmt durch Clock-Polarität und -Phase

4. Welche Schnittstellen hat der MSP430F2013?

   ein Universal-Serial-Interface (USI) für SPI and I2C.

5. Wie kann eine RS232-Schnittstelle mit dem EzMSP430-Kit realisiert werden? Schreibe hierfür ein Programm.

   Der im Starterkit verwendete MSP430F2013 hat keine vom Prozessor unterstützte RS232-Schnittstelle. Man kann sich aber eine solche mit einem digitalen Portpin auch "zu Fuß" selbst programmieren. Von Texas Instruments gibt es hier auch schon eine fertig programmierte Lösung in einer Application-Note (slaa307a.pdf).

6. Schreibe ein Programm, das eine RS232-Implementierung realisiert, bei der Senden und Empfangen ohne eine Blockierung des Programmflusses erfolgt. Nutze dafür Interrupt-Routinen.

```
#include <msp430x16x.h>

// Sende- und Empfangsstring müssen global sein
volatile char sendString[20];
volatile char receiveString[20];

#pragma vector=USART0TX_VECTOR
```

```
__interrupt void USART0_Ausgang (void)
{
   // sende nächstes Byte von sendString
}

#pragma vector=USART0RX_VECTOR
__interrupt void USART0_Eingang (void)
{
   //schreibe empfangenes Byte in receiveString
}

int main ( void )
{
   ...

   P3SEL  = BIT4+BIT5;            // Ports konfigurieren
   P3DIR  = BIT4;
                                  // SWRST setzen um
                                     Schnittstelle
   U0CTL  = SWRST;                // konfigurieren zu können
   U0CTL |= CHAR;                 // 8 Bit pro Datenbyte
   U0TCTL = SSEL1 | TXEPT;        // wähle ACLK und setze
        TXEPT
   U0BR0  = 0x68;                 // stelle Baudrate ein
   U0BR1  = 0x00;
   U0MCTL = 0x04;
   ME1    |= UTXE0+URXE0;         // Schnittstelle aktivieren
   U0CTL &= ~SWRST;

   IFG1 &=~ URXIE0+UTXIE0;
   IE1  |= URXIE0+UTXIE0;         //Interrupts aktivieren
   _enable_interrupts();

   //sende erstes Byte von sendString
   U0TXBUF = sendString[0];
   while(1);

}
```

7. Schreibe eine Interface-Routine zum RTC-Baustein (Realtime-Clock) PCF 8583, mit der die Uhrzeit ausgelesen und gestellt werden kann.

```
#include <msp430x16x.h>

int main( void )
```

```
{
  ...
  //Initialisierungen: Frequenz: 100kHz Adresse: A0
  P3SEL |= 0x0A;             // I2C-Funktion für Port P3
  // Konfiguration der I2C-Schnittstelle:
  U0CTL |= I2C + SYNC;       // SYNC. und I2C-Modus
  U0CTL &=~ I2CEN;
  I2CTCTL = I2CSSEL1;        // SMCLK 100kHz
  I2CPSC = 0x00;             // Vorteiler: SMCLK / 1
  I2CSCLH = 0x03;            // Dauer HIGH-Pegel
  I2CSCLL = 0x03;            // Dauer LOW-Pegel
  I2CNDAT = 0x04;            // vier zu übertragene Bytes
  I2CSA = 0x50;              // Slave-Adresse
  U0CTL |= I2CEN;            // I2C aktivieren

  // Uhrzeit einstellen
  U0CTL |= MST;                 // Master Modus
  I2CTCTL|=I2CSTT+I2CTRX+I2CSTP;// Start-Bedingung
                                // schreibend
  // automatisches Stopsignal nach I2CNDAT Bytes
  // sendet automatisch die Adresse: 10100000 (0xA0 + R/W)
  I2CDRB = 0x02;                // Offset 2

  // Sekunden(0-59), Minuten(0-59), Stunden(0-23) in BCD
  while ((I2CIFG & TXRDYIFG) == 0);
  I2CDRB = Sekunden;
  while ((I2CIFG & TXRDYIFG) == 0);
  I2CDRB = Minuten;
  while ((I2CIFG & TXRDYIFG) == 0);
  I2CDRB = Stunden;
  while ((I2CDCTL & I2CBUSY) != 0);

  //Uhrzeit auslesen
  I2CNDAT=0x01;                 // ein zu übertragenes Bytes
  U0CTL |= MST;                 // Master-Modus
  I2CIFG &=~ ARDYIFG;           // Access-Ready-Flag löschen
  I2CTCTL |= I2CSTT + I2CTRX;   // Startbedingung, schreibend
  I2CDRB = 0x02;                // Offset 2
  while ((I2CIFG & ARDYIFG) == 0);// warte bis Byte gesendet
  I2CNDAT = 0x03;               // drei zu empfangene Bytes
  I2CTCTL &=~I2CTRX;            // jetzt lesender Zugriff
  I2CTCTL |= I2CSTT;            // Restart-Bedingung, lesend

  while ((I2CIFG & RXRDYIFG) == 0);
```

```
  Sekunden = I2CDRB;
  while ((I2CIFG & RXRDYIFG) == 0);
  Minuten = I2CDRB;
  while ((I2CIFG & RXRDYIFG) == 0);
  Stunden = I2CDRB;
  I2CTCTL |= I2CSTP;
}
```

8. Schreibe ein Programm, das den Wert eines digitalen Potentiometers (z.B. MCP41X1) einstellt.

Das folgende Listing zeigt, wie der Widerstand auf einen von 257 Werten (0 bis Rmax) eingestellt werden kann. Dazu muss ein Wert zwischen 0 und 256 in das 9 Bit breite Wiper-Register geschrieben werden. Der zu sendende Befehl besteht aus 16 Bits: - vier Adressbits, hier 0000 für das Wiper-Register - zwei Command-Bits: hier 00 für den Schreibbefehl - zehn Datenbits, von denen nur 9 verwendet werden (0-256)

```
  ....              // Initialisierungen
  P5DIR  |= BIT0;   // wähle PIN5.0 als CS (aktiv LOW)

  // Schnittstelle als SPI initialisieren
  U1CTL  = SWRST;   // SWRST setzen, um Konfigurationen
                    // ändern zu können
  U1CTL  |= CHAR;   // 8 Datenbits
  U1CTL  |= SYNC;   // SPI-Modus
  U1CTL  |= MM;     // Controller ist Master
  U1TCTL  = SSEL1;  // Wähle SMCLK als Taktquelle
  U1TCTL |= STC+CKPL; // 3-Pin-Modus, CKPH=0, CKPL=1
  U1BR1   = 0x00;   // SPI-Frequenz einstellen:
  U1BR0   = 0x28;   // ... 200 kHz
  U1MCTL  = 0x00;   // Laut MSP-Datenblatt auf 0 setzen
  ME2     = USPIE1; // SPI-Modul aktivieren
  U1CTL  &= ~SWRST; // SWRST löschen; Konfiguration ist
                    // damit abgeschlossen

  wertHIGH=0x01;//lege 9-Bit-Wert fest, hier: Maximalwert
  wertHIGH &=~ 0xFE;// Bits 1-7 auf LOW
  wertLOW=0x00;
  P5OUT &=~BIT0;    // aktivieren
  ReadWriteSPI (wertHIGH); // Adresse und Wert senden
  ReadWriteSPI (wertLOW);
  P5OUT = BIT0;     // deaktivieren
```

Literaturverzeichnis

[Bie04] BIERL, L.: *Das große MSP430 Praxisbuch*. 1. ed. Poing : Franzis Verlag, 2004

[Ele] ELEKTOR: *Webseite des Elektor Verlages*. http://www.Elektor.de,

[Feh07] FEHN, Heinz-Georg: *Einführung in die Digitaltechnik*. Schlembach, 2007. – ISBN 3935340532

[Han08] HANSEN, Jesper: *Jesper's AVR pages*. http://www.myplace.nu/avr/minidds/index.htm, Last visited 3.09.2008

[Hop03] HOPT UND SCHULER: *Technisches Datenblatt*. 2003

[KR88] KERNIGHAN, B. W. ; RITCHIE, D.: *C. Programming Language*. 2.ed. Harlow (UK) : Prentice Hall International, 1988

[Mic10] MICROCHIP: *93LC46A/B/C 1K Microwire Compatible Serial EEPROM - Datasheet*. Bd. http://ww1.microchip.com/downloads/en/DeviceDoc/21749H.pdf. 2010

[MSP10] MSP430 BUCH WEBSEITE: *MSP Webseite für das Buch*. http://www.medit.hia.rwth-aachen.de/msp430, Last visited 15.09.2010

[Nag03] NAGY, Chris: *Embedded systems design using the TI MSP430 series*. 2. ed. Amsterdam : Elsevier, 2003 (Embedded technology series). – ISBN 0–7506–7623–X

[NXP09] NXP: *Herstellerwebseite I^2C-bus Komponenten*. http://nxp.com, Last visited 6.10.2009

[Oli08] OLIMEX: *Webseite Firma Olimex*. http://www.olimex.de, Last visited 23.12.2008

[OSB04] OPPENHEIM, Alan V. ; SCHAFER, Ronald W. ; BUCK, John R.: *Zeitdiskrete Signalverarbeitung*. 2. ed. Pearson Studium, 2004. – ISBN 3827370779

[PS00] PHLILIPS SEMICONDUCTORS, (NXP): *The I^2C-bus specification*. 2.1. http://www.nxp.com/acrobat_download/usermanuals/UM10204_3.pdf : NXP, 2000

[PS03] PHLILIPS SEMICONDUCTORS, (NXP): *I^2C-bus Manual*. http://www.nxp.com/acrobat/applicationnotes/AN10216_1.pdf : NXP, 2003

[Sim99] SIMON, David E.: *An Embedded Software Primer*. Addison Wesley, 1999. – ISBN 020161569X

[Stu06] STURM, M.: *Mikrocontrollertechnik*. 1. ed. Leipzig : Carl Hanser Fachbuchverlag, 2006

[Tex00a] TEXAS INSTRUMENTS: *PWM DC Motor Control Using Timer A of the MSP430, Application Report SLAA120.pdf*. 2000

[Tex00b] TEXAS INSTRUMENTS: *Using PWM Timer B as a DAC, Application Report SLAA116.pdf*. 2000

[Tex02] TEXAS INSTRUMENTS: *Interfacing the 3-V MSP430 to 5-V Circuits, Application Report SLAA148.pdf*. 2002

[Tex04] TEXAS INSTRUMENTS: *msp430F149 Data Sheet*. Dallas : Texas Instruments Datasheet, SLAS272F.pdf, 2004

[Tex05] TEXAS INSTRUMENTS: *74LVX4245 Datasheet SCAS375H*. 2005

[Tex06a] TEXAS INSTRUMENTS: *eZ430-F2013 Development Tool User's Guide*. Dallas : Texas Instruments Application Note, slau176b.pdf, 2006

[Tex06b] TEXAS INSTRUMENTS: *MSP430 Optimizing C/C++ Compiler v 2.0.1 User's Guide*. Dallas : Texas Instruments Application Note, slau132a.pdf, 2006

[Tex06c] TEXAS INSTRUMENTS: *MSP430x1xx User Guide*. Dallas : Texas Instruments Application Note, slau049f.pdf, 2006

[Tex07a] TEXAS INSTRUMENTS: *Analog and Logic for Low-Power Processors*. Dallas : Texas Instruments Application Note, slyt052c.pdf, 2007

[Tex07b] TEXAS INSTRUMENTS: *eZ430-RF2500 Development Tool User's Guide*. Dallas : Texas Instruments Application Note, slau227.pdf, 2007

[Tex07c] TEXAS INSTRUMENTS: *MSP430 Ultra Low Power Microcontrollers Brochure*. Dallas : Texas Instruments Application Note, slab034.pdf, 2007

[Tex07d] TEXAS INSTRUMENTS: *MSP430FG4618/F2013 Experimenter's Board Users Guide*. Dallas : Texas Instruments Application Note, slau213a.pdf, 2007

[Tex07e] TEXAS INSTRUMENTS: *MSP430x4xx User Guide*. Dallas : Texas Instruments Application Note, SLAU056G.pdf, 2007

[Tex07f] TEXAS INSTRUMENTS: *PCB-Based Capacitive Touch Sensing With MSP430*. Dallas : Texas Instruments Application Note, SLAA363A.pdf, 2007

[Tex07g] TEXAS INSTRUMENTS: *MSP430 family selector website*. `http://focus.ti.com/paramsearch/docs/parametricsearch.tsp?familyId=342&sectionId=95&tabId=1200&family=mcu`, Last visited 24.9.2007

[Tex09] TEXAS INSTRUMENTS: *MSP430 Website*. `http://ti.com/msp430`, Last visited 21.9.2009

[TSG02] TIETZE, U. ; SCHENK, C. ; GAMM, E.: *Halbleiter-Schaltungstechnik*. 12. ed. Berlin/Heidelberg : Springer Lehrbuchverlag, 2002

[VDI02] VDI: *Din EN 61140:2002 - Schutz gegen elektrischen Schlag - Gemeinsame Anforderungen für Anlagen und Betriebsmittel*. Beuth Verlag, 2002

[VDI05] VDI: *DIN VDE 0100-410, Errichten von Niederspannungsanlagen - Teil 4-41: Schutzmaßnahmen - Schutz gegen elektrischen Schlag*. Beuth Verlag, 2005

[VDI06a] VDI: *DIN EN 60601-1:2006, Medizinische elektrische Geräte - Teil 1: Allgemeine Festlegungen für die Sicherheit einschließlich der wesentlichen Leistungsmerkmale*. Beuth Verlag, 2006

[VDI06b] VDI: *Din EN 60950-1:2006 - Einrichtungen der Informationstechnik - Sicherheit Teil 1: Allgemeine Anforderungen*. Beuth Verlag, 2006

[Vis05] VISHAY: *2381 640 3/4/6..../NTCLE100E3...B0/T1/T2 product information, NTC Thermistors, Radial Leaded, Standard Precision , Document 29049*. `http://www.vishay.com/docs/29049/23816403.pdf`, 2005

[Wik08] WIKIPEDIA: *Von Neumann Architektur — Wikipedia, Die freie Enzyklopädie*. `http://de.wikipedia.org/wiki/Von-Neumann-Architektur`, Last visited 22. März 2008

[Wüs06] WÜST, K.: *Mikroprozessortechnik*. 2. ed. Braunschweig : Vieweg Verlag, 2006

Index